"人文铸旅"工程系列教材

东方史前文明
良渚文化

DONGFANG SHIQIAN WENMING
LIANGZHU WENHUA

主　编　杜兰晓

副主编　陈寿田　王　方

ZHEJIANG UNIVERSITY PRESS
浙江大学出版社

国 家 一 级 出 版 社
全国百佳图书出版单位

·杭州·

图书在版编目（CIP）数据

东方史前文明：良渚文化/杜兰晓主编. —杭州：
浙江大学出版社，2023.2
ISBN 978-7-308-23015-5

Ⅰ.①东… Ⅱ.①杜… Ⅲ.①良渚文化－教材
Ⅳ.①K871.13

中国版本图书馆CIP数据核字（2022）第164596号

东方史前文明——良渚文化

DONGFANG SHIQIAN WENMING—LIANGZHU WENHUA

杜兰晓　主编

策划编辑	曾　熙　朱　辉　马海城	
责任编辑	曾　熙	
责任校对	高士吟	
封面设计	林智广告	
出版发行	浙江大学出版社	
	（杭州市天目山路148号　　邮政编码　310007）	
	（网址：http：//www.zjupress.com）	
排　　版	杭州林智广告有限公司	
印　　刷	杭州高腾印务有限公司	
开　　本	787mm×1092mm　1/16	
印　　张	15.75	
字　　数	300千	
版 印 次	2023年2月第1版　2023年2月第1次印刷	
书　　号	ISBN 978-7-308-23015-5	
定　　价	56.00元	

本书编写委员会

主　编:
浙江旅游职业学院　　杜兰晓

副主编:
杭州良渚遗址管理区管理委员会　　陈寿田
浙江旅游职业学院　　王方

编　委:
浙江旅游职业学院
徐慧慧　金明磊　范　平　徐劼成　张大治　邬　燕　潘月明

杭州良渚遗址管理区管理委员会
周黎明　王　刚　夏　勇　罗晓群　骆晓虹　贾昌杰　贾　艳
李　曼　周　苏　朱静静

浙江省文物考古研究所
刘　斌　方向明　王宁远　赵　晔

序

　　文化是国家和民族之魂，也是国家治理之魂。习近平总书记在党的二十大报告中多次提到了"文化"，并提出了建设社会主义文化强国的目标，强调要"增强中华文明传播力影响力"，"推动中华文化更好走向世界"。[①]国务院印发的《"十四五"旅游业发展规划》提出，推动文化和旅游深度融合，让旅游成为人们感悟中华文化、增强文化自信的过程，推动旅游业实现社会效益和经济效益有机统一。推进文化强国建设不仅要坚持以文塑旅、以旅彰文，推进文化和旅游深度融合发展，更要求充分发挥旅游业在讲好中国故事、传播中国文化、展示社会主义现代化建设成就、培育和践行社会主义核心价值观方面的重要作用。作为由文化和旅游部与浙江省人民政府共建的全国唯一一所部省共建的公办旅游高等职业院校、国家首批中国特色高水平高职学校和专业建设单位，浙江旅游职业学院始终肩负着"行业智囊"和"人才高地"建设的双重责任，勇担服务浙江文化事业、文化产业和旅游业发展的使命。如何贯彻新时期国家关于职业教育发展的大政方针，准确把握文旅融合发展战略机遇，培养服务文旅发展、品学兼优、德技并修的高素质旅游人才是摆在浙江旅游职业学院面前的重要课题。

　　2019年是国家文旅融合发展元年。2020年，浙江旅游职业学院在全面深入调研和精心谋划后，正式启动了人文素养教育品牌——"中国服务之美·人文铸旅"工程（以下简称"人文铸旅"工程）。该工程以提高学生综合人文素质为目标，通过整合文旅智力资源，体系化推进人文素养课程，品牌化打造人文素养教育，培育具有"中国服务之美"和广博厚重人文情怀的文旅英才。经过近三年的积极探索和实践，已经形成了具有较强辨识度的人才培养特色。

　　一是拓展多元化人才培养路径。学校成立人文素养教育工作委员会和人文素养教育中心，聘请国内知名高校的专家组成人文素养教育专家委员会，为"人文铸旅"引航把脉，着力打造一支"名师领衔、团队负责、专兼结合"的师资团队。

---

① 习近平.高举中国特色社会主义伟大旗帜　为全面建设社会主义现代化国家而团结奋斗：在中国共产党第二十次全国代表大会上的报告 [N].人民日报，2022-10-26（01）.

1

学校与浙江省社会科学界联合会、浙江省文化和旅游发展研究院共建文旅融合研究基地；与世界级、国家级文化旅游单位共建人才培养实践基地；与文化和旅游系统本科、高职等兄弟院校共建校际联盟，打造高素质旅游人才培养共同体。

二是创新"2+4+X"人文素养课程体系。学校构建与第一、二、三课堂紧密衔接的人文素养课程体系。"2"指的是建设"人文素养概论""旅游职业礼仪"这两门公共基础课程；"4"指的是建设 4 门专业群课程，将国学、哲学、艺术学、美学学科与学校现有旅游专业相融合；"X"则指的是建立人文素养公共选修课程库、开展第二课堂的专家讲坛，以及第三课堂的社会实践等。同时，学校积极编制"旅游职业教育人文素养课程体系设置"的标准(此标准已获批立项国家行业标准)，努力构建中国高职院校人文素养教育的"浙旅模式"。

三是打造"中国服务之美"育人品牌。学校以"三全育人"综合改革为抓手，着力打造"中国服务之美"文化育人品牌，推行以毕业证、职业技能等级证书、综合素质学分证书为主体的"三证制"学生综合评价制度，推动育人评价从知识评价向素质能力评价拓展。学校重点打造"礼绽芳华"育人品牌，积极服务"世界互联网大会""杭州亚运会"等高层次社会活动礼仪需求，服务行业、企业各类职业礼仪培训等，力求打造一个集知识、物质、精神于一体的良好人文环境，以文化人，以美育人。

"中国良渚文化"课程是"人文铸旅"工程"2+4+X"人文素养课程体系中"X"部分的重要课程，由浙江旅游职业学院联合杭州良渚遗址管理区管理委员会共同开发建设，这本《东方史前文明——良渚文化》便是该课程的配套教材。本教材从中华文明探源工程和 80 多年良渚考古的真实成果中提取凝练，紧紧围绕"东方史前文明——良渚文化"的最新考古研究成果及其思政育人价值，重点讲述良渚文化的主要内涵及成果、遗产的开发与保护、传承与推广等内容，设置良渚文化概述、水乡泽国、文明圣地、玉魂国魄、保护与传承等五大知识模块，集中回答了什么是"良渚文化"、什么是"良渚古城"、什么是"良渚文明"三大核心问题。

希望本教材可以帮助大学生不出校门就能了解中华文明的起源，了解 5000 多年前长江流域文明的典型代表——良渚文化，不断增强文化自信和民族自豪感。当然，更希望我校"人文铸旅"工程在教育科研上的持续探索和实践，能开出绚丽之花，结出丰硕之果。

杜兰晓

2022 年 11 月于杭州

第一篇

良渚文化概述

课前导引

○ 学习目标

（1）了解良渚遗址的发现和良渚文化的命名。

（2）熟悉良渚文化相关概念及其相互关系。

（3）掌握良渚遗址考古的历程及主要成就。

○ 关键词语

√良渚文化　　　√良渚文化遗址　　　√良渚遗址（群）

√施昕更　　　√吴越史地研究会

○ 学习导图

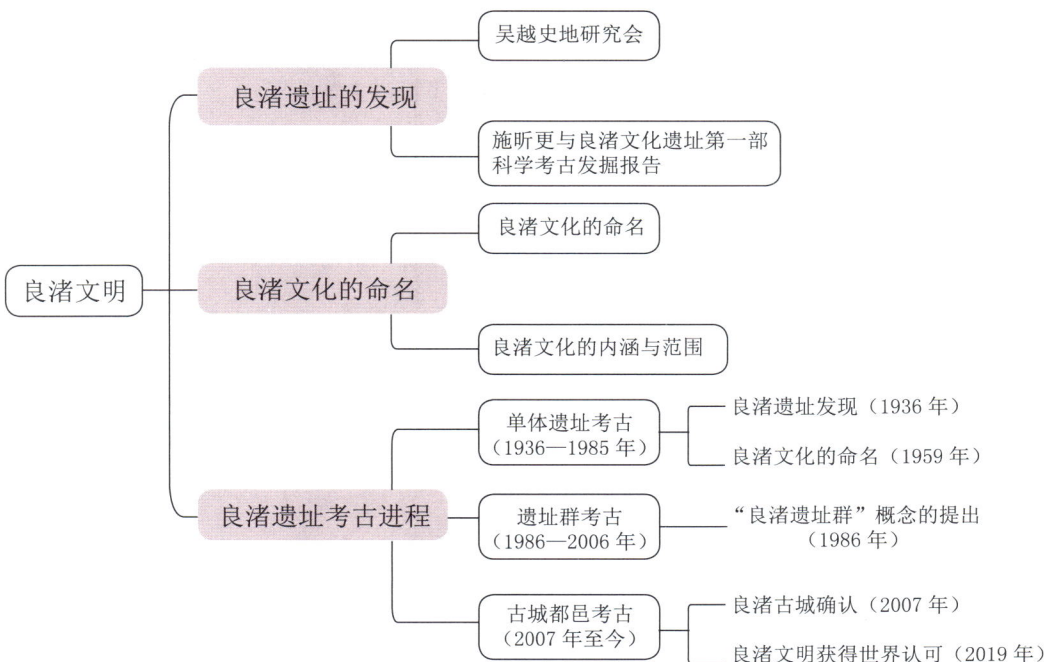

良渚文化

1936—1937 年间，浙江省立西湖博物馆（今浙江省博物馆前身）的一位年轻工作人员——施昕更，在他的家乡杭县良渚镇（今杭州市余杭区良渚街道）附近，经过前后 3 次小规模的考古发掘，发现了陶器、石器等遗存，并据此撰写了《良渚——杭县第二区黑陶文化遗址初步报告》一书。该书于 1938 年 8 月正式出版，"良渚"于是名闻天下。1959 年，著名考古学家夏鼐先生正式提出了"良渚文化"的名称。

在前人的基础上，一代代考古人相继接过接力棒，使良渚文化的内涵不断丰富，价值不断凸显，为世人呈现了一系列石破天惊的成果。那么，良渚遗址是如何被发现的？良渚文化是如何被命名的？良渚考古经过了哪些重要阶段，又取得了哪些主要成果？

本章通过对良渚遗址的发现、良渚文化的命名、良渚考古的发展及一系列重要成果等方面的介绍，为大家勾勒出良渚文化从发现、发展到不断丰富的基本脉络，为后续学习奠定基础。

第一节 | 良渚遗址的发现

中国良渚文化

良渚，一个美丽的地名，其字面意思是"美丽的小洲"，现指浙江省杭州市余杭区良渚街道。

良渚遗址属于考古遗址。考古遗址是指古代人类活动的遗迹，既包括人类为不同用途所营建的建筑群体，也包括人类对自然环境利用和加工而遗留的场所。每个遗址都有明确的空间范围。考古遗址一般以发现地的小地点（如村名）来命名，如陕西西安半坡遗址、浙江余姚河姆渡遗址等。良渚遗址的命名同样如此。

那么，良渚遗址是如何被发现的呢？这里要重点说到一个"会"和一个人，即吴越史地研究会和考古工作者施昕更。

一、吴越史地研究会

20世纪初，以田野调查和发掘为己任的考古学从国外传入，提倡民主和科学的时代环境促成了中国考古学的兴起。然而受千百年来圣帝明王体系的影响，当时轰动世界的几项考古发掘，如河南仰韶、安阳殷墟等，都集中于黄河流域。很长一段时间里，远古的江南仍被视为"化外"之地，在人们的认知中还是空白。

这种情况在20世纪30年代有了变化。1930年，南京古物保存所所长卫聚贤等人在南京找到了三处出土石器及几何印纹陶片的地点，卫聚贤认为这是江南石器时代的遗物，从此揭开了长江下游史前文化研究的序幕。1930年，在上海沪江大学求学的慎微之在浙江湖州钱山漾遗址采集到了石镞、有段石锛、有肩石斧及石犁形器等遗物。1935年，卫聚贤等人又在江苏常州淹城、上海金山戚家墩发现了几何印纹陶器。

随着浙江湖州钱山漾、江苏常州淹城、上海金山戚家墩等遗址的发现，江南地区古文化研究也越来越受到史学界和考古学界人士的关心和重视。以卫聚贤为代表的史学家开始筹划建立一个学术性的社会组织来更好地统筹长江三角洲地区的考古活动，即吴越史地研究会。

吴越史地研究会是中国近代史上较早的研究区域文化的民间学术机构，由卫聚贤、叶公绰、吴敬恒等人发起，于1936年8月30日在上海成立，蔡元培任成立大会主席。研究会以"研究吴越古文化"为宗旨，以江浙考古和吴越古文化的研究与传播为己任，先后在江苏、上海、浙江发现了大量印纹陶遗址与新石器时代遗址，在追溯吴越文化源头、传播吴越文化及更早的新石器文化中发挥了重要作用。

从成立到1937年"七七事变"爆发，在不到一年的时间里，吴越史地研究会的许多成员对良渚文化的发现、发掘和研究均做出了贡献。1937年3—6月，由吴越史地研究会主编的《时事新报·古代文化》连续刊登了数十篇涉及良渚文化的文章，包括卫聚贤撰写的《江苏古文化时期之重新估定》、施昕更撰写的《杭县第二区远古文化遗址试掘简录》、何天行撰写的《杭县第二区的史前遗存与黑陶文化》、慎微之的演讲稿《从湖州钱山漾发现石器说起》等，同时通过组织各种展览会、演讲会，促进良渚文化的宣传推广。此外，吴越史地研究会还出版了一系列丛书，包括何天行的《杭县良渚镇之石器与黑陶》、施昕更的《良渚——杭县第二区黑陶文化遗址初步报告》、慎微之的《湖州钱山漾石器之发现与中国文化之起源》，以及吴越史地研究会和浙江省立西湖博物馆合编的《杭州古荡新石器时代遗址之试探报告》等。

吴越史地研究会为长江三角洲地区的考古研究起到了积极的推动作用。

二、施昕更与良渚文化遗址第一部科学考古发掘报告

施昕更，余杭良渚人，1926年中学毕业后考入浙江省立高级工业学校艺徒班。1929年，西湖博览会在杭州开幕，施昕更经老师介绍到博览会历史厅任临时讲解员，在工作中认识了各种历史文物和矿物标本。博览会结束后，西湖博物馆成立，施昕更因在博览会上的工作经历进入西湖博物馆工作，成为矿产组的绘图员（见图1-1）。

施昕更被认为是良渚文化考古的先行者，他撰写的考古报告《良渚——杭县第二区黑陶文化遗址初步报告》，是江浙地区良渚文化最经典的早期考古发掘报告，也是关于良渚文化遗址的第一部科学考古发掘报告，于1938年8月由位于上海的中国科学公司印刷出

图1-1 施昕更

版。这部报告的价值主要体现在两个方面：第一，它是通过科学考古发掘而得出的报告，如申报了发掘执照、按照地层学的概念进行发掘等；第二，它进行了完善的整理并及时加以发表。这也是施昕更作为良渚文化考古先行者的主要贡献。

《良渚——杭县第二区黑陶文化遗址初步报告》共分为绪言、遗址、地层、遗物、结论5个部分，将遗址发现的经过、各遗址地层堆积情况、出土遗物、年代与文化性

质分析及编写出版报告的过程都一一翔实记录。即使在今天看来，这部报告仍然算得上条目清楚、叙述精当、图文并茂，不但将遗址情况和遗物特征都比较全面地展现了出来，同时注重用分类和比较的研究方法来说明问题，是中国考古学史上公认的具有代表性和划时代意义的考古报告之一。也正是由于这份报告，良渚这个美丽的名字得以早早地进入中国学术界的视野。

施昕更开展良渚考古工作的契机来自一次针对杭州古荡遗址的发掘工作。1936 年，施昕更作为西湖博物馆的工作人员参加了杭州古荡遗址的发掘。在发掘过程中，他注意到发掘出土的石器与他的家乡良渚一带常见的石器相似，随即多次回到故乡考察和搜集相关物品，并有了初步的发现。

西湖博物馆对施昕更的发现十分重视，便依照当时国民政府颁布的《古物保存法》的规定，呈请中央古物保管委员会，取得发掘执照。1936 年 12 月 1—10 日、26—30 日，1937 年 3 月 8—20 日，施昕更先后 3 次代表西湖博物馆对棋盘坟、横圩里、茅庵前、古京坟、荀山东麓及长命桥钟家村等 6 处遗址进行了试掘，获得了大批的陶器和石器，并在这期间调查发现了以良渚为中心的 12 处遗址。施昕更在良渚镇进行的调查和试掘工作，是良渚遗址第一次科学的考古调查和发掘工作，他据此撰写的《杭县第二区远古文化遗址试掘简录》是他个人最早的介绍和研究良渚遗址的论文。在此基础上，便有了 1938 年出版的完整报告——《良渚——杭县第二区黑陶文化遗址初步报告》。

与施昕更同时期的另一位值得一提的良渚文化研究先驱名叫何天行。他在多次到良渚一带考察后，于 1937 年 4 月完成了《杭县良渚镇之石器与黑陶》一书。该书以中英文对照的形式出版发行，因而也是较早将良渚文化介绍到海外的一本专著。

第二节 | 良渚文化的命名

良渚：中华文明的圣地

首先有良渚遗址的发现，然后有良渚文化的命名，只是这两者之间，相隔了很多年。

良渚遗址发现于 1936 年，但由于时代的局限，当时认为它属于山东龙山文化向南传播的范畴，所以没有单独对它进行考古学文化命名。考古学文化一般是指考古发现中属于同一时代、分布于特定地区并且具有共同特征的一群遗存，通常以首次发现的典型遗址所在地的地名来命名。

施昕更等人的研究成果，虽没能即刻促成"良渚文化"的命名，却为其确立奠定了基础。1955年，良渚镇朱村兜村民在长坟边的水塘内挖土积肥时，发现了大量黑陶和木炭。浙江省文物管理委员会随即派人前往清理和试掘，获得了陶器、陶片及石器40余筐，其中完整和可复原器物多达200余件，器形达十余类。这是新中国成立后良渚遗址群内的首次考古发掘，虽然规模不大，却为我们初识良渚文化的器物群提供了丰富的实物资料，良渚黑陶的独特风格也由此被逐步发现。这在很大程度上推动了良渚文化作为一种独立文化的确立。

一、良渚文化的命名

1958年，北京大学历史系考古教研室在编写中国新石器时代考古教材时，将环太湖流域出土的文化内涵从龙山文化中划分出来，单独命名为"良渚文化"。1959年8月，夏鼐先生在长江流域规划办公室文物考古队队长会议上做《长江流域考古问题》的报告时，正式提出了"良渚文化"这一考古学命名，认为良渚文化是环太湖流域新石器时代的重要一环。因为施昕更先生的最早发掘地在良渚，故学界达成共识，将这种文化命名为"良渚文化"。

良渚文化因良渚遗址而得名，而对良渚遗址的定名，施昕更也是颇费心思的。他在《良渚——杭县第二区黑陶文化遗址初步报告》中写道："关于报告的定名方面，颇费斟酌，最新的考古报告都以地名为名，如城子崖、貔子窝等等，我也来效仿一下，遗址因为都在杭县良渚镇附近，名之良渚，也颇适当。渚者，水中小洲也，良者，善也。我依地层上的根据，预测在良渚时代，该处颇多水患，且沙洲纷纭，尚系沿江初成的砂地，因为环境良善，才有民族移居，所以决定采用这两个字，有名实兼收之妙。"

知识链接

在良渚文化命名前后，江、浙、沪三省（市）也相继发现了一大批良渚文化遗址，主要有江苏吴江梅堰（1960年）、吴县（今苏州市吴中区）越城（1960年），浙江湖州吴兴钱山漾（1956、1958年）和邱城（1957年）、杭州水田畈（1958、1959年），上海马桥（1959年）、青浦崧泽（1961年）、松江广富林（1961年）等。通过对这些遗址的揭示，良渚文化的分布范围和基本内涵得到了初步确认。

二、良渚文化的内涵与范围

随着良渚考古及研究工作的不断推进，良渚文化的内涵及范围也逐渐得到揭示。

最新的研究认为：良渚文化距今约5300—4300年，是长江下游环太湖地区继马家浜文化（距今约7000—6000年）、崧泽文化（距今约6000—5300年）之后发展起来的新石器时代晚期文化，以发达的稻作农业为基础，有精美的琮、璧、钺等成组玉器，使用鼎、豆、罐、壶等器物，是中国古代文明的重要源头之一。

良渚文化分布广泛，主要分布于环太湖约3.65万平方千米的广袤地区，截至2020年，共发现近1000处良渚文化遗址。其中良渚遗址（群）就包含了300多处。良渚古城是整个良渚文化的核心，是良渚古国的都城，其范围跨瓶窑镇与良渚街道两地，处于一个面积约1000平方千米的C形盆地北部。

良渚文化
范围分布

在整个良渚文化区内，遗址空间分布的密度不同。在若干区域内遗址数量较多、呈集群状密集分布，且有高规格中心聚落。而各区域之间往往是水域河道等，遗址分布较少，或基本为空白区。学术界将这种区块状集中分布的遗址称为遗址群或聚落群。

1986年，王明达先生据此提出了"良渚遗址群"的概念，它以良渚古城及其外围水利系统为核心，具体是指分布于余杭区瓶窑镇、良渚街道范围内的良渚文化遗址，保护区的面积约42平方千米，于1996年被列为第四批全国重点文物保护单位。良渚遗址（群）是良渚文化遗址中等级最高、类型最丰富、分布最密集的遗址群落，也是整个良渚文化区内研究最深入、成果最辉煌的区块。

第三节 ｜ 良渚遗址考古进程

良渚遗址考
古八十载

良渚遗址（群）作为良渚文化遗址中最重要、研究最深入和最具有代表性的部分，是我们了解和学习良渚文化的重点和核心。

那么，良渚遗址考古经过了哪些阶段，又取得了哪些主要成果呢？

良渚遗址的考古工作始于1936年，至今经历了从单体遗址到遗址群考古再到古城都邑考古3个发展阶段，取得了长足的进展，尤其以良渚古城和外围水利系统的发现最具代表性。

第一阶段：单体遗址考古（1936—1985 年）

这一时期参与考古和研究工作的主要代表人物是施昕更等，主要成就是良渚文化的发现与命名。1936 年，施昕更首次进行了良渚遗址考古发掘，并于 1938 年出版了有关良渚文化遗址的第一部发掘报告《良渚——杭县第二区黑陶文化遗址初步报告》。1959 年，夏鼐正式提出了"良渚文化"的考古学命名，良渚文化迅速进入了学者的视野。

第二阶段：遗址群考古（1986—2006 年）

这一时期的突出代表人物有牟永抗、王明达等，主要成就是发掘了反山王陵、瑶山祭坛等遗址，提出了"良渚遗址群"概念，看到了"文明的曙光"。

1986 年，浙江省文物考古研究所在余杭长命乡反山发现了一处良渚文化高等级墓地，清理出良渚文化大墓 11 座，出土随葬品 1200 余件（组），其中玉器 1100 余件（组）。特别是其中的 12 号墓（M12），是浙江地区发掘的第一座良渚文化时期贵族墓葬。之所以被称为 12 号墓，是因为此前这里已发掘了 11 座汉代墓葬，按照考古工作惯例，这座墓葬被按顺序编为 12 号。这座墓中出土了迄今发现的个体最大的玉琮和玉钺，后被称为"玉琮王"和"玉钺王"。

同年，在"纪念良渚遗址发现 50 周年学术讨论会"上，王明达提出了"良渚遗址群"的概念，并指出它是占有相当重要地位的部族聚居中心之一。

1986—1993 年，浙江省文物考古研究所再次组织考古队开展考古发掘：一是抢救性发掘了瑶山遗址，共发现良渚文化大墓 11 座，出土随葬品共 754 件（组），其中玉器有 678 件（组），同时还发现了良渚文化时期的一座面积近 5000 平方米的祭坛；二是发掘了和瑶山遗址属性相近的汇观山遗址，发现了一座祭坛和 4 座良渚文化大墓；三是开始发掘莫角山遗址，对良渚遗址核心区的认识不断深入。

1997—2002 年，针对良渚遗址群的大规模调查持续进行，由此发现了 135 处遗址，为后续的考古研究和保护规划提供了学术依据。

第三阶段：古城都邑考古（2007 年至今）

这一时期的代表人物在上一时期的基础上，加入了更多的年轻考古工作者，主要成就是发现和探明了莫角山宫殿基址、良渚古城城墙及外城、外围水利系统等遗址，良渚遗址考古工作由此进入了"都邑"考古新阶段。从研究方法的角度来说，良渚考古研究工作也从单一依赖实物取向的"考古学"阶段，进入了综合植物学、动物学、人类学、生态学、埋藏学、地理学、历史学等多学科研究阶段。

在前期发掘的基础上，2007 年，随着圆角方形城墙的发现，良渚古城作为具有都邑性质的大型遗址得到确认。良渚古城是长江下游地区首次发现也是目前唯一发现的良渚文化城址，是中国目前所发现的这一时期面积最大的城址，是良渚文化权力与信仰的中心，被著名考古学家张忠培誉为"中华第一城"。

2010—2016 年，经过对莫角山遗址持续不断的考古发掘，确认了莫角山宫殿区内的围沟、房基、沙土广场、沙土面、石头墙基等大型遗迹的分布情况。

2015 年，辐射面积达 100 平方千米的良渚古城外围大型水利系统被确认，这是继 2007 年良渚古城发现后，良渚考古的又一次重大发现。

2019 年，良渚遗址作为世界文化遗产入选"世界遗产名录"，良渚文明获得世界的认可。

良渚遗址考古虽然取得了重大进展和成就，但这对于良渚遗址尤其是良渚文化遗址的揭示，以及对良渚文化的认识，仍然只是冰山一角。良渚考古和研究工作将继续按照科学的规划和原则，不断深入下去，值得我们期待！

本章小结

本章从对良渚文化基本概念的认识出发，重点介绍了良渚遗址的发现、良渚文化的命名和良渚遗址考古的进程等内容。

良渚遗址最早发现于 1936 年，由施昕更发掘并撰写了良渚文化遗址的第一部发掘报告《良渚——杭县第二区黑陶文化遗址初步报告》。

"良渚文化"的考古学命名由夏鼐于 1959 年正式提出。

良渚遗址的考古研究工作经历了从单体遗址到遗址群考古再到古城都邑考古的 3 个发展阶段，取得了重大成果。除施昕更外，牟永抗、王明达、杨楠、刘斌、赵晔、王宁远等一大批考古工作者，对良渚遗址的考古研究工作做出了贡献。考古工作的重大成果频出，代表性成果如 1986 年反山遗址的发现、1987 年瑶山遗址的发现、2007 年良渚古城的确认、2015 年良渚古城外围水利系统的全面确认等。

对良渚、良渚文化、良渚文化遗址、良渚遗址（群）等重要概念及其相互关系的学习，是我们更好理解和掌握良渚文化的重要基础，集中梳理如下。

（1）**良渚**：地名，字面意思是"美丽的小洲"，现指杭州市余杭区良渚街道，位于余杭区中西部。

（2）**良渚文化**：从考古学的定义看，良渚文化是指存在于距今约 5300—4300 年之间、主要分布于环太湖流域、具有共同文化特征的一类考古学遗存，因首先发现于良渚而得名。

（3）**良渚文化遗址：**环太湖流域内包含有良渚文化堆积物的各类遗址，统称为良渚文化遗址。

（4）**良渚遗址（群）：**良渚遗址与良渚遗址群是同一个概念。良渚遗址群于1986年提出，具体是指分布于余杭区瓶窑镇、良渚街道范围内的良渚文化遗址，保护区的面积约42平方千米，于1996年被列为第四批全国重点文物保护单位。良渚遗址（群）是良渚文化遗址中等级最高、类型最丰富、分布最密集的遗址群落。

参考文献

良渚博物院，良渚研究院.良渚[M].南京：东南大学出版社，2020.

王宁远.何以良渚[M].杭州：浙江大学出版社，2019.

赵晔.良渚文明的圣地[M].杭州：杭州出版社，2013.

朱叶菲.良渚遗址考古八十年[M].杭州：浙江大学出版社，2019.

思考与练习

一、判断题（正确打"√"，不正确的打"×"）

1.良渚文化的范围就是良渚遗址群所在的范围。　　　　　　　　　　　　　（　　）

2.从考古学的定义看，良渚文化是指存在于距今约5300—4300年之间、主要分布于环太湖流域、具有共同文化特征的一类考古学遗存，因首先发现于良渚港而得名。　　　（　　）

3.先有良渚文化，后有良渚遗址。　　　　　　　　　　　　　　　　　　（　　）

4.良渚遗址和良渚遗址群是同一个概念。　　　　　　　　　　　　　　　（　　）

5. 2018年后，良渚遗址考古研究工作从单一依赖实物取向的"考古学"阶段，进入了多学科研究阶段。　　　　　　　　　　　　　　　　　　　　　　　　　　　　（　　）

6.考古学文化一般是指考古发现中属于同一时代、分布于特定地区并且具有共同特征的一群遗存，通常以首次发现的典型遗址所在地的地名来命名。　　　　　　　　　　（　　）

二、填空

1.＿＿＿＿＿＿＿＿年，施昕更首次进行了良渚遗址考古发掘。

2.为更好地统筹长江三角洲地区的考古活动，以卫聚贤为代表的史学家开始筹划建立一个学术性的社会组织，即＿＿＿＿＿＿＿＿。

3.＿＿＿＿＿＿＿＿被认为是良渚考古的先行者。

4.＿＿＿＿＿＿＿＿＿＿＿是江浙地区良渚文化最经典的早期考古发掘报告，也是关于良渚文化遗址的第一部发掘报告。

5.＿＿＿＿＿＿年 8 月，夏鼐先生在长江流域规划办公室文物考古队队长会议上做《长江流域考古问题》的报告时，正式提出了"良渚文化"这一考古学命名。

6.良渚文化距今约＿＿＿＿＿＿年，是新石器时代晚期的一支考古学文化。

7.良渚文化是继马家浜文化（距今约 7000—6000 年）、＿＿＿＿＿＿（距今约 6000—5300 年）之后发展起来的。

8.＿＿＿＿＿＿年，随着圆角方形城墙的发现，良渚古城得到确认。

三、名词解释

1.良渚文化

2.施昕更

3.良渚遗址群

4.吴越史地研究会

四、论述题

1.请简单论述一下良渚遗址的发现。

2.请简单论述良渚遗址考古经历的几个阶段及取得的主要成果。

第一章思考与练习答案

第二章　良渚文明

课前导引

学习目标

（1）了解良渚文明的提出。

（2）掌握良渚文明的特征。

关键词语

√国家　　　　√文明　　　　√良渚古城　　　　√良渚古国

√良渚文明

学习导图

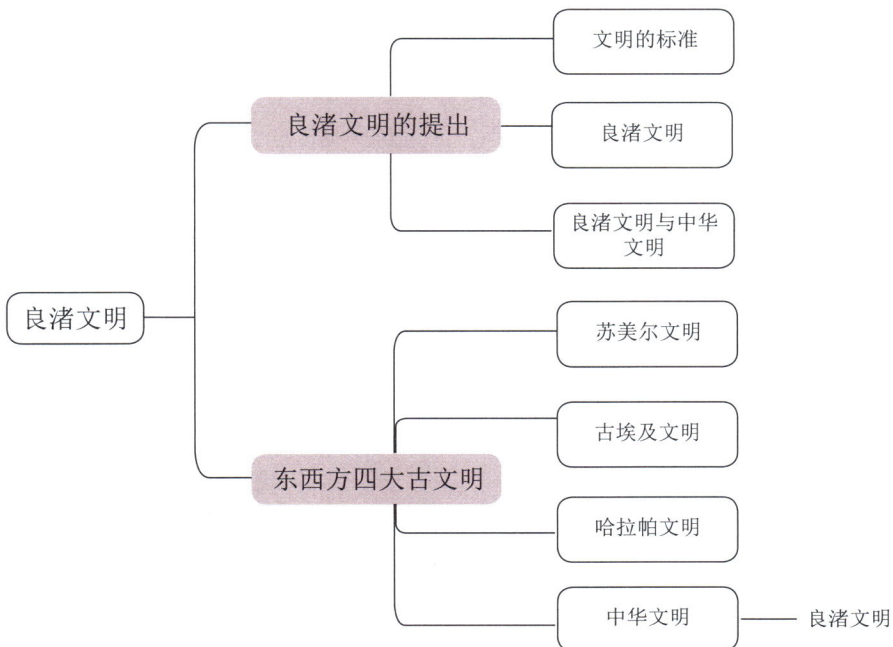

良渚文明

"良渚文明"是对良渚文化社会发展水平的一种评价和定性。

一种文化能否达到文明，是有一系列标准的。恩格斯在《家庭、私有制和国家起源》一书中说："国家是文明社会的概括。"正是有了良渚古国，才让良渚文明顺理成章。因此良渚文明的提出，是随着良渚考古进入古城都邑考古阶段、在实证了良渚社会已经进入国家阶段之后的自然结果。

那么，文明的标准究竟是什么？国家和文明之间是什么样的关系？良渚文明是如何被提出的？良渚文明的主要特征又是什么？我们应如何看待良渚文明和其背后更深厚的中华文明及其与世界文明的关系？

本章将从文明的概念入手，通过对文明标准、良渚文明、良渚文明与中华文明、东西方四大古文明等内容的阐述，为大家介绍良渚文明的提出过程，阐述良渚文明的内涵，并厘清良渚文明与中华文明、世界文明的关系，为后续学习奠定基础。

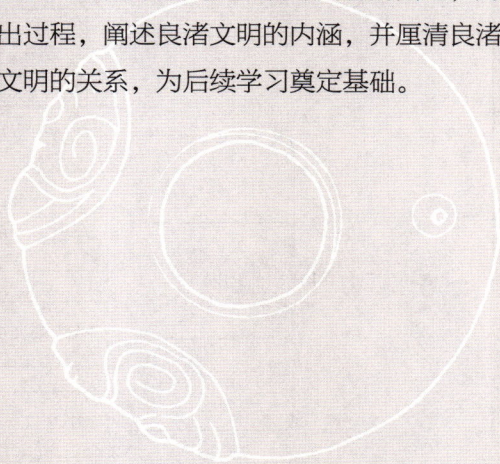

第一节 | 良渚文明的提出

良渚的基本
概念与内涵

2019 年 7 月 6 日，第 43 届世界遗产大会通过决议，将良渚古城遗址作为世界文化遗产列入"世界遗产名录"。良渚古城遗址由良渚遗址（群）内规模宏大的城址、功能复杂的外围水利系统、分等级墓地（祭坛）及具有信仰和制度象征的系列玉器等出土文物组成。世界遗产委员会认为："良渚古城遗址代表了中国 5000 多年前伟大史前稻作文明的成就，是杰出的城市文明代表。"良渚遗址"实证中华 5000 多年文明史"的价值受到世界认可。

那么，文明的标准是什么？良渚文明又是如何被"实证"的？从良渚文化到良渚文明，最关键的区别是什么？

一、文明的标准

在考古学中，文化和文明均有其特定的含义。文化专指考古发现中属于同一时代、分布于特定地区并且具有共同特征的一群遗存，一般以首次发现的典型遗址所在地的地名来命名。文明则是对某种文化社会发展水平的一种评价和定性。也就是说，文明通常是文化的高级形态，包括物质文化及其背后所展现出的经济、社会和意识形态等深层次的内涵。

1968 年，英国剑桥大学的格林·丹尼尔在《最初的文明》一书中，引用了克拉克洪在 1958 年提出的文明三大标准：一是城市（居民数量在 5000 人以上），二是文字，三是复杂的礼仪性建筑。但由于古代遗留的信息很少，三大标准只要具备两条就够了，而在这两条里面，文字是不可或缺的，有了文字再有其他的一条标准，这种社会就可以认为是文明社会了。

这个标准传到东方后，又被加上了一条：冶金术的发明和使用——这就与之前的三大标准一起成了国内通行的文明社会四大标准。

但我们也发现，以上这些文明社会的标准本质上都是根据当时已知的几大文明提取出来的共性因素。随着新的文明社会的案例的增加，这种共性因素也必然有所变化。比如，国际公认印加文化已进入文明阶段，但该文化却只能通过结绳记事，没有文字。如果审视格林·丹尼尔的更多相关表述，他在这一问题上的观点，也表现出了较大的灵活性。所以，这一标准也应该随着新的发现不断修正。

在 2018 年"中华文明探源工程"的总结中，中国考古学家新归纳出了中华文明的四大特征：农业和手工业的发展基础，社会阶层、社会成员明显分化现象的出现，中心性城市的出现，大型建筑的修建。这 4 条标准剔除了传统标准中的文字和青铜冶炼技术两条，体现了人类历史发展既有普遍性也有特殊性的科学史观，符合并反映了中国历史的特点。

二、良渚文明

良渚考古的一系列成果，从遗址点到遗址群，从王陵大墓到城墙，从古城到外郭，再到十几千米之外的水利系统工程，从石、玉资源到加工作坊，以及周围的支撑聚落与稻作遗迹，一环一环地揭示了一个曾经辉煌的文明的真面目。良渚文明由此被提出并受到国内外广泛的认可。由于良渚文明体现了早期国家的特征，因此可以把良渚文明所反映的社会形态称为良渚古国或良渚王国。从这个意义上说，国家和文明就是同一个概念。

对照中国文明的四大特征，良渚文明的具体表现和特征可以简单总结如下。

第一，良渚有发达的稻作农业，养殖业和渔业同样兴盛，稻米、猪肉、鹿肉、鱼肉等都是古代良渚人餐桌上受欢迎的美食；当时的手工业门类众多，涉及陶器、石器、玉器、漆器、竹木器、骨角牙器的制作和纺织等，并有了专门从事手工业的从业者。

第二，良渚社会已经有明显的等级分化和社会分工，精美的玉器基本都出土于贵族墓葬中；古城内的手工业者已不再从事农业劳动；"玉琮王"和"玉钺王"的发现，揭示了最高统治者的存在；良渚玉器上刻有的神人兽面纹，进一步表明了良渚社会还是一个具有统一信仰的等级社会。

第三，规模宏大的良渚古城，具有皇城、内城、外城三重结构，有城墙和护城河，还有城内的水陆交通体系和城外的水利系统，是当之无愧的"国"之中心。

第四，古城中分布着远超日常需要的莫角山宫殿、反山王陵、瑶山和汇观山祭坛等大型礼仪性建筑。

良渚考古工作的持续发现，也使国际学术界对中国早期文明有了新的认识。英国剑桥大学的科林·伦福儒勋爵指出，良渚是东亚最早的国家社会，它将中国国家社会的历史上推了 1000 年，处在与古埃及和美索不达米亚文明几乎相同的时间。

良渚文化
因何而兴

良渚文化
因何而衰

三、良渚文明与中华文明

那么，良渚文明与中华文明又是什么关系呢？因为在近现代历史的观念里，我们只知道自己是华夏儿女，不知道有一个"良渚"。我们观念里的文明，也是从夏商以降、周秦汉唐传续至今的、在黄河流域建立政权的国家文明，是大一统的中华文明。

如今，我们在5000年的节点上发现了良渚文明，和成熟的、大一统的中华文明相比，它还是一种早期文明形态，也是一种区域性的文明。由此推及其他的区域，可能也存在着区域性的文明，如辽西可能存在红山文明、长江中游可能存在石家河文明，只是因为考古发现的局限，我们还不能确定这些文明形态是否成熟。而良渚文明是至今发现的具有最确凿证据的中国最早的文明。虽然，良渚文明在距今4300年后逐渐没落了，但文明的因素却随着良渚玉器等物质载体得到了有序的传承，影响力遍及九州。从中也可以看出，区域性的文明实际上也有全局性的影响力。

在良渚文明之后的1000多年，陶寺、石峁、二里头的相继繁荣，使得区域文明的中心不断地发生变化。在这个持续发展的过程中，礼制规范、等级社会模式、城市架构等文明因素不断地传承、交汇，直至夏商。真正大一统的中央集权国家，则要从秦朝算起。而从良渚到商周，正是中华文明从区域性文明向大一统文明逐步汇聚的一个连续不断的过程，我们绝不可将其割裂。

▶ 探究史前良渚
文化的兴衰

第二节 ｜ 东西方四大古文明

过去一般理解的旧大陆四大古文明，是指两河流域的苏美尔文明、尼罗河流域的古埃及文明、印度河流域的哈拉帕文明和黄河流域的中原文明。从文明之间的交往及物质文化的相似程度来看，主要分为以前三者为中心的西亚文明圈和以中原文明为代表的东亚文明圈。由于国际学术界对中原文明的时间认定一般都是从殷商开始的，因此普遍认为中华文明在四大古文明中出现最晚。

然而，随着"中华文明探源工程"的开展和对文明认识的加深，国际学术界对中华文明的起源与内涵的认识也逐步得到校正。良渚古城是目前已发现的中国乃至世界上，距今5000年左右，同时拥有城墙和水利系统的规模最大、保存最好的都邑遗址。良渚文明就是对中华5000多年文明史的一个最强有力的实证，表明在中原文明之前，中国南方的太湖流域，已经出现了成熟的文明形态。人们不禁惊奇地发现，5000 多年前，辉煌灿烂的东西方文明的中心，竟毫无例外地均分布在北纬 30° 这条神奇的纬线上。

幼发拉底河和底格里斯河在北纬 29.5° 汇入波斯湾，下游就是著名的苏美尔文明发源地。孕育了古埃及文明的尼罗河在北纬 31.4° 上。哈拉帕文明分布于北纬 30.5°。而中华文明的代表良渚文明的核心良渚古城，就在北纬 30.4° 附近。

在四大古文明中，苏美尔文明、古埃及文明和哈拉帕文明所处的地理位置相对独立，文化面貌较为统一。而中华文明是一个广义的概念，是指以黄河流域和长江流域为中心而形成的大的文明体，是多个区域文明逐步融合的产物。

一、苏美尔文明

苏美尔文明位于今伊拉克东南部幼发拉底河和底格里斯河下游，是现在一致认同的最早的文明中心。

苏美尔文明是城市（城邦）文明的代表，在世界历史上最早建立城市。自公元前 3500 年起，苏美尔地区先后兴起了多个城邦（即具有共同血缘和地域的城市国家），如埃利都、乌尔、乌鲁克、拉伽什、乌玛、基什等。其中乌鲁克修建了规模巨大的城墙，城市面积达 550 万平方米，据估计其内居住了约 4 万人口，是早王朝时期影响力最大的城邦。

苏美尔文明的一个重要特征是文字的发明和使用。考古学家在基什附近的奥海米尔土丘发现了一块公元前 3500 年左右的石板，上面刻有图画符号和线形符号。这是两河流域南部迄今所发现的最早的文字。

两河流域书写的材料是用黏土制成的半干的泥板，笔是用芦苇秆、骨棒或木棒做的，削成三角形尖头，用它在半干的泥板上刻压，留下的字迹笔画很自然地成了楔形，因此被称为楔形文字。

除此之外，苏美尔文明的主要成就还包括以苏美尔王表和多部英雄史诗为代表的苏美尔文学、以神庙为中心的土地制度、以塔庙为标志的建筑及关心现世的宗教信仰等。

二、古埃及文明

古埃及文明位于非洲东北部尼罗河中下游（今中东地区）。公元前 3100 年左右，南北埃及完成统一，建立了世界上首个大一统的国家，其朝代延续并更迭长达 3000

年之久。古埃及有着一套完整的文字系统、政治体系和制度，以及多神信仰的宗教系统。

古埃及文明的核心是古埃及宗教。古埃及宗教的三大主题是自然崇拜、国王崇拜和亡灵崇拜。宗教在古埃及人的全部生活中起着支配作用：国王政权在很大程度上是神权政治，王权神授；文学中充满宗教的说教；艺术与建筑是宗教象征的一种表现。

古埃及人在建筑方面成就辉煌，大金字塔、卡纳克神庙、卢克索尔神庙、法洛斯灯塔等都是古代世界的奇迹和建筑典范。神庙均以众多巨大的圆柱著称于世，内部则狭小幽暗，给人以神秘压抑之感，从而让人产生崇拜心理。无论从艺术象征、空间设置和功能安排等方面来看，古埃及建筑都有着浓厚的宗教意蕴，反映着独特而奇异的精神理念。

另一个重要的成就是古埃及的象形文字，它可以追溯到公元前3500年，包含音符、意符和限定符3种字符，分为圣书体、僧侣体和世俗体3种主要字体。

公元前3000年左右，古埃及人开始使用莎草纸，它是历史上最早的便利的书写纸。由于莎草纸的发明和推广，才使人类可以不再用泥、石、木、陶、金属等材料记录文字或图画，也使古代大量信息得到传播和保存，直至8世纪，中国造纸术传到中东，才取代了莎草纸。

古埃及有着与众不同的科技传统，为世界贡献了诸多发明创造，在天文、数学、医药、机械等众多方面发展出了独具特色的先进成果。同时，古埃及在传统艺术方面的成就也无比辉煌灿烂，主要形式有诗歌、雕塑和绘画。古埃及文明对后世的古希腊、古罗马、犹太等文明产生了巨大影响。

三、哈拉帕文明

哈拉帕文明分布于印度河流域广袤的土地上，又称印度河文明或印度河流域文明，1921年第一次在旁遮普邦的哈拉帕被发现。

哈拉帕文明属于典型的大河农业文明，于公元前2500年左右达到成熟期，其标志性特征就是早熟、发达的城市文化，它是印度次大陆已知的最早的城市文明，以哈拉帕和摩亨佐·达罗等城市遗址知名度最高，被誉为"古代印度河流域文明的大都会"。

哈拉帕文明的大型古城都是按照统一的规划设计精心建成的，以卫城为中心呈网格状分布，有市政建筑、市场、作坊、储存区、居民和神庙。每座民居都围着一个院子建成。建筑用基本材料是从烧木头的窑里制出的土砖。

在对哈拉帕文明遗址的考古中，发现了大量珍贵的文物，包括彩陶、青铜雕像、首饰、农具等。其中最引人注目的出土文物是 2000 多枚印章，从印章的图纹中可以窥见当时人们的精神生活和智识水平。

由于各方面的局限，哈拉帕文明的许多方面，至今仍然成谜，等待着考古研究的进一步发现和实证。

四、中华文明

辽阔的中华大地包含多个相互独立的地理单元，在这些不同的地理环境下逐步孕育出多个具有不同文化面貌、不同发展谱系的文化区系，如黄河流域的中原地区、海岱地区、甘青地区，长江流域的四川盆地、江汉地区、环太湖地区，以及北方地区和珠江流域等，形成以中原地区为核心，黄河流域和长江流域的若干文化区为主体，再联系周围许多个区域性文化的一种重瓣花朵式的格局。

距今 6000 年左右，各区系进入文明化、城市化、复杂化加速发展的新时期，距今约 5500—4000 年，形成了许多强势的文化，较早的有仰韶文化中的庙底沟类型、凌家滩文化、红山文化，稍晚的有良渚文化、屈家岭文化、大汶口文化，更晚的有龙山文化、石家河文化、煤山文化、齐家文化、陶寺文化等。这些文化中不少已进入文明阶段，但这一时期，面貌统一的中华文明尚未形成，我们不妨称之为区域文明时代。其中，良渚文化所在的自然环境是最优越的，文化的发展也是比较成熟的，因而率先形成了古国。良渚文明就是中国区域文明时期的重要代表。

本章小结

本章从以良渚文明为代表的中华文明切入，简单介绍了东西方四大古文明的基本情况，重点介绍了各大文明的主要成就。

随着考古研究的深入，对中华文明的认识也不断深化，从中原文明到良渚文明，人们逐渐认识到，中华文明是一个广义的概念，是指以黄河流域和长江流域为中心而形成的大的文明体，是多个区域文明逐步融合的产物。

距今约 5000 年前，辉煌灿烂的东西方文明的中心——两河流域的苏美尔文明、尼罗河流域的古埃及文明、印度河流域的哈拉帕文明和太湖流域的良渚文明，大致均匀分布在北纬 30°。

苏美尔文明是城市文明的代表，孕育了两河流域最早的楔形文字。古埃及文明成就辉煌，在宗教、建筑、科技、文艺等诸多方面均取得了影响深远的文明成果。哈拉帕文明拥有早熟、发达的城市文化和形制规范的大型古城。

这一时期，面貌统一的中华文明尚未形成，良渚文明是中国区域文明时期的重要代表。

参考文献

陈明辉.良渚时代的中国与世界[M].杭州：浙江大学出版社，2019.

良渚博物院，良渚研究院.良渚[M].南京：东南大学出版社，2020.

良渚博物院.严文明论良渚[M].北京：科学出版社，2020.

张任重.哈拉帕文明：南亚次大陆远古文明之源[N].光明日报，2019-07-11（12）.

思考与练习

一、判断题（正确打"√"，不正确的打"×"）

1.文明通常是文化的高级形态，包括物质文化及其背后所展现出的经济、社会和意识形态等深层次的内涵。　　　　　　　　　　　　　　　　　　　　　　　　　　　（　　）

2.按照克拉克洪提出的文明三大标准，一般只要具备两条就够了，而在这两条里面，城市是不可或缺的。　　　　　　　　　　　　　　　　　　　　　　　　　　　　　（　　）

3.由于良渚文明体现了早期国家的特征，因此可以把良渚文明所反映的社会形态称为良渚古国或良渚王国。　　　　　　　　　　　　　　　　　　　　　　　　　　　　　（　　）

4.稻米、小麦、猪肉、鹿肉、鱼肉等都是良渚人餐桌上受欢迎的美食。　　　　　（　　）

5.良渚文明是至今发现的具有最确凿证据的中国最早的文明。　　　　　　　　　（　　）

二、填空

1.良渚古城遗址由良渚遗址（群）内规模宏大的_____、功能复杂的外围_____、分等级墓地（祭坛），以及具有信仰和制度象征的系列玉器等出土物组成。

2.世界遗产委员会认为："良渚古城遗址代表了中国 5000 多年前伟大史前_____的成就，是杰出的城市文明代表。"

3.克拉克洪在 1958 年提出的文明三大标准：一是城市（居民数量在 5000 人以上）；二是文字；三是_____。

4.克拉克洪关于文明的三大标准传到东方后，又被加上一条：_____的发明和使用。

5.和成熟的、大一统的中华文明相比，良渚文明还是一种早期文明形态，也是一种_____的文明。

6.真正大一统的中央集权国家，要从_____算起。

7.良渚古城是目前已发现的中国乃至世界上，距今 5000 年左右，同时拥有城墙和水利系统的规模最大、保存最好的_____遗址。

8.中华文明是一个广义的概念，是指以_____和_____为中心形成的大的文明体，是多个区域文明逐步融合的产物。

9.苏美尔文明的一个重要特征是_____的发明和使用。

10.苏美尔文明的文字被称为_____。

11.古埃及宗教的三大主题是自然崇拜、国王崇拜和_____。

12.古埃及象形文字分为_____、_____和_____3 种主要字体。

13.哈拉帕文明于_____年第一次在旁遮普邦的哈拉帕被发现。

三、名词解释

1.中华文明的四大特征

2.苏美尔文明

3.古埃及文明

4.哈拉帕文明

四、论述题

1.请简单论述一下良渚文明与中华文明的关系。

2.请简单论述一下中华文明的发展情况。

第二章思考与练习答案

第三章 良渚时期的气候与环境

课前导引

C **学习目标**

（1）了解良渚时期的基本气候特征。

（2）了解良渚时期的基本环境特征。

C **关键词语**

√古环境　　　　　√古气候　　　　　√环境气候特征

C **学习导图**

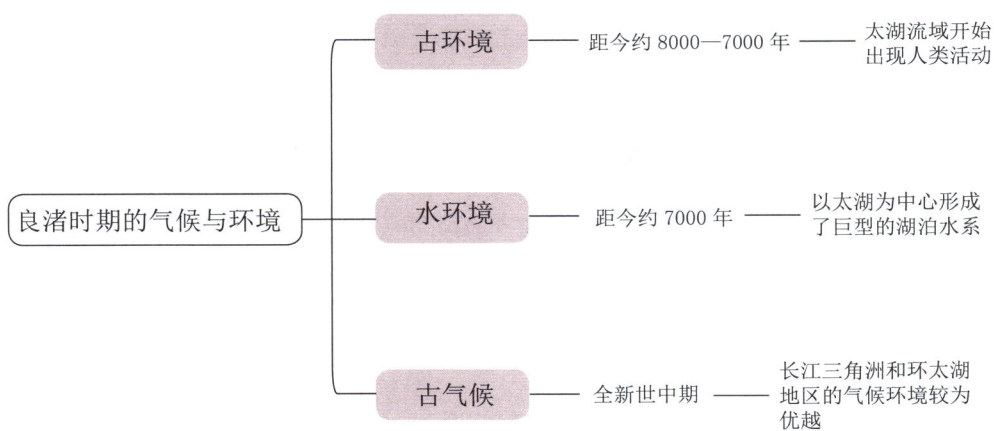

良渚时期的气候与环境

　　环境是人类赖以生存的物质基础和客观条件。良渚文化时期，正处于全新世大暖期（距今约 8500—3000 年），整体气候较为温暖。在这样温暖宜人的气候条件下，生产力发展水平较高，经过几百年的积累，良渚时期的社会物质水平得到了巨大的提升，慢慢地，良渚统治者乃至部分普通民众便不再仅满足于温饱，而是开始有了更高的追求，如工程建设、宗教信仰等。

　　良渚文化的分布区域为长江三角洲的太湖平原，太湖流域的地貌环境在几万年来经历了很大的变化。到了良渚文化时期，太湖流域的气候环境比较优越，为良渚文化的发展和物质财富的积累提供了有利的条件，良渚文化能够达到国内同期的先进水平，当时适宜优良的气候环境可能是重要的原因之一。太湖流域发展的是湿地稻作农业，这里的人民创造了世界最早的稻作文明模式。

　　然而，距今约 3800—3200 年的暖湿气候，使环太湖地区大部分地方处在水泽环境之中，这可能是导致良渚文化消失的原因之一。

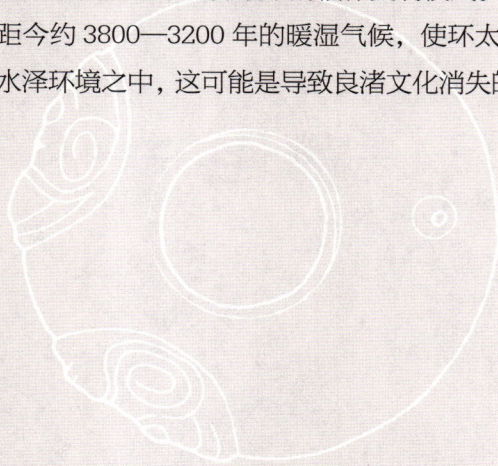

环境是人类赖以生存的物质基础和客观条件。但是，重视环境的作用，并不等同于提倡环境决定论。5000 年的时间在地质尺度上是微不足道的，山还是山，海依旧是海，而气候确实会发生变化。良渚文化时期，正处于全新世大暖期（距今约 8500—3000 年），整体气候较为温暖。在这样温暖的气候条件下，因为气候宜人，生产力发展水平较高，经过几百年的积累，良渚时期的社会物质水平得到了巨大的提升，慢慢地，良渚统治者乃至部分普通民众已不再仅满足于温饱，而是开始有了更高的追求，如工程建设、宗教信仰等。

第一节　良渚文化时期的古环境

良渚文化的分布区域是长江三角洲的太湖平原，在自然地理上这一地区被称为江南。提起江南，中国人眼前会浮现出一幅烟雨朦胧、小桥流水的如诗画面。在中国人的心目中，"江南"并不仅仅是个地理概念，还是个人文概念，是中国传统观念中富裕美好生活的标杆。实际上，太湖流域地貌环境在几万年来经历了很大的变化，今天的江南地貌出现得很晚。

晚更新世末期（距今约 126000—10000 年），长江三角洲以太湖为中心的地区，是一个略有起伏的丘状台地。此时气候寒冷，除了古河谷以外的大部分地区都被一层暗绿色或黄褐色的黏土层所覆盖。距今约 8000—7000 年是海平面上升速率由快变慢的一个转折点。这一地区的环境发展由此进入对海平面变化高度敏感的阶段，此区域的土壤中开始积累大量有机质，有利于植被的发育，太湖流域开始出现人类活动。

我们常说，气候改变历史，在生产力水平低下的原始时代更是如此。对古气候的研究表明，全新世（始于 11700 年前）的早中期全球气候总体比较暖湿，但是全新世气候并不稳定，不断发生冷干气候事件。由于当时的社会生产力水平较低，这些突发性的大幅度气候变化事件对早期人类活动及其文化产生了重要影响，甚至改变了人类社会发展的方向。

太湖平原距今约 7000—6000 年时属于大西洋期，即全新世气候适宜期。考古证实距今 7000 年左右的马家浜文化的先民在太湖平原较高爽的地区出现。之后的崧泽文化早期，人类生活环境与马家浜文化时期基本类似，整个长江三角洲地区仍以平原沼泽地形为主，兼有较大面积的水域，如杭嘉湖平原的局部地区曾经是浅水海湾，不太适合人类居住。这一时期，采集渔猎是主要的农业模式，稻作农业较早期有了进一步发展，但仍然是一种辅助的农业部门。

然而，距今约 5500 年的气候事件，彻底改变了这种情形。这次降温事件是全球全新世最显著的气候变化事件之一，人类由此进入了城市革命时代。

在中国，该降温事件被称为仰韶中期寒冷期，该事件导致了黄河中上游地区早期人类遗址数量的减少，人类由高阶地向低阶地方向迁移。它对太湖流域的人类活动造成的影响也基本一致，并引发了经济模式、居住模式、宗教模式和社会组织模式的全方位革命性变化。良渚文化兴起，人们创造了良渚古城，绽放出灿烂的文明之光。与其他地域以大麦、小麦或者黍粟种植为主的旱作农业相比，太湖流域发展的是湿地稻作农业，这里的人民创造了世界最早的稻作文明模式。

第二节 | 良渚文化时期的水环境

长江三角洲地处长江的入海口，素有水乡泽国之称，区内地表水系发达，河渠湖塘密布，水域面积占总面积的 30% 左右。降雨为本区河流主要补给来源，由于梅雨和台风等原因，夏半年河流水量尤其丰富。从地理位置分析，本区处于江、河、海感潮地带，沿江沿海地势高于以太湖为中心的蝶形洼地，极易受到外部环境的危害，海平面上升也将导致区域生态系统的深刻变化。

因此，海平面变化与湖泊水系的发育构成了长江三角洲水环境的两个基本要素。长江三角洲是自然环境变异较大的区域之一，特别是全新世以来，三角洲的发育、海平面的变化等都使长江三角洲的水环境发生过较大的变化。了解良渚时期的水环境，能让我们更好地理解良渚文化的兴衰过程。

地理学研究表明，全新世以来，长江三角洲地区从一个缺水的环境，逐渐演变为一个"丰水"甚至"多水"的环境，这一系列的变化正是伴随着长江三角洲的发育和蝶形洼地的形成而出现的结果。海平面研究表明，晚更新世末期，由于末次盛冰期的影响，气候寒冷，海平面低于现在 150 ～ 160 米，距今 7000 年左右，海平面变化趋于稳定，在此后很长一段时期，大量长江泥沙源源不断地随河流进入河口区，在沿海潮流和波浪的搬运下有规律地沉积，现代长江三角洲开始发育。伴随着长江三角洲蝶形洼地的形成，以太湖为中心形成了巨型的湖泊水系，同时也影响了长江三角洲的水系发育。

良渚时期总体上比较潮湿，河网密集，良渚先民堆筑土台，依河而居。出行或运输时，基本依靠水路交通，交通工具主要是独木舟和竹筏。

第三节 良渚文化时期的古气候

气候作为生态系统中最活跃的变化因素之一，对生态系统的演化常常起着决定性的影响作用。气候直接影响岩石的风化和土壤的形成，也为生物生长提供了不可缺少的热量和水分，气候的地带性分布规律决定了植物、动物等生物群落的地带性分布特征，从而影响了良渚时期的社会生活。

良渚文化恰好位于第 2 个和第 3 个气候比较温凉干燥的时期，这与大量良渚文化遗址孢粉组合所反映的当时气候相对比较温凉干燥是一致的。但是良渚文化跨越了第 3 个暖湿气候和高海平面时期。仔细分析甘肃秦安大地湾黄土—古土壤磁化率曲线、天山冰川进退和敦德冰芯等资料，可以看出，第 3 个暖湿气候期是比较弱的。在浙江省博物馆展出的全新世以来浙江沿海海平面升降曲线图上，上述第 3 个高海平面时期完全没有反映出来，说明这一时期的高海平面是不显著的，即便有海侵也是很弱的，这是良渚文化可以跨越这一时期的主要原因。长江三角洲和环太湖地区，在全新世中期的气候环境比较优越，为良渚文化的发展和积累提供了有利的条件，良渚文化能够达到国内同期的先进水平，具有长期优良的气候环境可能是重要的原因之一。

杭州博物馆资料显示，全新世以来最强的被称为皇天畈海侵出现在距今 6300 年左右，海平面比现今高出约 8 米，这一结果与全球和全国的最强海侵基本上是一致的。河姆渡文化受这次最强海侵的影响而一度中断。值得注意的是，杭州博物馆中的上述资料还显示，第 4 个千年尺度暖湿气候期，出现了全新世以来的第 2 个最高的海平面，当时海平面比现今高 6 米左右，被称为钟家埭海侵。如果事实确实如此，那么环太湖地区的良渚文化的消失可以肯定是海侵造成的。有些研究工作者认为，长江三角洲的海侵只出现在距今约 10000—7000 年，影响良渚等史前文化先民活动的主要是洪水。因此良渚文化的消失是不是海侵造成的，还有待进一步的证实。但是，距今约 3800—3200 年，全新世中期出现了第 4 个千年尺度的暖湿气候期，与其相应的全球范围的高海平面时期则是相对比较可靠的。暖湿气候期的降水量明显比现在多，形成了江河湖泊的高水位与高海平面造成的相互影响的复杂情况，根据现有的技术和研究水平，有时难以将江河湖泊的高水位与海侵严格区分开来，但是不论是受二者的其中之一的影响，或者是受二者共同的影响，环太湖的大部分地方均处在水泽之中，在大量良渚文化遗址的文化层上，普遍存在一层厚约 0.5 米以上的黑色水相沉积物，这是长期处于浅海底或湖沼底部的证据。良渚先民失去了生存的环境，导致良渚文化的消失。所以距今约 3800—3200 年的暖湿气候，使环太湖地区大部分地方处在水泽环境之中，这可能是导致良渚文化消失的原因之一。

参考文献

陈杰. 良渚文化的古环境 [M]. 杭州：杭州出版社，2014.

陈明辉. 良渚时代的中国与世界 [M]. 杭州：浙江大学出版社，2019.

方辉. 聚落与环境考古学理论与实践 [M]. 济南：山东大学出版社，2007.

姬翔，宋姝，武欣. 物华天宝：良渚古环境与动植物 [M]. 杭州：浙江大学出版社，2019.

张行. 古生物与古环境 [M]. 兰州：敦煌文艺出版社，2004.

周膺. 东方文明的曙光：良渚遗址与良渚文化 [M]. 北京：五洲传播出版社，2007.

思考与练习

一、判断题（正确打"√"，不正确的打"×"）

1. 良渚文化时期，正处于全新世大暖期，整体气候较为温暖。 （　　）

2. 太湖平原距今约 7000—6000 年属于太平洋气候期，即全新世气候适宜期。 （　　）

3. 距今约 5500 年的气候事件，是全球全新世最显著的气候变化事件之一，在中国，该降温事件被称为仰韶中期寒冷期。 （　　）

4. 良渚时期总体上比较潮湿，河网密集，良渚先民堆筑土台，依河而居。 （　　）

5. 良渚文化恰好位于第 2 个和第 3 个气候比较温凉湿润的时期。 （　　）

二、填空

1. 良渚文化的分布区域是长江三角洲的_____，在自然地理上这一地区被称为江南。

2. 考古证实距今_____年左右的马家浜文化的先民在太湖平原较高爽的地区出现。

3. 长江三角洲地处长江的入海口，素有_____之称。

4. 距今约 3800—3200 年的_____，使环太湖地区大部分地方处在水泽环境之中，这可能是导致良渚文化消失的原因之一。

三、名词解释

1. 古气候

2. 长江三角洲

3. 海侵

四、论述题

1.简述良渚时期的环境特征。

2.简述良渚时期的气候特征。

第三章思考与练习答案

第四章　良渚时期的农业

课前导引

○ **学习目标**

（1）掌握良渚时期先民的主要农业特征。

（2）了解良渚时期的水稻种植、养殖业与渔猎采集。

（3）了解良渚先民的饮食特征。

○ **关键词语**

√水稻种植　　√养殖业　　√狩猎、采集　　√饮食

○ **学习导图**

良渚时期的农业

本章主要介绍了良渚时期先民赖以为生的食物来源——"农业"的发展情况，包括水稻种植、渔猎采集和畜牧养殖业，同时，还简要介绍了良渚先民在进行农业生产时所使用的一些农具和日常饮食情况。

良渚文化的兴衰与这个地区的农业发展情况密切相关，是农业与社会发展之间相互影响的典型实例。良渚文化的水田、灌溉设施、施肥行为及上万千克稻谷的发现，证明当时的稻作生产已经达到了相当高的水平，这是良渚文化辉煌的经济基础。良渚时期尽管种植水稻已经普遍存在，但是除了良渚中心区域及其他部分地区外，还有一些地区肉食资源的获取尚没有形成饲养模式，数千年来延续的采集渔猎的方式基本上没有改变。

人类经历了长时期通过采集渔猎的方式获取食物资源的历史。自新石器时代开始，古人开始采用种植农作物和饲养家畜等新的生产方式，新的生产力要素随着人口数量的增加逐步发展，在文化交流的过程中进一步引进了新的农作物和家畜种类，带动了整个生产力的发展，由此从整体上促进了社会的进步。由于东北及内蒙古东部地区，黄河上游及新疆地区，黄河中游及华北地区，黄淮下游地区，长江上、中、下游地区，以及岭南及相关地区的自然环境和文化传统的不同，农业发展在各个地区显示出不同的特征。

良渚文化的兴衰与这个地区的农业特征关系密切，是农业与社会发展之间相互关系的典型实例。良渚文化的水田、灌溉设施、施肥行为及上万千克稻谷的发现，证明当时的稻作生产已经达到相当高的水平，这是良渚文化辉煌的经济基础。但是我们也发现，位于良渚政权中心区域的现今余杭一带的遗址中，家养动物的数量在全部动物中占据绝对优势，而在良渚文化势力范围的南北两个延伸地区，即今天的宁波、兴化等地，肉食的主要来源则是野生动物。这正说明了良渚时期尽管水稻种植已经普遍存在，但是除了良渚中心区域及其他部分地区外，还有一些地区肉食资源的获取尚未形成饲养模式，数千年来延续的采集渔猎的方式基本上没有改变。

<h2>第一节 | 水稻</h2>

⊙ 稻作农业：
良渚人的主食

新石器时代晚期，生活在中华大地上的人们因地域和环境各不相同，他们生活所必需的能量来源也不相同。良渚先民生活在太湖流域，这里水网密布，气候温暖湿润，恣意生长的水稻就成为他们的主要食物，并且良渚先民还掌握了水稻种植和水田管理的技能。在 2019 年 7 月 6 日，良渚古城遗址被列入"世界遗产名录"时，世界遗产委员会认为"良渚古城遗址代表了中国 5000 多年前伟大史前稻作文明的成就，是杰出的城市文明代表"，可见，稻作农业是良渚文化的一个典型特征。

一、水稻起源

水稻是人类最早栽培和驯化的粮食作物之一，也是世界上最重要的粮食作物之一。当今世界，有 20 多亿人口以稻米为主食。中国稻作农业起源可分 4 个发展阶段：距今 10000 年前后是稻作农业的孕育阶段，长江中下游地区古代先民在通过采集渔猎开拓更多食物来源的同时，开始尝试耕种野生稻。距今 8000 年前后是稻作农业形成过程的早期阶段，社会经济主体是采集狩猎，属于农业范畴的水稻种植和家猪饲养仅是辅助性的生产活动。距今约 7000—6000 年的河姆渡文化时期，稻作农业仍在形成过程中，虽然稻作已成为社会经济中的重要组成部分，但仍无法取代采集渔猎的方式。距今 5000 年前后的良渚文化时期，稻作农业终于取代采集渔猎成为社会经济的主体。

良渚时期的稻作农业已经成为社会生产的重要组成部分。例如在浙江湖州钱山漾遗址发现的稻谷都是成堆的，有谷粒和米粒，江苏吴江龙南遗址出土的炭化稻谷，既有籼稻，又有粳稻。近几年，考古学者又在良渚古城中心的莫角山脚下挖出了数万斤炭化的稻谷，它可能是被一场大火烧毁的良渚古城的一个粮仓。如此巨大的体量，可见良渚社会稻作农业的发达。

良渚先民除了拿稻米来果腹满足食用需求外，水稻的其他部分也被良渚先民充分利用。比如，良渚遗址群中的庙前遗址在进行第五、第六次发掘时，发现了大片的红烧土遗迹，其中部分红烧土块中含有大量的稻谷壳。另外在一些比较粗简的低温陶器上，有时也能发现一些炭化的谷壳、秕谷等稻植物体或印痕。

二、水稻种植

良渚时期稻作农业的伟大成就并不是偶然所得，这是中华民族农耕文明不断进步的结果。良渚时期不但已经有人工耕种的稻田，而且还使用了与之相配套的农业生产工具。这些都是生产力进步的特征，正是生产力的巨大进步，良渚时期才会存在阶层分化和专门的生产分工。

长江三角洲地区的水稻田遗址最早发现于马家浜文化时期，良渚文化的水田遗址目前仅见于浙江临平茅山遗址。茅山遗址发掘的大型水稻田，是目前国内发现的结构最完整的新石器时代的稻田遗址，表明良渚文化中晚期水稻田为长条形田块结构，有规整的田埂、道路系统和灌溉系统，这也证明了良渚先民对水稻田已有了比较先进而细致的规划。

良渚时期的稻作农业已经进入成熟发展阶段，其在考古学上的标志之一就是出现了种类较多的成套农具，如石犁、斜柄破土器、木耜、割穗刀、石镰等。

通过考古发掘，在很多地点都发现了大量良渚文化时期的石犁，这说明石犁的应用更加广泛了。相对于崧泽文化的石犁，良渚文化的石犁刃部的夹角变小，形体更大，并且出现了多件套的组合，有发掘者推测，此时已经用到了牛等大型牲畜来牵引犁。

此外，良渚时期的农业工具不但品种多样，而且基本可以配套用于稻作农业生产的各个环节。石犁是耕种时翻土的工具，石镰是收割工具。农业生产工具的变化，是适应农业发展的需要而发展的，因此从生产工具技术水平的改进可以看出，良渚文化时期，原始农业生产水平有较大提高。

良渚时期的稻作农业是人类适应本地区气候特征和自然地理条件所选择的一种生产方式，它通过对土地的开垦、种植，提高了土地的承载能力，为人口以较大的规模聚居提供了可能。良渚先民在总结前期农业技术的基础上，运用集体智慧和社会的力量不断改进技术、发明新技术，促进了稻作农业水平的提高，更好地适应了环境，从而为良渚文明发展奠定了良好的经济基础。

第二节　养殖

驯养动物是人类在获取食物资源中有计划的行为，表明人类开始对动物资源进行有效的管理和控制。目前，长江三角洲地区新石器时代比较明确的驯养的动物主要有狗和猪。

一、狗

狗是人类最早驯化的家畜，一般认为，狗是从狼驯化而来的。到目前为止，最早的狗化石证据是来自德国 14000 年前的一个狗的下颌骨化石。河南舞阳贾湖遗址发现的距今约 9000 年的狗，被认为是中国最早驯养的家狗。

良渚文化墓地中发现埋葬狗的形式可以分为两种。一种是在墓地埋葬单体完整的狗。如上海松江广富林遗址曾经在两处不同的墓地上都发现单体埋葬狗的情况。另外一种形式就是把狗埋葬于墓葬内，作为殉葬。浙江平湖庄桥坟遗址共发现 200 多座墓葬，其中有 12 座墓葬在墓坑的北端葬狗，狗的头骨均朝向墓主的脚端，经现场判断，埋葬的狗为驯养的成年狗。良渚文化中发现殉葬狗数量最多的，是近年来发掘的上海青浦福泉山遗址。

良渚文化这两种埋葬狗的形式，可能反映了过去人类不同的行为。墓地上单体埋葬的狗，并非从属于某个特定的墓葬，而是与整个墓地的祭祀活动有关。而墓葬中随葬的狗，则很可能是伴随墓主身旁的家狗，也可能是猎犬，作为墓主人的亲密伙伴，死后同寝随葬。

二、猪

家猪是长江三角洲地区另一个被确认的家养动物，家猪是由野猪驯化演变而成的观点已经得到共识。长江下游地区最早确认存在家猪驯养的遗址是浙江萧山跨湖桥遗址，跨湖桥遗址出土的猪骨上存在齿列不齐、年龄结构偏低等特征，因此研究者判断其应为家猪。

目前，经过动物考古学研究的良渚文化遗址，所发现的猪骨都被认定为是家猪遗存。浙江余杭卞家山遗址出土的猪平均死亡年龄 56% 集中于 0.5～2 岁，用现在的经验来解释，因为养猪主要是为了吃肉，猪长到 1～2 岁后，体型和肉量不会再有明显的增加。家猪的驯化只是为过去人类生活提供了一种获取食物的可能性，人们获取肉食资源行为的改变还受到生态环境、动物资源和文化等诸多因素的影响。

良渚文化时期，遗址中出土的家猪等家养动物的数量明显增加，比如江苏吴江龙南遗址的家养动物占全部动物总数的 70%，卞家山遗址可以鉴定动物种类的标本中以猪的数量为最多，共 1526 件，占总数的 93%。可见，良渚文化时期人类获取肉食资源的方式发生了巨大的转变，已经主要依赖家养动物作为摄取动物蛋白质食物的补充。

第三节 | 渔猎采集

鱼肉果蔬：
良渚人的副食

潮湿温热的气候特征，为良渚文化的稻作农业发展提供了重要的环境条件。良渚先民又通过开垦新的土地资源，增加耕地面积，革新生产技术，提高了土地承载力，稻作农业逐渐向精耕细作型发展，水稻成为当时人们主要的食物来源。人们日常除了食用稻米获取植物蛋白质外，长江三角洲地区优越的自然环境所蕴藏的丰富的野生动植物资源也是良渚先民重要的食物补充。

一、植物

位于浙江省杭州市余杭区的卞家山遗址，出土植物种子 20 余种，绝对数量达3300 余颗，农作物有稻米和粟，坚果包括菱、芡实、莲子等，瓜果包括桃、梅、杏、柿、南酸枣、葡萄、乌蔹梅、瓠瓜、甜瓜、构树果实等，还有常见的陆生和水生杂草类，如马甲子、防己、马交儿、金鱼藻、眼子菜、葎草及其他一些莎草科和蓼科植物等。这一组合反映了植食的构成，其中稻米占32.7%，南酸枣占21.2%，甜瓜占13.4%，芡实占11.3%，其余种类均小于10%。考虑到绝大多数植物遗存出自码头遗迹区域，我们可以推测它们反映了良渚中心区及周边区域物资聚集的大致情形。稻米已成为主食，而粟的出现暗示着中国南北方谷物交流的可能性，大量瓜果种实的存在反映了良渚人食物的多样性。

卞家山和良渚其他遗址中发现的大量植物种子都说明了良渚先民除了依赖稻作农业外，非水稻类植物资源依然是早期先民维持生计的一个重要来源。良渚先民十分擅于利用各种植物资源，如淀粉类的菱角、橡子、芡实等，瓜果类的酸枣、梅、梨、李、甜瓜等，蔬菜类的葫芦等，来丰富自己的食物来源。

二、动物

虽然良渚文化时期家猪饲养已经成为先民的主要肉食来源，但是居住地周围的野生动物依旧是良渚先民肉食的重要补充。从良渚文化时期不同遗址出土的动物骨骼来看，除了家猪外，其余大多数动物骨骼为野生动物，应该是先民在居住地周围狩猎或捕捞获得的。卞家山遗址也出土了相当数量的软体动物遗存，经定性分析，确认属于腹足纲田螺科的有方形环棱螺、似梨形环棱螺2种，双壳纲蚌科的圆顶珠蚌、中国尖嵴蚌、扭蚌、鱼尾楔蚌、矛蚌和背瘤丽蚌6种，双壳纲蚬科的河蚬1种，它们是先民采集起来用于食用的。

由此可见，稻作农业的进步、家畜饲养的普及为良渚文化的发展奠定了坚实的经济基础，也使得人们的生活越来越倚重人工栽培饲养的单一动植物资源。但是，自然界所提供的野生动植物资源依然是良渚先民食物来源的重要补充，丰富了人们的食物结构。

🄲 知识链接　良渚人的饮食

中国有句古话，叫作"民以食为天"。良渚人用火熟食，早已习以为常。那么，接下来的问题是：良渚先民都以什么为"食"？做饭时用什么样的炊具，又使用什么样的餐具进食呢？

当时尚无金属，生活用具多为陶器、石器、骨器、蚌器、木竹器等，其中以陶器为主。生活用陶器大致分为4类，即炊煮器、盛食器、水酒器、存储器。其中，炊煮器主要有鳍形足鼎、甗等；盛食器主要指豆类，还有部分圈足碗等；水酒器主要指过滤器、杯、宽把带流罐形壶、杯形壶等；而存储器主要指双鼻壶、贯耳壶、盆、盘、钵、罐、簋、缸、瓮等。

　　河姆渡人进食"米饭"等时使用的取食工具之一已知是骨匙，有出土文物可以佐证。演进到良渚人，是否继续使用骨匙呢？匕（古代的一种取食器具，长柄浅斗，形状像汤勺）、匙之类，在良渚文化出土文物中较为少见，但还是有。如瑶山遗址的12号墓就出土过玉匕1件、玉匙1件，吴家埠遗址发现骨匕1件。叉在该区域尚未发现，筷亦未露面。鉴于筷多为竹木质地，易朽难存，故未露面不等于不存在。

　　良渚文化时期骨匕等为什么会少见呢？这是因为随着原始农业的发展，良渚人的食物以素食为主，肉食比重下降，狩猎逐步减少，导致用以制作餐具的骨质材料来源相对短缺，这可能就是其缘由。

　　早在数十万年前的旧石器时代，我国的古人就懂得了用火，从而逐渐摆脱了"古者，民茹草饮水，采树木之实，食赢蚌之肉，时多疾病毒伤之害"（《淮南子·修务训》），改善了健康状况，提高了生活质量。通过用火，逐渐掌握了制作熟食的方法，积累了制作熟食的经验。为了解决"火中取食"的烫手问题，进食时先民们不得不设法就地取材，使用树枝、竹棍或骨棒之类得来最方便的材料作为工具，来完成刺、按、挑、夹或叉取等动作，以便取食。因此，箸（古时称"木夹"）、匕之类的雏形就此产生。除玉质、骨质者外，当时的大多数情况下先民对这类进食工具很可能是随用随弃，较少保存的，因而事后大都被塘火就地烧掉，或被蚁蚀风朽了，以至于没有遗留保存下来。箸，是中国热食、粒食文化的独特产物。

　　迄今为止，通过发掘已发现至少5处良渚时期的稻田遗址。考古资料清楚地表明，当时的良渚农业已进入犁耕阶段，这对农田的开垦和翻耕极为有利；再则，水井和灌溉系统的建立也在一定程度上扩展了水稻的种植面积。因此，当时的良渚先民从事以水稻为主的种植业，辅以家禽和家畜饲养、采集和渔猎等。换句话说，良渚人是以稻米为主食的，并且饮食已有主食、副食之分。

　　需要强调的是，良渚人的主食，即主要食物或基本食物，显然是"稻米"；副食的种类比较多，包括肉类、水产品、蔬菜和水果等。古时荤素相结合的饮食习惯，一直影响至今。上述主、副食的分类都是通过对考古工作所取得的各项遗存物的研究得来的。例如，在卞家山遗址出土物中，除稻米粒之外，采集品有菱角、甜瓜、桃核、李核、梅核、酸枣核和橡子等；此外，还采集到了猪、鹿、牛等动物的骨骼，以及螺蛳壳、蚌壳和鱼骨头等。

　　考古人员还在江苏宜兴骆驼墩遗址底层中，漂洗出2000余粒炭化稻米，各类动物骨骼2000余件，其中以大型动物居多，包括牛、麋鹿、梅花鹿、猪和狗等。水生动物有鼋（俗称癞头鼋）、鲤鱼及大量贝壳，有一处大型贝壳类堆积的遗迹。

　　不仅如此，在江苏吴江龙南遗址发掘出古道和灰坑，并且在灰坑内发现了大量河蚬壳、螺蛳壳、鱼骨，以及猪、牛、狗和麋鹿等兽骨；另外，还有葫芦、红榉、甜瓜、酸枣核、菱角等植物有机体。至于说古道或道路，从其下层有大量牛骨的情况来看，或许是一处与肉类加工有关的作坊。

　　由于地理位置的特点，良渚古城周边的低处基本都是水域，所以饮食中的水产品种类也很丰富，如鱼类、螺蛳、蛤蜊和河蚌等也是良渚先民的盘中美食。也正因为如此，在良渚文化遗产中，与渔业有关的器物众多，特色十分鲜明。

　　除了美食之外，良渚先民还盛行以酒为饮料。研究表明，良渚人可能是先采集野果，然后通过研磨酿成酒后饮用。

探究良渚先民
的饮食结构

本章小结

　　进入良渚文化时期，以火耕水耨技术为代表的原始稻作生产已经相当成熟，生产规模大，产量高，稻米成为先民食物的主要来源；葫芦、甜瓜、桃、梅、杏、柿、菱角等瓜、果、蔬菜俱全，基本形成了长江中下游地区的传统稻作农耕文化体系的农业特色。农作物栽培技术进步，稻作农业生产力水平的提高，丰富多彩的食物及其他剩余产品供应，促进了社会分工及其复杂化，为进入文明社会奠定了坚实的物质基础，折射出一场社会大变革的到来。

参考文献

杭州良渚遗址管理区管理委员会.良渚文化[M].杭州：杭州出版社，2018.

季鸿崑，李维冰，马健鹰.中国饮食文化史：长江下游地区卷[M].北京：中国轻工业出版社，2013.

俞为洁.饭稻衣麻：良渚人的衣食文化[M].杭州：浙江摄影出版社，2007.

俞为洁.良渚人的衣食[M].杭州：杭州出版社，2013.

俞为洁.中国食料史[M].上海：上海古籍出版社，2011.

袁靖.中国新石器时代考古讲义[M].上海：复旦大学出版社，2020.

思考与练习

一、判断题（正确打"√"，不正确的打"×"）

1.水稻是人类最早栽培和驯化的粮食作物之一，也是世界上最重要的粮食作物之一。　　（　　）

2.良渚时期的小麦种植已经成为社会生产的重要组成部分。　　（　　）

3.河南舞阳贾湖遗址发现的距今约 9000 年的狗，被认为是中国最早驯养的家狗。　　（　　）

4.良渚文化遗址中已经有家猪等家养动物的遗迹出土。　　（　　）

5.良渚先民已经会用火煮熟食物了。　　（　　）

二、填空

1.良渚文化的水田遗址目前仅见于浙江临平_____。

2.在对良渚遗址群中的_____进行第五、第六次发掘时，发现了大片的红烧土遗迹，其中部分红烧土块中含有大量的稻谷壳。

3.良渚文化发现殉葬狗数量最多的，是近年来发掘的上海青浦_____。

4._____可以鉴定动物种类的标本中以猪的数量为最多，共 1526 件，占总数的 93%。

5.良渚农业已进入_____阶段，这对农田的开垦和翻耕极为有利。

三、名词解释

1.粳稻

2.木耜

3.家猪

四、论述题

1.请简要概述良渚时期的稻作农业发展。

2.请简要概述良渚先民的家畜特征。

3.请谈谈渔猎采集在良渚先民农业中的作用和地位。

4.请论述良渚先民的饮食习性特征。

第四章思考与练习答案

课前导引

学习目标

（1）掌握良渚时期先民手工业发展的主要特征。

（2）了解良渚时期各个手工业门类的特点和发展趋势。

（3）掌握良渚先民社会发展与手工业发展之间的关联。

关键词语

√手工业　　　　√社会发展　　　√陶器　　　　√石器

√竹木器　　　　√漆器　　　　　√骨角牙器　　√纺织

学习导图

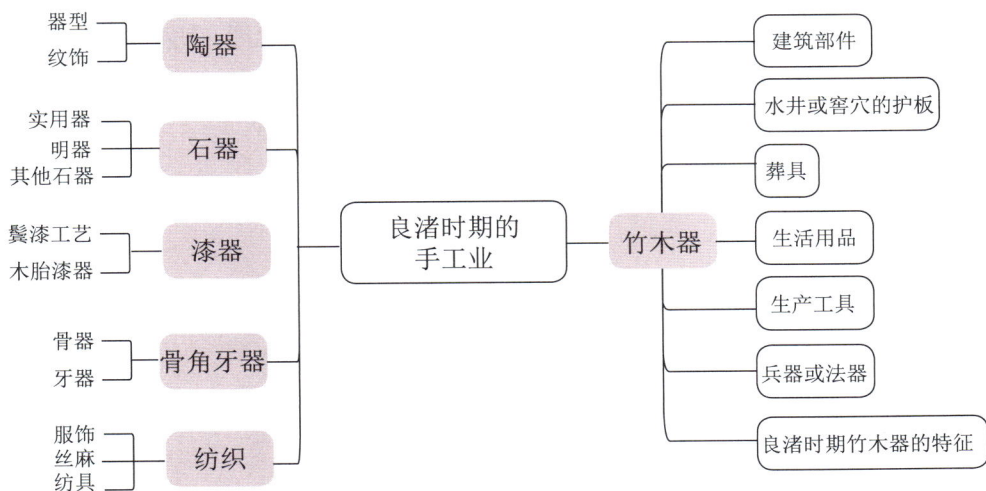

良渚时期的手工业

　　发达的农业为良渚古城和良渚文明的出现奠定了坚实的基础，并由此出现了从农业中脱离出来、不从事生产的手工业者，他们专门从事玉石器、漆木器、陶器、纺织等手工业品的制作，社会分工达到很高的程度。

　　手工业的生产模式或者生产方式是有关早期社会复杂化与经济体系研究的核心之一，良渚时期手工业的发展及生产方式同样是探索良渚社会的重要议题。

　　本章通过对陶器、石器、竹木器、漆器、骨角牙器、纺织等良渚时期的手工业门类的介绍，为探讨良渚社会的发展积累了材料，也提供了更加科学的认知角度。由此，我们能够对良渚时期手工业发展的主要特征、各门类特点和发展趋势有清晰的了解，同时，手工业的发展也从侧面体现出良渚文明高超的发展水平。

良渚文化分布在环太湖地区，考古发掘显示，当长江下游地区的新石器时代文化发展到良渚文化时期，考古遗址的数量突然剧增，环太湖区域特别是杭州湾地区的良渚文化遗址分布异常密集，这说明在良渚文化时期，长江下游地区发生了一次人口大幅度增长的情况。在人类发展史中，人口增长速度总是受到基本生活资料增长速度的抑制，因为人口增长速度可以达到几何级数，而基本生活资料只能按算术级数增长。但是，如果在某个历史发展阶段，一个特定区域内的人口突然大幅度增长，一般都与基本生活资料获取方式的根本性转变密切相关。良渚文化时期突然发生的区域性人口大幅度增长除了基本的衣食住行得到保障外，手工业的发展也对良渚时期的社会生产力发展和社会进程有重要影响。

发达的农业为良渚古城和良渚文明的出现奠定了坚实的基础，并由此出现从农业中脱离出来、不从事生产的手工业者，他们专门从事玉石器、漆木器、陶器、纺织等制作，社会分工达到很高的程度。以此为基础，良渚文明创造出丰富多彩的艺术形式，出现了大量的艺术精品，包括精美的玉器、漆器、刻纹陶器等，而且部分高端手工业为贵族所垄断，成为"官营"手工业，如玉器制造业。

第一节 ｜ 陶器

探究良渚时期陶器的
文化特色和历史意义

良渚文化的陶器，按照陶质陶色划分，主要有黑陶和红陶两种。良渚陶器的种类和造型与同时代其他地区的陶器相比是比较丰富的。但陶器的表面一般没有装饰性纹饰，素面与表面的光泽应该是良渚人的审美追求，这与玉器、漆器的质感追求是一致的。带有铅亮色的黑陶，表面一般采用打磨渗浆或者刷浆的方式，形成光亮的皮层。目前主要在良渚古城周边的贵族墓葬中发现了一些良渚文化晚期的细刻纹陶器，这种微细的雕刻方式应该是受到良渚玉器施纹形式的影响，也是其他文化所没有的一种独特的艺术表现手法。刻纹的内容一般也不是简单的装饰纹样，而是与良渚文化的信仰相关的主题图案。综合出土的刻纹陶器纹样，主要可归纳为兽面纹、鳄鱼纹、变体鸟纹、变体龙纹、龟纹等。

今天我们能找到最早的人造陶片几乎都在亚洲。陶器多出土于新石器时代遗址，它与人们生活的大多数活动相关，所含信息丰富。人们日常生活中的饮食起居都离不开陶器，通过对它的研究就能反映出当时的社会风貌及生产工艺。另外，陶器也会用于祭祀仪式、丧葬等很多场

良渚先民的
精致陶器

合。所以说，陶器几乎参与了人们所有的社会生活。

史前时期绝大多数陶器都是容器。良渚陶器也不例外，除了纺轮、网坠、支座、泥塑玩偶等专用陶器外，绝大多数还是容器。从功能上来说，大部分是日常实用器，少数是为墓葬制作的明器，还有部分礼器。良渚出土的陶器种类有鼎、豆、平底罐、尊、双鼻壶、圈足盘、三足盘、盆、钵、簋、壶、贯耳壶、杯、宽把杯、匜、三足盉、袋足鬶、甗、过滤器、瓮、圆底缸、大口尊等20多种。

按照用途划分，这些陶器可以归纳为炊煮器、盛食器、水酒器和存储器四大类。长着三只"脚"的鼎、甗、三足盉、袋足鬶均属于将食物加热或烧熟的炊煮器；豆、盆、圈足盘、三足盘、簋、钵等属于盛食器，相当于我们现代的碗、碟；双鼻壶、壶、杯、宽把杯、匜、过滤器等属于水酒器，可以用来喝水、饮酒或滤酒；个头较大的罐、尊、瓮、壶、圈足盘等属于存储器，用来放置粮食干果及酒水等。除此之外还有部分陶器无法归入以上分类，有待考古进一步发现。

考古学家通过对炊煮器的研究来还原古人的饮食习惯，比如用途最广的鼎，但其造型不同就有不同的烧煮用途，像大口浅腹的盆形鼎，内壁附着物曾检测到较多的动物脂肪酸，专家推测可能用于煮肉，加之这种形态也便于搅拌，更加印证了专家的推测。还有，良渚出土的鼎式甗，俗称隔档鼎，鼎腹内有一圈承放箅子的隔档，隔档下沿往往有一个注水小孔，便于蒸汽缺失时加水，食物就放置在箅子上蒸熟。

良渚社会的鼎煮甗蒸

盛食器说白了就是餐具，豆、盆、圈足盘、簋等各自有固定的用途。如腹部较浅的豆与圈足盘可能是用来盛放干货或蔬菜的，腹部较深的盆和簋则可能是盛装带汤水的食物的，尤其是呈子母口的簋基本都有盖，说明这类器物具有保温性和汤水不易洒出的特性。

专家将双鼻壶、壶、杯、宽把杯、匜、过滤器统称为水酒器，是因为目前还无法判定它们是专门的水器还是酒具，或两者通用。这里最有意思的是过滤器，造型非常奇特，主体为一个陶钵，侧边带一个较高的漏钵，还有的过滤器底钵内还有一道隔板，能起到层层过滤的目的。

出土数量最多、个体差异较大的陶罐，应该是最重要的存储器，无论是固体或液体的食物均可存放，良渚文化晚期有一类口部带戳点纹的卷沿泥制红陶罐，风格统一，个体普遍较大，最大的高达70多厘米，似有专门的用途。

尽管迄今尚未发现良渚文化时期的制坯作坊和窑址，但从已出土的良渚陶器的规整程度及造型艺术来看，良渚文化时期的制陶技术已完全成熟，轮制技术普遍使用，产业规模十分可观。所谓轮制技术，就是以带轴的转盘为工作台面，将陶泥置于其上进行拉坯塑形，从而制成匀称而又规整的陶器的方法。相较泥片贴塑、泥条盘筑等原始手工技法，轮制技术速度要快很多，大大提高了陶器的生产效率。我们现在发现的绝大多数的陶器都是圆的，这或许和轮制技术有很大的关系。

圆形容器始终是中国陶瓷器的主旋律，但在良渚文化里，椭圆形器也会不时冒出几件，诸如椭圆形盘、椭圆形豆、椭圆形簋等，甚至还出现了方形器，这些足以证明良渚文化已具备高超的制陶技艺。

除了椭圆与方形器皿外，良渚陶器中还有不少有意思的另类的器型，三足盉就是典型的神态像动物一类的器物，流口高高翘起，两足在前，后面一足形如并拢的后腿，环形把手恰似上卷的尾巴，整体形态就像某种昂首嘶鸣的动物。有些三足盉器型较扁，外缘有一圈突棱状的边饰，颇似龟甲，整体像一只引颈上翘的乌龟。

这些器型明显汲取了动物的某些形态元素，有的是取动物的神态，有的局部采用动物的某些特征，有的则直接做成动物造型，它们不仅体现了良渚先民的创意与智慧，也从侧面反映出良渚时期动物资源十分丰富，先民的生活与动物存在很多交集。

第二节 | 石器

探究良渚
时期的石器

哲学家认为，人与动物的根本区别在于是否会制造与使用工具，而人类文明之所以能够进步，最直接的原因是对工具的改进。石器，是人类祖先生存斗争的基本武器和重要工具。考古学家将人类使用石头作为工具的时代称为石器时代，这在人类史上是一段漫长的时期。而根据石工具制作技术的不同，石器时代又分为旧石器时代、中石器时代和新石器时代 3 个阶段。

旧石器时代在考古学上，是指以使用敲打方式制成的石器的人类文化发展阶段，一般认为这段时期距今约 250 万—1 万年。距今约 2 万年的时候，人类为了在新的环境中能生存下去，新的发明、创造相继出现，比如将细小石器镶嵌在矛柄、骨头、鹿角上等，这就是旧石器时代向新石器时代的过渡阶段，也称为中石器时代。新石器时代在考古学上是石器时代的最后一个阶段。以磨制石器为主，大约从公元前 10000 年开始，结束时间约为距今 5000—2000 年。

所以说新石器时代较旧石器时代的发展，绝不仅仅体现在石器的加工方式上，在漫长的旧石器时代，古人主要以简单采集、狩猎、渔捞的方式生活。到了新石器时期，人类生活与前期大不相同，首先因为石器工具大多采用磨制方式制作，精细度与锋利程度高，劳动效率因此提高。另外还出现了盛水与烹煮食物的精美陶器，先民逐步进入了稳定的农耕生活，甚至饲养牲畜，此时的人类，会选择适合耕种的地点长期聚居，食物的来源变得稳定。在此基础上，人类生活得到了更进一步的改善，节省下更多的时间和精力开始关注文化等领域，人类便出现了文明。

良渚文化遗址中发现最多的除了陶器就是石器了，可以说，石头在良渚社会是十分重要的生产资料与生产工具。良渚人在进行狩猎、采集、农耕、建筑等生产活动时使用的工具很可能都是石器。考古学家们说良渚社会就是一个用石头打造的社会。

良渚人对石器的运用，可分为三大类：实用器、明器（即陪葬品）和其他现代人还没有破译功能的石器。其中实用器依据具体用途可进一步划分为农耕用器、渔猎用器和加工工具等。

良渚时期的各类石器

农耕用到的石器，主要有石镰、石刀、石犁等，都是用来进行耕作与收割等农业生产活动的。看到这些石器，不论从器型还是数量上都会让人对良渚文化发达的农业发出感叹。良渚遗址出土的石镰与现代镰刀的样子十分相似，都是单面开刃，微微内凹，刃部在内凹处。考古学家通过对良渚出土的石镰的研究，不仅发现当时使用石镰连秆收割水稻的技术已成熟并普及，而且还发现了一个有趣而又神秘的现象——就是良渚古人与现代人刚好相反，大多是左撇子。

目前认为，良渚时期与渔猎相关的石器主要有石镞、石斧和石网坠等。石镞是良渚文化遗址中出土最多的石器，从外形判断可能作为弓箭的箭头用于打猎。石镞从某种程度上来说，属于一种消耗品，所以在良渚石器中较为常见。

良渚出土的石镞与钺

良渚时期的加工工具种类是比较多的，有石锛、纺轮、燧石、砺石等。石锛的总量与石镞差不多，是良渚社会最为重要的工具之一。良渚时期的石锛，不仅制作精美而且款式众多。石制明器随葬品主要有两类，一类是墓主人生前用具，如石镞、石锛、石纺轮等，还有一类与玉器相似，是墓主人身份的象征，如石钺等。

良渚遗址出土的石器还有很多，目前无法推测其用途，只能根据其形态进行命名，如片状器、条形石等。关于各类石器的具体用途，很多也只是现代人的推测。经过考古学家的研究证明良渚文化的石制手工业走在了同时期古文明的前列，其精湛的石器加工技术，为其玉器制造业的辉煌奠定了坚实的基础。

第三节 ｜ 竹木器

良渚文化是我国新石器时代最发达的古代文化之一。体现集权和等级关系的大型礼制性建筑、高等级祭坛、显贵者墓地，以及由精美玉器等介质所烘托的礼仪制度，构成了我国文明史的一个重要源头。

湮没了四五千年的良渚文化物质遗存，绝大部分已经损毁，留下的只是极少的一部分。而木质遗存在南方酸性土壤中更不易保存，能够保留至今的可谓凤毛麟角。尽管如此，我们还是在发掘或取土活动中发现了一些良渚时期的木质遗存，其中有的保存仍相当完好。从某种程度上来说，这也暗示了良渚时期的木质遗存可能远比我们想象的要丰富。

1956 年发掘的浙江湖州钱山漾遗址首先确认了良渚文化的木质遗存，潜水面以下的第四层"灰黑色软土"中包含着大量有机质遗存，其中有木桨、木千篰、木杵等木器。两年后，浙江杭州水田畈遗址再次发现良渚文化木桨和木杵，并获得一个由完整块木刳成的木盆。此后在浙江嘉兴雀幕桥、湖州花城、嘉善新港，江苏昆山太史淀、江阴璜塘绛、吴县澄湖、吴江龙南等地陆续有所发现，但以井壁构件居多。自 20 世纪 80 年代后期以来，浙江余杭良渚遗址群内的庙前、茅庵里、石前圩、严家桥、卞家山、横圩里等遗址又不断有木质遗存发现，木器器种进一步增加，木构窖藏、与建筑相关的排桩不时出现。

直到今天，良渚时期的木质遗存已为数不少，种类也较丰富，应足以引起我们的关注。尤其是近年发掘的余杭卞家山遗址，木质遗存占有相当大的比重，不但发现了大批排列有序的木桩，还出土了木屐、木锤、木锸、木桨、木柄、木器盖、木球、木陀螺等许多木器，甚至出现了觚、豆、盘等精湛的木质漆器。看来木质遗存在良渚时期的现实生活中已占据重要地位，对这一类物质遗存如不做必要的研究，有可能使我们对良渚文化物质遗存的总体认识失之偏颇。

一、建筑部件

建筑部件的表现形态有木桩、木柱、木板及经过加工的木构件。木桩较多见，一般采用直径 5 ～ 15 厘米的圆木去皮后削尖打入泥土。在卞家山出土的 140 根木桩中，尖部多棱锥形，加工痕迹非常明显，个别顶部尚存夯打印痕。

从各遗址的发掘情况来看，木桩主要分布于临水的岸边，往往成排分布，依据粗细、长短的不同起到不同的作用。如茅庵里遗址，密集的木桩支撑着篱笆状编织体，于是就成了防止堤岸塌损的护堤。严家桥的木桩是土台边沿的护体，局部也见网状编织物，但它们并不临水，土台每次扩张，都布设这样的桩木护体，如此这般至少扩展了3次，而且可能四周都这样同步进行。卞家山的木桩排列更明确，大约有3排沿岸边布列，而有一批木桩径直往水面伸展，排列更紧密，并且三五成群，全长约10米，宽约0.8米。根据木桩的大小、长短及排列的规则和密度，推测那些沿岸的木桩是水边埠头的桩基，外伸的木桩是同时期相连的码头桩基。木桩内侧是土台和建筑遗迹，木桩分布区的水边淤泥中沉积着大量遗物，陶、石、玉、木、骨、竹等各种器类俱全，尤其是发现了2只木桨，这些迹象都佐证了关于木桩性质的推论。在卞家山的大型灰沟边，还发现了用来支撑竹编的木桩。

二、水井或窖穴的护板

水井在江、浙、沪地区的良渚文化遗址中已有不少发现。多年前有学者对良渚时期出土的古井做过推算，认为总共已不下134处。这些水井大体上可分为4类：纯土坑式、竹编或苇编井圈式、木筒井圈式和木构井架式。后两者因为有木质护体，显得相对较考究，废弃后往往改作窖穴。

木筒井圈式水井见于整个良渚文化分布区，数量较多。浙江嘉善新港发现的一口浅井，井壁由圆木剖为两半，挖空后用长榫拼合而成。木筒断面成椭圆形，口部略残，井底铺有一层厚约10厘米的河蚬贝壳用于过滤和净化水质。木质套筒口径45～63厘米，残深163厘米，壁厚5厘米。距底部79厘米处挖有长宽各7厘米的斜方卯孔两个，长榫连接两侧卯孔后为防止长榫脱落，又用小木楔插紧。木筒对合处有几个小孔，用来穿绳捆绑加固。湖州花城发现的水井，则由厚3～5厘米，宽15～40厘米，残长70～120厘米的8块木板围成一圈，然后又用5根短横木撑成五角形顶住木板。井底用3块木板铺成，口部呈不规则的椭圆形，长径60厘米，短径46厘米。

三、葬具

墓地的揭露和墓葬的清理，是良渚文化考古工作中体量较大的部分。迄今发现和清理的各种等级的墓葬数以千计，有相当数量的墓葬能分辨出葬具痕迹。早在水田畈遗址的发掘中，就在M3墓葬中发现了由整段大木挖琢而成的弧形棺板，棺板表面还残留着红色漆皮。但不知何故，在相当长的一段时期内，许多考古工作者认为良渚文化的墓葬为平地掩埋，没有葬具。从最初认为平地掩埋，到找出墓坑，再到清晰剥剔出坑壁，又到发现木质葬具、确认有棺有椁，见证了这项考古工作发掘水平不断提高的过程。

学界对许多良渚墓葬都有木质葬具现已达成共识，但因死者身份不同、等级不一，葬具形制自然有所不同。总的来说，良渚时期的木质葬具有平底和弧底之分，高级别的显贵墓葬往往棺椁兼备。

根据葬具板灰的腐泥及纵向纹理，一些保存较好的墓葬能揭示出葬具的形态（盖板多较轻薄，塌陷后往往无法分辨形状），残留的朱漆一般并不成形，而有的葬具还保存着木质纤维。1988年和1990年庙前遗址两次发掘共清理良渚文化墓葬32座，部分被剥剔出木质葬具，其中M31墓葬清理出一具较为完整的独木棺。棺的一端存有挡板，盖板已塌陷，棺体西外侧有5根用来支撑的小木桩。1991年浙江余杭上口山遗址经过精心剥剔和解剖，发现同一墓地存在同样规格的两种木质葬具：一种凹底，一种平底，板灰厚度基本约为2.5厘米。

2000年在浙江余杭石前圩遗址发掘中，考古工作者在清理M2墓葬时惊讶地看到了近乎新鲜的葬具木质表皮，表皮下的木料虽已成腐泥，但从剖面能清晰看出板材的厚度：盖板腐泥的厚度为1～2厘米，垫板腐泥的厚度为2～5厘米。盖板的板材较匀称，弧形上鼓，中部断裂下陷；垫板则中间较薄，外侧较厚，且形成两块凹弧的木板对称分布，间距7厘米，疑为弧形独木断裂所致。在余杭卞家山遗址中，还发现了一块丝毫没有腐朽的微弧形木板，壁厚约4厘米，很可能就是良渚时期弧形葬具的真实样貌。

浙江桐乡普安桥遗址从土墩中清理出17座良渚墓葬，大半墓葬发现有葬具痕迹。这些葬具中有的为单棺，有的为平底的箱式，还有的为凹弧的独木棺式。木椁无底，仅以板材插在棺侧围成箱式，有的椁板侧有类似柱洞的痕迹，与庙前遗址发现的用来支撑的小木桩一样，用来固定椁板。也有的木椁平面呈"井"字形，有的尚可辨别榫卯结构。此外部分木棺上发现棺盖痕迹，有的似为板材，有的以直径10～15厘米、略长于棺体宽度的圆木为之。

经统计，浙江桐乡新地里发现的140座良渚墓葬中，有23座使用了木质葬具。这些墓葬所使用的葬具大致有以下3种：（1）两侧与底部都较平直的长方形棺（椁）；（2）外有长方形椁、内有弧棺的双重葬具；（3）弧棺。其中数量最多的是第一种，规格较高的是第二种。浙江平湖庄桥坟遗址共清理良渚文化墓葬236座，其中也有不少能分辨出葬具的形态乃至结构。上海金山亭林遗址发现的23座良渚文化墓葬中，有5

座（M16、M20—M23）使用了上下覆合的木板葬具。

四、生活用品

良渚时期的木质生活器皿在考古发掘中确实很少见到，这恐怕与其破损后无法修补有关，也可能与其主要做实用器有关。即使弃置时完整，但因胎壁较薄更易腐烂。有些木质容器腐烂后变成奇形怪状的一堆烂泥，很难分辨出是什么器形。早年在浙江杭州水田畈遗址发现有一件木盆，用一块完整的树木刳成，口沿经打磨，平口，弧壁，圆底，口径 34 厘米，深 12.3 厘米。庙前遗址第一、第二次发掘中曾发现多件漆木器，其中有破损的平底器、三足盘，以及在口沿及外腹部朱漆上勾绘几何图案的漆盘残片。瑶山 M9 出土的一件朱漆嵌玉高柄杯，大体能看出轮廓，其胎体也应为木质。类似的木胎漆器在反山墓地中也有发现。从嵌玉、漆绘等精致程度来看，显贵墓葬中的髹漆木器或嵌玉漆木器可能也是一种礼器。

2003—2005 年浙江余杭卞家山遗址的发掘，把良渚文化木质遗存的发现推向了高潮。该遗址所发现的良渚文化木器数量之多、种类之丰、保存之好，超过了其他任何一处良渚遗址。

其中属于生活用品的木器除了带把的木勺，大多髹漆，器形有漆瓿、漆盘、漆豆、漆绘器盖等。平底、收腹、敞口的漆瓿是新发现的器种，经拼对至少有 8 个个体。多个漆瓿的腹部雕琢有两组螺旋形的突弦纹，有一件的两组突弦纹内，用红漆线填以黑漆描画的变形的云纹。这些漆瓿的造型和风格与商周时的青铜瓿十分相似，推测后者是受了前者的影响，也表明良渚文化中晚期已出现了一些新的文明因素。椭圆形筒形漆器也是头一次发现，这是由一块整木挖凿而成的容器，口部稍敛，外面涂饰朱漆，厚厚的底部有一圈黑漆。漆盘、漆豆等也可以修复完整，造型与陶质同类器十分接近。另有一件彩绘的椭圆形残器盖，以黑底红线描绘了一组变形鸟纹的图案，生动传神地展示了良渚文化已完全成熟的漆器制作水平。

木屐在钱塘江南岸的慈湖遗址中发现两件，皆左脚屐，前宽后窄，一件钻有 5 孔，头部一孔，中部和后部各两孔，两孔间挖有凹槽，以便穿绳后不会磨断，长 21.2 厘米，宽 7.4 ～ 8.4 厘米；一件钻 6 孔，圆头方根，头部一孔已磨成半月形，后部两组 4 孔间距较近，两孔间挖有凹槽，长 24 厘米，宽 7 ～ 11 厘米。卞家山遗址发现的木器中也有一件残木屐，器身有 3 组共 6 个钻孔，两孔间未挖凹槽，而是将各孔底面凿大，穿绳后在此打结，同样能起到固定绳索而不磨蚀绳索的作用。木屐在较湿润的亚热带气候下使用方便，在当时可能已普遍使用。

五、生产工具

良渚时期的木质生产工具已发现木锤、木杵、木纺轮、木锸等多种，而作为石器、玉器等不可或缺的木柄，使用率和更新率会更高。卞家山遗址这方面的标本相对较多，其中木锤呈扁方柱形，头部较大，背部有可装柄的卯孔，长 20 厘米，宽 5.2 厘米，厚 3 厘米。卞家山遗址出土的木锸与现代铁锹颇为相似，尖部呈半圆形，背部有踩脚的突块，柄细长，把作T形，通长 116 厘米，翼宽 15 厘米。浙江湖州钱山漾遗址有木杵出土，全长 118.5 厘米，中部握手处直径 4 厘米，头部 1/3 较粗，两端尖圆。澄湖 J10 发现一把带木柄的石斧，柄长 76 厘米，直径 5 ～ 7 厘米，木柄粗端凿有长方形孔槽，下大上小呈梯形，石斧插入后越使用会越牢固。

六、兵器或法器

良渚文化的兵器状况一直是个谜。墓葬内出土的玉钺和石钺几乎都没有开锋，而地层内出土的石镞也看不出有血渍。就算石钺和石镞是良渚文化主要的兵器，石钺必须装柄才能发挥作用，石镞必须装上箭杆才能射出，因此兵器也离不开木材或其他有机质材料。会不会有纯木质的兵器？在庙前遗址第一、第二次的发掘中，灰沟内出土过一件木矛，长菱形，有短铤，长 22.5 厘米。头部稍残，看起来经过烧灼。从其大小和头部经过硬化处理来推断，这件器物装柄后应该是件实用的兵器。由此也启示我们，良渚文化的兵器系统还有更广阔的研究空间。

七、良渚时期竹木器的特征

从竹木器器形大类上看，良渚文化尚缺乏艺术品方面的实物。其他诸如木柱、木桩、木构件及生产工具、生活用具等形态与制法，几乎与马家浜、河姆渡文化完全一样。在加工方法上，光凭痕迹我们看不出前后 2000 多年来有了什么变化。所有单体木质遗存都用一块木材切割刮削，即使像木桨、木锹这样修长的器物，其叶部、柄部、把部皆由同一块木料制成，至今还未见拼接的例子。考察木构件的加工痕迹，大致有砍伐、裁截、开板、劈削、挖凿榫卯等工序，所用工具主要为石斧、石锛、石凿、石锤等。相对来说，木质器皿的加工方法要精细一些，且按器形不同制法各有千秋。这些制法归纳起来大抵有砍、劈、削、剜、刨、凿、钻、刮、磨、刻、烧、烤等工序。所用工具除了上述几种，另有骨锥、木锤、砺石片、兽皮等。木器上的烧烤痕迹反映了古代先民的聪明才智。民族学资料表明，将木矛放在火上烧烤，可以使矛尖变得非常坚硬。如果放在油中浸泡后再烘烤，做出的尖锋可以达到金属的硬度。而过度的烧烤会使木材焦化，一些木器正是利用这一特性，使镂孔变得稀松。毫无疑问，研究相对充分的河姆渡遗址木质遗存及加工技术，为探讨良渚文化的木质遗存及加工方法提供了重要依据。

关于木料的材质，目前还没有全面的研究结果。当年曾对浙江湖州钱山漾遗址的木材作过鉴定，可辨的有栎木、杉木、樟木、青冈木、甜槠木、苦槠木和朴木。

从良渚遗址群出土木器和木桩最多的卞家山遗址的相关鉴定分析来看，该遗址的木材主要取自阔叶树，少量为针叶树。木桩的材质有柳树、樟树、榉树、栗树、常绿栎、麻栎等30多种。具体到各种木质工具和器皿，由于使用上、加工上的差异，其选材也有所不同，大体有梅树、榉树、常绿栎、松木、桑木等10多种。结合土壤中的花粉分析，卞家山遗址所代表的良渚中晚期的植被中，木本植物群落以落叶栎为主，栲树、青冈树、樟树等常绿树的数量也较多，其他落叶树的种群数量很多，涉及榆、蔷薇、杨柳、桑、核桃、山茶、漆树、桦木、木兰等许多科，但在植被中所占的比例较小。

木质材料是古代先民最易取得和加工的自然资源之一，任何有创造性的民族，都不会对这一唾手可得的物质宝库熟视无睹。在今天的人们看来，没有金属工具和机械的帮助，将木材高度利用并非易事。而事实上古代先民仅用简单的工具，就制成了精致的木质容器和复杂的木构件。虽然我们还不太清楚古代先民制作木器的确切工具和操作步骤，但是既然良渚人能把玉器制作得那么精美，加工木器应该会轻松得多。俗话说"术业有专攻"，部分良渚先民在潜心攻玉的同时，也有一批人专注于对木质材料的开发利用。木质材料的广泛使用，不仅大大丰富了各阶层人群的日常生活，也对推行礼制产生了积极影响。一些髹漆木器成了礼器，重要的礼制性建筑更离不开大型木材的支撑。或许可以说，良渚先民对于木材的依赖并不亚于泥土或水。现在我们已感知不到这个木质世界的缤纷多彩，但是随着木质遗存的不断面世，相信我们会越来越惊讶于良渚先民利用木材的高超水平。

📷 良渚先民的
　　木作漆器

第四节 ｜ 漆器

良渚文化以其精湛的琢玉技术闻名于世，而良渚文化的髹漆工艺也同样精彩，浙江余杭反山、瑶山、卞家山遗址，江苏吴江龙南等遗址都出土了为数不少的髹漆器物，器形多样，胎骨主要有木胎、陶胎等，以生活用器为主。髹漆彩绘和髹漆嵌玉技术是这一时期的重大创新，代表了良渚文化漆器装饰艺术的最高成就，是器物实用与审美相结合的完美体现，也是等级分化的标志之一。

漆器在长三角地区出现得很早，中国最早的木胎漆器发现于跨湖桥文化和河姆渡文化。在距今 8000 年左右的跨湖桥文化遗址中就已经发现了漆弓，河姆渡遗址则出土有黑漆木筒和朱漆木碗。属于马家浜文化的江苏常州圩墩遗址就发现有两件喇叭形漆木器。在崧泽文化中发现有在黑陶表面施漆的现象。

漆器发展到良渚文化时期已相当成熟，发现量也随之增多。至今在良渚文化墓葬中发现有木胎漆器做的饮食器、漆棺椁、朱漆器柄、朱漆玉石钺等各类型的漆器和带漆器物，说明良渚时期的髹漆器物已相当丰富。

从良渚文化遗址出土的漆器遗存看，当时的漆器主要有黑色和红色两种颜色，其中黑色和红色搭配使用的漆器配色在后世使用较为广泛，成为后来中国漆器的主流颜色。黑陶上的漆器有两种材质：一种是用红色的朱砂涂抹，在陶器的表面形成无光泽感的红色；另一种是有光泽感的皮状的红漆。传说大禹时期甚至规定祭祀器物就要用这两种颜色，古文献中有"禹作为祭器，墨漆其外，而朱画其内"的说法。湖南长沙马王堆汉墓出土的大批漆器也是黑、红两色搭配。朱漆是因为漆中调入了朱砂，黑漆则是漆之本色。从漆树上割取的漆树汁液就是天然漆，也称生漆，呈灰白色乳状汁液，可直接涂抹在器物上。生漆暴露在空气中就会变黑，漆色很黑，所以我们平时也把很黑的东西描述为"漆黑"。从良渚文化出土的漆器看，漆皮光亮度很好，朱漆颜色鲜艳，由此可以推测良渚先民可能已经知道了熟漆技术，即通过搅拌、加温等技术把生漆制作为熟漆。熟漆光亮度好于生漆，较为清亮，且易与其他颜料调配成有色漆。

木胎漆器就是在木制器物的外表刷上一层或数层生漆制作而成。但是因为年代已久加之环境潮湿，良渚文化时期的木胎漆器出土时大多木胎已朽，仅存漆皮，器型因此常常难以分辨。浙江余杭庙前遗址一直出土有木胎的漆盘和漆杯等，其中一件木胎双色残漆盘，先是里外涂上朱漆，然后在口沿及外腹部用黑漆勾绘几何图案。浙江余杭卞家山遗址的一条大型灰沟中出土有 20 多件漆器，器型有觚、盆、豆、筒形器、器盖等，以漆觚数量最多，经拼对至少有 8 个。这个遗址的漆器均以整木挖凿，外表涂饰朱漆。

良渚文化的木胎漆器，已经十分成熟，漆的质感，漆与木胎的结合，以及漆器的艺术图案，都可以与春秋战国时期的漆器相媲美。木胎漆器的装饰手法表现为：有的是纯红色，有的在红色底子上画黑彩的图案，也有的在红色的图案中镶嵌玉片，从发掘出土的有限资料中，我们已经可以领略到良渚人绚丽多彩的漆器艺术。在良渚古城城河中的生活堆积物中，以及城南的卞家山遗址中出土了较多的漆杯残片。墓葬中出土的漆器主要见于贵族墓葬。

浙江余杭反山遗址和瑶山遗址发现了目前已知等级最高的良渚文化墓地，墓地中出土的漆器更加华美，甚至发现了嵌玉漆器。反山遗址有 4 座墓随葬有嵌玉漆器，器型较明确的有 M12 墓葬发现的涂朱嵌玉圆形漆器、带把宽流嵌玉漆杯等。在瑶山遗址中也有两座墓葬发现了嵌玉漆器。在 M9 墓葬中发现了大件朱漆嵌玉高柄杯，器体呈敞口圆筒形，下接细而弯的喇叭形圈足，形似现代的高脚杯。该器物出土时胎体已经腐朽，但通体内外壁原髹漆膜仍保持原状，漆膜呈朱红色，涂抹均匀，出土时仍有光泽。此外，浙江桐庐小青龙遗址的大墓中也出土了高把漆杯。这些出土情况反映了漆器与玉器一样，在良渚文化中都是十分珍贵的物品，主要在贵族阶层使用，象征身份和地位。

良渚文化还有一种独特的漆绘陶器。这种漆绘陶器出现于崧泽文化晚期，以通体髹红漆的陶壶或小陶罐最常见，在浙江海盐仙坛庙遗址墓葬中就发现过这类陶器。良渚文化时期，漆器等分布范围较为广泛，漆色除了黑红两色外，还出现了黄、棕等色，除黑色是漆汁氧化后的自然颜色外，其他漆色都是因为在漆汁中调入了不同颜料的缘故。在浙江余杭良渚荀山西北的一个水塘中就出土过一件漆绘有朱红色几何纹饰的良渚文化黑陶圈足器。在江苏吴江龙南遗址出土过两件漆绘黑陶器，一件绘在已烧成的黑陶尊上，用金黄、棕红两色相间在器物的束腰上下，各绘出构图相同的两道绞丝纹，生动活泼；另外一件用棕红色绘了一道花纹。这种漆绘陶器是先在黑陶表面涂上一层稀薄的棕色漆，然后再在上面用厚漆加绘图案。

良渚时期农耕文化的进步，彻底改变了史前人类的生活方式。制漆技术的进步，丰富了人类的生活资料和生产工具，尤其是木作技术的进步，使生活器具变得体质轻巧，方便了很多，也带来了快乐，有利于促进生产。固然，木质材料是古代先民最易取得与加工的自然资源之一，但木质材料的缺陷也显而易见，容易腐烂、断裂、变形等，这就需要设法加以涂饰保护，使其经久耐用。良渚时期在木质器具上涂漆是最简单的木制器物保护措施，考古发现的大量木漆器遗存是其实例。有许多器物木质虽已朽烂，仅留漆痕，或残迹，但实证了生漆的耐久性和装饰功能。"滴漆入土千年不腐"，其保护功效之久远令人惊叹。

在良渚文化时期，中国古代社会逐步进入了犁耕稻作的时代。转变为较为固定的农业生产生活方式以后，人类心智的成长也非常明显，艺术和技术也必然会得到长足的发展。髹漆工艺的发展是人类漫长的情感和意愿积累的结果，与当时的工艺技术进步、生产力发展、物质财富增长及人类的审美意趣密切相关。在良渚文化时期，人们不仅逐步制作出了改良的工具、器具和普通消费用具，而且也制作出了更多的奢侈的、供享受或供祭祀和仪礼使用的精美木质漆器。这些依稀可辨的漆器痕迹，不仅反映了当时髹漆工艺的进展，也说明当时生漆的利用已较为广泛，漆器的制作有了一定规模的发展，这与当时的生产力发展和生产技术的进步必然有一定的相关性。

第五节　骨角牙器

骨器，从广义上说，就是用动物的骨骼（包括动物的角、牙等）制作出的生产生活工具。人类使用骨器的历史一直可以追溯至上古时期。

良渚文化距今已经有四五千年，因为年代久远，埋藏环境较差，良渚文化墓葬中很少会发现保存较好的有机质文物。2010 年 12 月，在上海青浦福泉山遗址开始的新一轮考古发掘中，考古学家首次在长江下游地区考古实践中采用了"实验室考古清理"的方法，将墓葬整体从野外迁移到室内，然后根据文物的保存现状，单独进行了套取，一边清理，一边加固，两件象牙权杖得以全面清晰地呈现。其中一件保存较好的权杖长约 1 米，由镦和主体两部分组成，主体呈片状，它是利用整根象牙剖磨制成，上大下小，顶端平直，下端为突出的榫状结构，可以插入椭圆形的镦部。象牙权杖表面装饰有精美繁缛的细刻纹饰，以主体转折处为中轴线，利用浅浮雕手法细致地表现出 10 组神人兽面纹的主题，主题纹饰外以细密的云雷纹作地纹。镦部同样雕满了纹饰，主题是两组鸟纹和兽面纹，地纹依然是细密的云雷纹。另外一件长约 77 厘米，整体结构基本完整，纹饰保存状况差，仅在局部可见纹饰的残留。象牙权杖的发现也说明良渚文化礼器系统中，除了以往认为的玉质礼器外，还存在以稀有资源为材料的其他质地的礼器。

实际上，在长江流域一直有使用象牙制作礼仪用具或装饰品的传统。象牙材质的使用，与长江地区丰富的野生动物资源有着密切的关系。现在，亚洲象的分布区域主要在东南亚和南亚这些热带地区，我国仅在云南地区有少量野生亚洲象。但是，把时间向前追溯到史前时期，长江流域一直是亚洲象的重要分布区域。近年来，在上海市松江区广富林遗址的考古发掘中，就发现了多件亚洲象的头骨和小腿骨等。与长江三角洲相邻的河姆渡遗址，也曾发现过亚洲象的臼齿、髋骨等，同时出土了多件象牙雕刻品。《越绝书》还记载了公元前 312 年"越王使公师隅来献……犀角、象齿"给魏襄王的史实。这些都是亚洲象在长江流域长期生存的实证，而象牙器的制作正是当时先民利用自然资源的艺术创作。而随着人类对土地资源的持续开发，不断地挤占野生动物的生存空间，造成了亚洲象在长江流域的灭绝，这不能不说是人类文明发展中的一个沉重代价。

📷 良渚先民的丝麻纺织

第六节 | 纺织

服饰，是人类独有的一种文化现象，但它并不是与人类同步产生的。在相当漫长的进化过程中，人类都不知道穿衣裹体。考古资料表明，人类是在距今50000年左右的旧石器时代才发明了服饰。关于服饰的起源，学界有许多假说，其中较为流行的说法有御寒说、遮羞说和装饰说等。良渚时期人们的服饰已经相当讲究，而且在御寒、遮羞、装饰等实用功能之外，还成为区分等级和身份的标志之一，但从材料上来看，主要还是各种麻织物，所以良渚先民也被称为衣麻之族。

织物纤维始终是中国古代纺织的主要原料，现有考古资料显示，良渚先民已经掌握了用麻纤维进行纺织的技术。浙江余杭卞家山遗址出土的一些陶器盖钮上残存有抹布印痕，可作为良渚先民已经有了"麻衣"的例证。

中国是世界上蚕桑、缫丝、丝绸的发源地，素有"丝国"之称。中国著名考古学家夏鼐就曾说过："中国是世界上最早养蚕和制造丝绸的国家。并且在相当长时间中是唯一的这样一个国家。"良渚先民不但掌握了苎麻纺织的技术，同样也掌握了丝织技术。在浙江湖州钱山漾遗址中，不但出土了麻织品，还出土了绢片、丝带和丝线等丝织品，出土的绢片呈黄褐色，已经完全炭化。丝线、丝带接近炭化程度但仍有一定的韧性。细丝带宽约0.5厘米，是由30根单纱分10股编织而成的圆形带子。残绢片经纬密度是每平方厘米48根，是缫而后织的，纤度偏细，主要通过增加经纬纱数以达到绢织物的密度。

浙江湖州钱山漾遗址的丝、麻织品实物标本，不仅是我国新石器时代考古的重大发现之一，更是我国丝绸史上空前的发现。它是在长江流域地区发现的迄今最早、最可靠的丝织物，那么，我们完全可以推测，良渚先民应该已经掌握了植桑、养蚕、缫丝、纺麻的生产技术。

良渚先民除了基本的防寒衣物外，已经基本形成了完整的衣冠鞋履服饰体系。在良渚反山遗址M12墓葬出土的"玉琮王"上，琢刻有完备详尽的"神人兽面纹"。从这幅"神人兽面纹"中"人"的头部装饰看，大羽冠和人脸之间还有一个风字形的帽子，这有可能是一种带有护耳的兽皮帽。太湖流域的冬季和初春，天气还是很冷的，受北方强冷空气的影响，常会急剧降温至零度左右，用这种风字形的兽皮帽既可御寒，又可挡风。

除兽皮帽外，良渚先民还可能有丝、麻做成的帽子和草帽。在湖州钱山漾遗址第12号探坑的第四文化层，出土过1件可能是草帽外圈的草编织物，它编制得很精细。如果确实是草帽残存，这就说明良渚人不仅有皮毛和其他织物做成的御寒之帽，甚至还有遮阳的草帽。

丝麻纺织品和各类服饰物品的出土，说明良渚时期的纺织缝纫技术已经较为先进。纺轮已经在良渚文化遗址中普遍出土。纺轮就是利用回转体的惯性，把松散的纤维捻合成纱的一种纺织工具，与用手搓相比，用纺轮纺织更快更均匀，是新石器时代才广泛出现的一种纺织技术。

良渚文化时期，缝纫技术已相当进步，在浙江宁波慈湖、江苏吴江龙南等良渚文化遗址中都出土过骨针。另外，随着生产技术的进步，在浙江余杭反山遗址M23墓葬中已经发现了3对疑似织机构件的玉端饰，有学者就认为这是纺织器具，分别是卷布轴、机刀和分经器。

🄲 知识链接　良渚先民的服饰

从目前已知的情况来看，良渚文化时期，贵族阶层身上的衣冠文化确实十分发达，他们身穿珠光宝气的服饰彰显身份的高贵，在很大程度上反映了上等阶层的社会地位。然而，普通百姓的穿着也不甘示弱，虽有差距，但很体面。的确，冠带服饰是我们人类的第二肌肤，正因为如此，受到古人格外的重视，而后人也同样有"人靠衣服马靠鞍"等类似的说法和感受。

📷 探究良渚时期的社会进程

从已出土的大量麻布片，以及绸片、丝带和丝线等丝织品推测，良渚时期地位较高的贵族们，多穿更软更滑的丝织衣物，既华丽又典雅；而良渚普通百姓则多以麻织物为主裁制服装，这种布料的最大好处是穿着舒适、透气效果好，出汗不贴身。更令人惊讶的是，那时麻布片的细密程度已与现在的细麻布极为相似，这让今天的人们由衷地感叹，它也从一个侧面反映出良渚先民的勤劳和智慧。

然而，在通常情况下，麻布所做的服饰更适合夏季穿；尤其到了冬季，聪明的良渚人则是以皮毛御寒。譬如，以皮帽子为例，有些帽子的两侧设有护耳或飘带，其上缝缀有小玉件，这种装饰方法曾被后世的冠帽制度继承。不仅如此，衣服可能已有开襟，因为墓葬中发现过类似纽扣的玉件。此外，权贵者的腰带佩玉带钩，玉带在后世曾是官服的等级标志之一。

目前来看，良渚先民服装上以玉器为主的佩饰，通常分成头饰、颈胸饰、耳饰、臂腕饰、腰带和腿脚饰等6类，具体如下。

第一类是头饰：有三叉形器、羽冠或羽毛等，因此也被称为"羽冠"。

第二类颈胸饰：如玉管串、玉璜串，以及璜、坠和珠等组成的组合串。

第三类耳饰：譬如玉玦和玉耳饰珠等。

第四类臂腕饰：主要有玉镯，也有象牙镯和骨镯等。

第五类腰饰：带有玉带钩的腰带和悬挂于腰带上的小玉环等。

第六类腿脚饰：诸如由玉珠串成的链饰，也有滑石珠等。

本章小结

　　手工业的生产模式或者生产方式是早期社会复杂化与经济体系研究的核心之一，良渚时期手工业的发展及生产方式同样是探索良渚社会的重要议题，通过分门别类地了解良渚时期手工业的发展情况，为探讨良渚社会的发展积累了材料，提供了更加科学的认知角度。对于良渚这样一个极度尊崇玉器的史前社会来说，玉石手工业在其社会经济体系中无疑占据着重要的地位，但通过对其他手工业的了解，不仅让我们对良渚社会全貌有了一定的认识，而且也让我们能够更加合理地认识手工业在良渚社会发展中所占据的重要地位。

参考文献

姬翔，王宁远，董传万，等.工程与工具：良渚石记[M].杭州：浙江大学出版社，2019.

李宗山.石器史话[M].北京：中国大百科全书出版社，2000.

良渚博物院.良良讲故事：良渚的陶[M].杭州：杭州出版社，2018.

罗晓群，黄莉.良渚遗址[M].北京：人民出版社，2019.

吴良忠.中国漆器[M].上海：上海远东出版社，2012.

俞为洁.饭稻衣麻：良渚人的衣食文化[M].杭州：浙江摄影出版社，2007.

赵晔.内敛与华丽：良渚陶器[M].杭州：浙江大学出版社，2019.

思考与练习

一、判断题（正确打"√"，不正确的打"×"）

1.良渚文化的陶器，按照陶质陶色划分，主要有黑陶和彩陶两种。 （　　）

2.农耕用到的石器，主要有石镰、石刀、石犁等，都是用来进行耕作与收割等农业生产活动的。

（　　）

3.良渚时期的木质生活器皿在考古发掘中确实很少见到。 （　　）

4.木胎漆器就是在木制器物的外表刷上一层或数层生漆制作而成。 （　　）

5.浙江余杭反山遗址出土的一些陶器盖钮上残存有抹布印痕，可作为良渚先民已经有了"麻衣"的例证。 （　　）

二、填空

1.良渚出土的陶器按照用途划分，可以归纳为_____、_____、_____、_____四大类。

2.良渚时期的石器随葬品主要有两类，一类是墓主人生前用具如_____、_____、_____等，还有一类与玉器相似，是墓主人身份的象征，比如像石钺。

3.从良渚文化遗址出土的漆器遗存来看，当时的漆器主要有_____和_____两种颜色。

4._____，从广义上说，就是用动物的骨骼（包括动物的角、牙等）制作出的生产生活工具。

5.浙江余杭_____出土的一些陶器盖钮上残存有抹布印痕，可作为良渚先民已经有了"麻衣"的例证。

三、名词解释

1.黑陶

2.纺轮

3.漆器

4.骨器

四、论述题

1.请简要概述良渚时期的陶器类型及主要特征。

2.请简要概述良渚时期的丝麻纺织业的发展。

3.请论述良渚时期的手工业发展与社会生产力发展间的关系。

第五章思考与练习答案

第六章　良渚时期的房屋建筑

课前导引

学习目标

（1）掌握良渚时期村落和房屋建筑的主要特征。

（2）掌握良渚时期礼仪和祭祀建筑的特点。

（3）了解良渚时期房屋建筑遗址的主要分布区域和分布特征。

关键词语

√房屋　　　　√村落　　　　√祭祀遗址　　　　√建筑遗址

学习导图

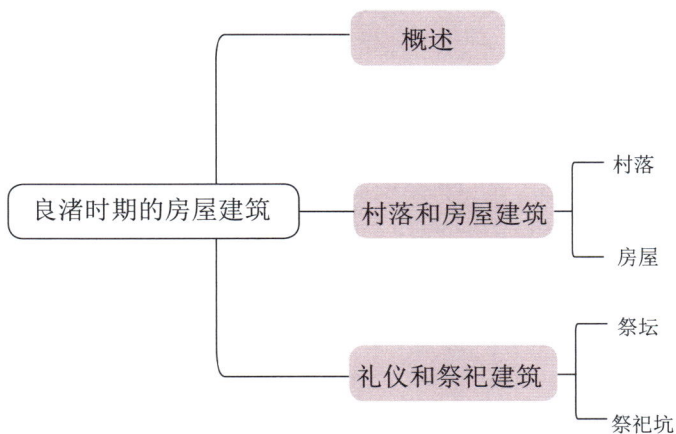

良渚时期的房屋建筑

　　村落和房屋建筑是反映人类生存生活环境的主要标志之一，与社会家庭和血缘关系紧密相连，是家庭、血缘和婚姻制度的真实写照。良渚文化发现的村落和房屋往往建在临河的岸边，靠近水源，与江南地区人们历来的生活习性较为符合，具有一定的代表性。房屋建筑可分为平地建造、半地穴式、浅地穴式的单体建筑和双间式，每个单元均在十几至几十平方米内。

　　良渚文化的礼仪性建筑不多，但反映了良渚文化的建筑水平和建筑艺术，同时也是研究良渚文化少数权贵阶层生活和思想意识形态的重要材料。良渚文化的祭祀建筑在大多数遗址中都有反映，构成了该文化的重要特征之一，祭祀建筑有祭坛、祭祀坑等。

　　本章从日常生活和祭祀礼仪两个角度出发，对良渚时期的村落和房屋建筑遗址、礼仪和祭祀建筑遗址等各类建筑遗存加以概述，初步描绘出了良渚时期的房屋建筑特点和主要分布特征，让我们对良渚先民的社会生活状况和文明发展高度有了一定的认知。

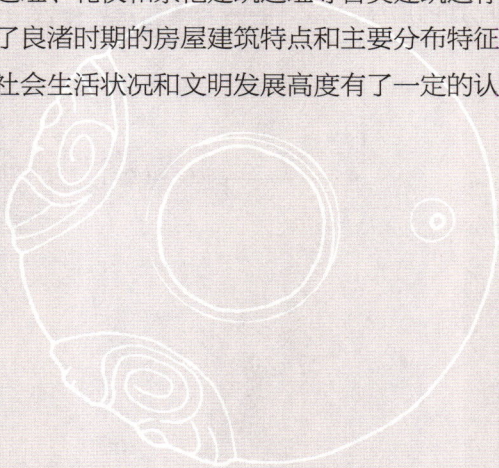

第一节 | 良渚时期的房屋建筑概述

良渚时期创造了辉煌灿烂的史前文明，良渚古国及其区域中心——良渚古城已经初具国家形态和首都功能。但因为良渚古城作为史前文明，已经经历了5000多年的风霜雨雪，现在我们已经无法见到当时良渚先民的房屋建筑了，也无法复原建筑物的地面形态。目前我们对于良渚先民的房屋建筑的了解只能依靠考古遗存，只能通过建筑物留存的根基部分对建筑物当时的形态做推测。

我们设想一下，要建造一座类似首都的城市，决策人一定会挑选一个各种资源能重叠的地方。缘于此，良渚古城所处的位置就是最佳选择，虽然良渚古城在地理位置上处于劣势的平原，甚至是沼泽地，但它周围不仅资源丰富，而且三面环山，东望平原，南倚良渚港，北傍东苕溪。除此之外，更重要的一个原因是，它"以山为郭，以水为路"，攻守自如，交通便捷，安全而不闭塞。可以肯定地说，它是一个在地理位置上处于劣势，但是经过良渚先民深思熟虑的选址。

那么，人们在此条件下会怎么建造房子呢？应该说，良渚时期的建筑主要分为两种：一种是建在平地上的民居建筑，另一种是建在台基上的礼仪性建筑。

前者是通过异地取土的方式，首先堆筑成大型土墩，然后再建造诸如莫角山的宫殿区等。当然，为了修建宏伟的良渚古城，良渚人不仅要取土筑高台，还要修建庞大的古城外围水利系统，以此保护古城不受季节性洪水的突袭。显而易见，早在5000年前，只有一个强盛的国家，才能进行这么复杂的规划设计，才能调动这么多的人力、物力持续进行工程建设，并完成后勤保障，确保高大的宫殿台基、雄伟的城墙和古老而庞大的水利工程如期完成。

至于后者，它指的是普通百姓修建房屋。通常会被分为良渚文化中的早期和晚期两种模式。第一种模式发生在良渚人移居到平原初期，他们会在平地上先堆好土台，然后在上面再盖房子。土台的主要功能是为了防潮，通常它的尺寸是8米×8米或10米×10米的正方形，高度为两三米，盖好的房子位于中间，一般为20平方米左右的草棚子。那时的良渚，几乎家家户户都是如此。

第二种模式叫作高床类住居，出现在良渚文化的晚期，建筑学家称之为"干栏式建筑"。具体而言，它的建筑特点就是整座房屋以木桩为基础，在桩上铺横木或木板，形成居住面；然后再在横木上立柱盖顶。看起来像是用几根柱子把整座房屋悬空，整个建筑除了几根柱子着地之外，其他的部分都要离开地面，人们住在"空中楼阁"之中。这种房屋的好处在于，既可以防止蛇虫猛兽的侵袭，又能防潮、防水患。因此，非常适合气候潮湿、温暖多雨的南方地区。

第二节 | 村落和房屋建筑

村落和房屋建筑是反映人类生存生活环境的主要标志之一，与社会家庭和血缘关系紧密相连，是家庭、血缘和婚姻制度的真实写照。

良渚文化发现的村落和房屋往往建在临河的岸边，靠近水源，与江南地区人们历来的生活习性较为符合，具有一定的代表性，江苏吴江龙南遗址最为典型。该村落发现在第二期文化遗存中。村落中有一条东北—西南向的河，最深处为3.8米。河西北岸和河南岸共有3组房屋。西北岸的房前筑有防护堤坝。河南岸以东侧87F3—87F6遗迹一组为核心，门前有灰坑、灰沟构成的储废排污设施，房后有土井和圆形半地穴式房址(可能是猪圈)。河边有一木埠头，埠头右侧放一块砥石。

龙南遗址的房屋有半地穴式和浅地穴式两种。半地穴式为87F2、88F1、884F、88F6等，浅地穴式为87F3—87F6等。这些房屋用粗树干交叉搭成南北两面坡、东西垂直的框架，架上扎树干、竹及芦苇，抹上掺糠和草的黄泥，做成棚架式屋顶。半地穴式以88F1为例，平面呈长方形，门在南面两侧，共有柱洞42个，南北柱洞对称，东西不对称。居住面用黄土面筑成，内有窖穴和一蒲草编织的席。87F5和87F6为浅地穴式双间屋，平面呈曲尺形。87F5为长方形，内有窖穴和睡坑，西南角有圆形土台。87F6在87F5东侧，呈长方形。柱洞6个，居住面用黄土夯实平整。

余杭庙前遗址发现的两座房屋，相距4.5米，也是临河而建。沿河边有一排几十米长的木桩，平地起建。F1面阔10米，进深8米，平面呈长方形。除西北面外，其他3面都用双排柱支撑围筑，共发现柱坑26个，大都为长方形，坑底均铺垫木板，一般为2～3块，多的为5块，木板双层交叉叠放，少数残留草绳捆扎痕迹，西北面为单排柱，排得较密。西南面Z22、Z23，中间有约1.2米的空隙，疑是门道。从柱坑布局分析，该房屋是一种大跨度屋顶，内设柱子或重檐加设回廊的建筑。良渚文化的房屋除了临河而建的特征外，体现一夫一妻制的对偶婚的双间和单间房也比较普遍，并且都建在高于地面的台地上。

双间房现有两处，一是浙江桐乡普安桥遗址的 F3，保存最完整；二是江苏吴江龙南遗址的 87F5 和 87F6。普安桥遗址的 F3，南北 6.3 米，东西 5.4 米，平面近方形，房中部有隔墙，将房分为南北两间。两室各在东南隅设门，两室不相通。墙基系在房的一周挖深约 20 厘米、宽约 30 厘米的浅基槽，内埋木柱，柱间隙填陶片、鼎足等，粗长的木柱用在转角处。墙体筑土为黄褐色土块，两墙外墙有约 2 厘米厚的纯黄色黏土涂抹。居住面分两层，下层是深灰黏土，北室中部偏西设一火塘，为圆角矩形，有明显烧烤痕迹。上层为深褐色黏土中夹少量大块黄黏土，在与下层火塘相应的位置也有一个形状、大小相仿的火塘，北室应为灶间，南室可认定为住所。而吴江龙南遗址的 87F5 和 87F6 曲尺形双间房，87F5 内有窖穴和睡坑，未发现用火迹象，87F6 内未见窖穴和供睡觉的遗迹，但有一块 40 厘米 × 35 厘米的火烧硬面，可以认为 87F6 是灶间，而 87F5 是住所。从这类双间房的使用功能分析，说明良渚时期房屋建筑确实有了卧室与灶间的划分。

单间房在昆山少卿山遗址 F3 内被发现，是一座面积约为 18 平方米的方形房子。该房居住面分为基础面和生活面。基础面是在红烧土块上垫多层黑灰和黏土构筑，并发现竹或芦苇编织的墙二段。生活面上留有当时人们的生活用品和生产工具。墙体结构用两根竹子或芦苇并排成经线，5 根并排为纬线，经线分上下排，一隔一错开交叉编织而成后埋入土内，再竖有一定间距的木柱固定编织物，抹上泥土。从上述遗址发现的良渚村落和房屋建筑看，村落以吴江龙南遗址为代表，房屋临河而筑，隔河相望，房前设防护墙，房后有井和垃圾坑。村间有陶片、红烧土块铺垫的小道。河边埠头供人取水和洗刷，这是一幅江南水乡村落的画面，与中原的半坡、姜寨村落以壕沟为外围的布局截然不同。

尽管历史过了几千年，但是这种先民留下的生活方式、村落布局设置至今在江南农村依旧存在，这是历史延续的真实写照。房屋建筑可分为平地建造、半地穴式、浅地穴式的单体建筑和双间式，每个单元均在十几至几十平方米内。单体建筑早期多为半地穴式和浅地穴式，中晚期多为平地建筑，这与中原地区、北方汾河、内蒙古中南部及黄河流域的房屋建筑十分接近，适合于一夫一妻制家庭生活的居住特点；而极少数大型建筑，如庙前遗址 F1，面积近百平方米，设有回廊和重檐等特点的地面建筑，与中原的西阴文化类型的泉护村 F201 比较接近，这类建筑应是家族公共活动的场所。

路易斯·亨利·摩尔根在《古代社会》中讲道："与家族形态及家庭生活方式有密切关联的房屋建筑，提供一种从野蛮时代到文明时代的进步上相当完整的例解。"可见，人类居住状况演变的规律，能够有助于恢复和了解当时社会家庭的组织形态，良渚文化遗址中发现的这些房屋建筑，也为我们研究这一时期人类生存居住状况和家庭组织形态，提供了较为珍贵的材料，可以证明良渚时期，父系社会制度巩固，人们过着稳固的一夫一妻制生活。

第三节 礼仪和祭祀建筑

良渚文化中发现的礼仪性建筑不多，从目前所见的材料中大约有两处。

一处以浙江余杭莫角山清理的大型建筑基址为代表。这座建筑基址由砂层和泥层间隔夯实构成，分为 9～13 层。各层厚度不同，自下而上砂层逐渐加厚，泥层变薄，层面坚固。夯窝发现在泥层面上，密集而清晰，又十分规整，系圆头夯具，夯窝直径一般 6～10 厘米，深 3～6 厘米。在 n 区一处 10 平方米的发掘范围内，发现基址面上有近圆形或椭圆形的大型柱洞，从南到北分 3 排，作东西向排列。各排间距在 1.5 米左右。柱坑口径 0.4～1.5 米，深 0.21～0.72 米，坑内有近圆形的浅灰色遗迹，为木立柱灰，直径为 0.5～0.9 米，坑底未见柱础石和垫木板。发现的大面积红烧土堆积总面积不少于 30000 平方米。由于发掘时客观条件限制，未能全面揭露，建筑遗迹的单元结构及总体布局无法了解，但是从大片夯层及夯窝的建筑基础上发现成批的柱洞来看，可以证明这是一座用土坯砌墙的大型梁柱木构的礼仪性建筑基址。

另一处礼仪性建筑遗存在浙江余杭姚家墩发现。在 Tl 层良渚堆积层下的东北部，发现一处规则的建筑面的转角，暴露部分为 1.4 米 × 1.4 米见方，地面以红烧土铺垫而成，好像经过夯砸；在 T2 层良渚文化层下发现一座以红烧土、陶片、砂粒和大型石块铺成的建筑地面，在探沟中揭露宽约 1.5 米。遗迹的顶部铺一层厚约 10 厘米的红烧土，红烧土下有一层碎陶片、砂粒交杂的面，其下再为砂石基础，砂石基础厚度超过 0.5 米。虽未做扩方的深挖，但可以认定这不是一般的生活建筑，而是与祭坛和玉礼器相对应的更高层次的礼仪性建筑设施。礼仪性建筑不仅反映了良渚文化的建筑水平和建筑艺术，同时也是研究良渚文化少数权贵阶层生活和思想意识形态的重要材料。

良渚文化的祭祀建筑在大多数遗址中都有反映，构成了该文化的重要特征之一，祭祀建筑有祭坛、祭祀坑等。

祭坛建筑目前发现和发掘的有浙江瑶山、汇观山、卢村，上海福泉山，以及江苏昆山赵陵山与少卿山、常熟罗墩、武进寺墩等地。

瑶山祭坛在山顶上堆石筑成。平面呈方形，外围每边约 20 米，面积约 400 平方米，由三重结构构成。中心一重结构偏于祭坛东侧，是正南北向近方形的红土台；第二重结构土台的四周挖凿有深 0.65～0.85 米、宽 1.7～2.1 米的围沟，填灰色斑土；第三重结构系黄褐色斑土筑成的土台，台上铺砾石，西北角转角处残存砾石砌筑的长约 20 多米的石坎。祭坛南部埋有两列墓葬，打破红土台、围沟和砾石台。

汇观山祭坛是利用自然山势修凿而成的，基本呈正南北向，为东西长、南北窄的长方形，总面积近 160 平方米。祭坛分三重，中心部分南北长 10 米，东西宽 8 米，外为约 2 米宽的围沟，填以灰土。最外层的东西两边低于坛顶 1.5 米的平面上各凿有两条南北向的排水沟槽，其外有低于坛顶 2 米多的另一外伸平面，是一个存在两级形式的祭坛。祭坛东部有祭祀坑 3 个。

卢村祭坛东西长约 60 米，南北宽约 25 米，相对高度约 2 米，分为前后两个阶段。前期土台在整个土台的西南部，土台边角规划平整为上小下大的覆斗状，用纯净黄土筑成。顶面东西残长 8 米，南北宽 5 米，高 1.9 米。后期土台直接在前期土台基础上扩建而成，四周遭不同程度破坏，由多种土色构成台面。

福泉山祭坛，平面为长方形，位于山顶平台中心。昆山赵陵山祭坛东西长约 60 米，南北宽约 50 米，总面积不少于 3000 平方米。武进寺墩祭坛是一个直径为 10 余米的圆形祭坛，其周围有一圈圆角方形的内围沟环绕。此外，在少卿山也发现了东西长约 40 米，南北宽约 30 米，面积 120 平方米左右的祭坛。

从良渚文化发现的这些礼仪性建筑和祭祀建筑来分析，有以下几点认识。

第一，礼仪和祭祀建筑是良渚文化建筑的重要代表，也是新石器晚期文化的特征之一，特别是祭坛建筑更具特色。祭坛从建筑形式看，可分为方形、长方形和圆形三种，从建筑结构看，有单重土台、多重土台、阶梯式土台。这些祭祀建筑周围往往设有围沟或河流，起着防护和防御的作用，其意义与中原地区新石器居住遗址周围所设的壕沟作用一致。

第二，礼仪和祭祀建筑都建在人工堆筑的高土台上，面积一般都达几千平方米或几万平方米，土方量达上万立方，工程量在当时相当巨大。因此要建造这样的建筑，如果没有一定的生产技术、先进的劳动工具和较高的经济水平是很难完成的。同时也证明当时社会中的少数人，不仅拥有巨大的物质财富，而且还掌握着极大的权利，他们可以命令和指派成千上万的人为他们营建这样宏伟的建筑。

第三，祭坛上都发现大墓，大墓中出土大量的玉璧和玉钺等代表死者身份地位的信物，说明墓主并非社会的一般成员，而应是可以"通天"的巫师，或者是集军权、神权、政权于一身的宗教主、王者，在宗教领域里代表天、代表地、代表神、代表祖先；在社会领域里，代表着至高无上的权力。江苏常熟罗墩遗址出土双龙联体饰件的 M8 墓葬被认为是宗教首领的墓葬，而出土朱砂石铺的 M7 墓葬则为军事首领墓。

本章小结

当下学界对良渚文化的各类出土遗址、以玉器为代表的手工业、以水稻为代表的农业及宗教信仰的论述较多，而对建筑遗迹的研究较少，主要原因是建筑遗迹发现不多，材料比较零碎，很难全面论述该文化的建筑风貌。因此我们基于目前的考古发掘情况，围绕该村落和房屋建筑、水井和"窖藏"建筑，以及礼仪和祭祀建筑，对良渚文化的房屋建筑做了简单论述。未来，随着考古发掘和学术研究的不断推进，必将会有更多的新发现向我们展示良渚时期灿烂的建筑文化。

参考文献

丁金龙.良渚文化的水井[M].杭州：浙江古籍出版社，2015.

路易斯·亨利·摩尔根.古代社会[M].杨东莼，马雍，马巨，译.南京：江苏教育出版社，2005.

王宁远.遥远的村居：良渚文化的聚落和居住形态[M].杭州：浙江摄影出版社，2007.

赵晔.湮灭的古国故都：良渚遗址概论[M].杭州：浙江摄影出版社，2007

浙江省文物考古研究所.良渚遗址群[M].北京：文物出版社，2005.

思考与练习

一、判断题（正确打"√"，不正确的打"×"）

1.良渚时期的建筑主要分为两种：一种是建在平地上的民居建筑；另一和是建在台基上的礼仪性建筑。   （   ）

2.良渚文化发现的村落和房屋往往建在临河的岸边，靠近水源，与江南地区人们历来生活习性较为符合，江苏吴江龙南遗址最为典型。   （   ）

3.余杭莫角山遗址的大型建筑基址是一处生产性房屋遗址。   （   ）

4.礼仪性建筑不仅反映了良渚文化的建筑水平和建筑艺术，同时也是矷究良渚文化平民层生活和思想意识形态的重要材料。   （   ）

5.福泉山祭坛，平面为长方形，位于山顶平台中心。   （   ）

二、填空

1._____遗址三面环山，东望平原，南倚良渚港，北傍东苕溪。

2.江苏吴江龙南遗址的房屋有_____和_____两种。

3._____目前发现和发掘的有浙江瑶山、汇观山、卢村，上海福泉山，以及江苏昆山赵陵山和少卿山、常熟罗墩、武进寺墩等地。

4.发现的良渚时期的双间房遗址现有两处，一是浙江_____的 F3，保存最完整；二是江苏吴江_____的 87F5 和 87F6。

三、名词解释

1.干栏式建筑

2.半地穴式房屋

四、论述题

1.良渚古城的选址特点有哪些？

2.目前发现的良渚时期房屋遗址有哪些特点？

3.良渚时期的祭坛遗址有哪些？它们都有什么样的特点？

第六章思考与练习答案

第七章　良渚时期的交通

课前导引

学习目标

（1）了解良渚时期交通出行的主要特征。

（2）了解良渚时期的交通工具遗存。

关键词语

√交通　　　　√河网　　　　√水运　　　　√木桨

学习导图

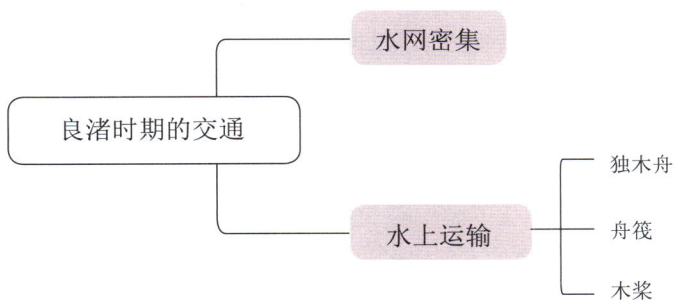

良渚时期的交通 —— 水网密集

良渚时期的交通 —— 水上运输 —— 独木舟／舟筏／木桨

良渚时期的交通

良渚时期水网密布，水路通达，由于当时尚无轮式交通，水运是当时江南地区最为重要的运输方式，在湖沼地带具有突出的作用。良渚古城是一个大型都邑，上到城市建设、物资流通和后期保障等，下到百姓出行，人们的主要交通依赖水路运输，其中，舟船是良渚先民最主要的交通工具。

本章主要介绍良渚先民的交通出行，与前面章节共同组成良渚先民"衣、食、住、行"的生活全貌。鉴于考古发掘的情况，本章主要从水运角度介绍良渚时期的河网情况、水上交通运输的发展状况及出土的一些水上交通工具或零部件。

浙江杭州良渚地处长江三角洲的水网平原上，素有"水乡泽国"之称。因此，作为江南水乡最早的居民，良渚人已懂得了充分利用水在河道纵横的环境中繁衍生息，良渚先民是出行靠筏、饮水靠井、食物靠稻、灌溉靠坝，总之，一切都与水有关。

良渚时期水网密布，水路通达，水上航运是当时一种重要的交通手段，尤其在湖沼地带具有突出作用。正如浙江湖州钱山漾遗址发掘报告的结语中所写，舟楫之便使地域上的阻隔失去了原有的威力，扩大了各部族之间的频繁接触，也给文化的交流创造了良好的条件。其实，"良渚"二字中的"渚"就有"水中的小块陆地"之意。良渚文化时期，由于尚未有轮式交通，水运是当时江南地区最为重要的运输方式。良渚古城是一个大型都邑，上到城市建设、物质流通和后期保障等，下到百姓出行，人们出行的主要交通都依赖水路运输，舟船便成为良渚先民最主要的交通工具。良渚文化时期主要的水上交通工具有独木舟和筏。

2010 年，考古人员在浙江临平茅山遗址发掘中，首次发现了一条良渚文化时期的独木舟，这是国内考古发掘出土的最长、最完整的史前独木舟，它和如今的独木舟的样子差不多。具体来说，它的头尖尾方，全长 7 米多，最宽处近半米，由整段巨木凿成。

除了独木舟之外，还有筏或舟筏，它们是用木、竹编扎而成，因此也叫"木筏"或"竹筏"，其制作简单，稳定性好，承载量大，且易于维护，可用篙或木桨驱动。通常，这种竹筏是用大约 20 根竹子编扎拼在一起的，每个竹筏可以坐 10 个人左右，非常适合在水面宽阔的江河、湖泊中航行。

不过，到目前为止，在良渚古城遗址中，尚未发现任何舟筏。尽管如此，考古人员还是在比良渚文化稍晚的马桥文化遗址中，发掘出古时候的竹筏。据考古人员推测，当时良渚人运输良渚古城的铺垫石使用的是"双筏"，也就是加长及加宽版的竹筏。这种竹筏在营建良渚古城的整个过程中起到了非常重要的作用。

浙江湖州钱山漾遗址的木桨以青冈木制成，翼呈长条形，长 96.5 厘米，宽 19 厘米，稍有变形。凸起的一面正中有脊，自脊向边缘斜杀，柄残长 87 厘米。浙江杭州水田畈遗址的木桨有 4 件，分宽翼和窄翼两种，宽翼标本宽 26 厘米，残长 70 厘米，厚 1.5 厘米，桨翼末端削成尖状。窄翼标本宽 14 厘米，翼长 77 厘米，柄残长 10 厘米。浙江余杭卞家山遗址出土的两件木桨中，有一件是目前所知最完整的木桨。这件木桨叶部呈长方形，边缘修薄，与柄部交接处斜收，把手较短小，全长 150 厘米，叶长 80 厘米，宽 13 厘米，厚 4 厘米。另一件较宽扁，由一块扁条木削成，两侧稍薄，一端两侧割出浅槽以作柄，整器残长 110 厘米，宽 14 厘米，厚 3.5 厘米。这些木桨的长度都只有 1 米多，一些学者据此认为良渚时期普通的舟楫规模并不是很大。像卞家山遗址出土的木桨，虽然全长仅 150 厘米，但叶长达 80 厘米，吃水量已经很大，以单个船工的体能，这样的木桨使用起来较为合适。只要船工多一些，同样可以驱使大舟。

本章小结

良渚先民的出行已经不再仅依靠双脚了，他们已经可以借助舟船和河流出行了，这是古人智慧和自然环境结合的产物，舟船出行不仅能够节省体力，而且让货物运输更加方便，能够长距离运输大型物品。这些都足以证明良渚先民的文明发展已经具备了与外界交流的基本条件，为未来的社会变革奠定了生产力基础。

参考文献

白寿彝.中国交通史[M].北京：中国文史出版社，2015.

刘恒武.良渚文化综合研究[M].北京：科学出版社，2008.

史旼.交通工具发明趣史[M].北京：世界图书出版公司，2014.

浙江省文物考古研究所.良渚王国[M].北京：文物出版社，2019.

周膺.东方文明的曙光：良渚遗址与良渚文化[M].北京：五洲传播出版社，2007.

思考与练习

一、判断题（正确打"√"，不正确的打"×"）

1.良渚先民最主要的交通工具是马车。 （ ）

2.良渚遗址中出土有独木舟。 （ ）

3.良渚先民已经可以使用舟船运送大件货物。 （ ）

二、填空

1.浙江杭州良渚地处长江三角洲的水网平原上，素有_____之称。

2.良渚二字中的"渚"有"_____"之意。

3.2010 年，考古人员在浙江临平_____发掘中，首次发现了一条良渚文化时期的独木舟，这是国内考古发掘出土的最长、最完整的史前独木舟。

4.良渚文化时期主要的水上交通工具有_____和_____。

5.良渚时期水网密布，水路通达，_____是当时的一种重要交通手段，尤其在湖沼地带具有突出作用。

三、名词解释

独木舟

四、论述题

1.简要介绍已出土的良渚文化时期的交通工具。

2.简要论述良渚的气候环境和交通运输间的关联。

第七章思考与练习答案

第八章　良渚时期的原始文字

课前导引

学习目标

（1）了解良渚时期象形符号的特征。

（2）了解良渚时期抽象符号的特征。

（3）理解原始文字的演进逻辑。

关键词语

√原始文字　　　　　√象形符号　　　　　√抽象符号

学习导图

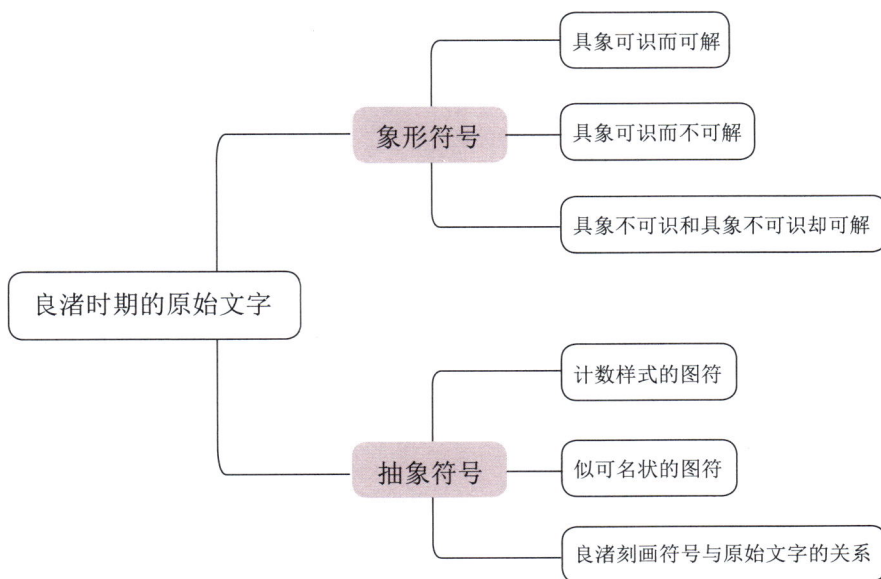

良渚时期的原始文字

良渚符号种类达百余种，是良渚文明的重要组成部分。良渚文明尚未破译文字，但已发现大量的刻画符号。

"象形符号"相比于"抽象符号"，重点在这个"象"字上，其通常以较多的笔道，描摹具象物体，比较容易看出其所表达的意义。

抽象符号，着重于"符"字，因为其构成笔道较少，形态简单。这些符号有时会单独出现，有时又会反复出现，但具体的形态又往往有别，也并没有与某一类器物产生对应关系。

良渚时期是否存在文字还有一定的争议，本章在良渚时期的象形符号和抽象符号的基础上，通过各类不同的图像符号展示良渚时期原始文字的基本类型和主体特征。

良渚文明尚未破译文字，但已发现大量的刻画符号。由良渚博物馆编著的《良渚文化刻画符号》一书，共收入"带有刻画符号的器物共计 554 件，其中陶器 536 件、石器 11 件、玉器 7 件"，累计刻画符号 632 个。随着研究的不断推进，刻画符号的数量还在增加。其中部分陶器或石器上刻画有多个相互关联的图符，虽然还无法进行释读，但已显示出这些刻符有作为文字使用的可能性，如江苏苏州澄湖遗址出土的刻有 5 个符号的贯耳壶（编号为 J127:1），浙江余杭南湖遗址采集的刻画有一组连续图画的圈足罐（编号为 87C-658），浙江平湖庄桥坟遗址刻有多个连续图符的两件石钺（编号为 T101 ②:10、H41:1）等。此外，在少量玉璧、玉琮等玉器上，还刻画有鸟立高台等形态特殊的图符，这样的玉器共 7 件，发现符号共 10 例。鸟立高台图符主要由鸟形及高台两部分组成，鸟与高台间或刻有鸟杆，多数高台图形的内部，都刻有似人似鸟的图形，可能表示巫师的形象。值得注意的是，鸟立高台图符与古埃及文明中的国王名字颇为近似。古埃及早王朝和古王国时期的王名一般由鸟形或鸟兽形外加台形组成，鸟形表示荷鲁斯神，而台形表示宫殿，台形内部则刻有国王的名字，如古埃及早王朝时期第一王朝法老杰特的名字。

第一节 ｜ 象形符号

良渚文化中的
象形符号

良渚文化刻画符号的载体囊括了陶、石、玉 3 类。以陶器所见最多，几乎是每件陶器上都有，形态各异。考古学家以"图符"这个概念代替了常规上比较广义的"符号"概念，进而继续区分为"象形符号"和"抽象符号"两类，这样就使得"符号"的概念狭义化，有助于从形式上做最直观的分类，这也是目前研究刻画符号的主流切入点。

"象形符号"相比于"抽象符号"，重点在这个"象"字上，其通常以较多的笔道，描摹具象物体，比较容易看出其所表达的意义。象形符号的"具象"有不同的层次，它包含了"具象可识而可解""具象可识而不可解""具象不可识""具象不可识却可解"4 种类型。

本节提到的相关符号，可扫描"良渚文化中的象形符号"二维码来详细了解。

一、具象可识而可解

具象可识而可解指的是让人一目了然的图案，或者通过简单推测就能读取意义的图符。比如浙江余杭卞家山遗址 G1 灰沟出土的陶器上发现的符号，有两幅比较完整，一是鸟，二是龟，上鸟下龟的排列组合甚至让人联想到后世常见的"朱雀""玄武"二神。

良渚文化的图画式图符中有很大一部分是描绘动物的，比如浙江桐乡新地里遗址出土陶器上发现的鹿的图案非常形象，而浙江余杭葡萄畈遗址 T030 的小鳄鱼，已经有些现代艺术的风范了。浙江余杭美人地遗址 T4064 的飞鸟栩栩如生，上海松江广富林遗址 M24 墓葬出土的陶尊上面刻画的是鹿和钺，类似打猎的场景。

因年代久远，载体破裂，所以有些图符并不完整，但根据其剩余部分还是能推断出它们所描绘的动物形象，如卞家山遗址 G1、G2 等灰沟出土的陶器，因为残缺虽然看不出它们具体是什么动物，但可以推断一幅是某种哺乳动物，一幅是某种水生鱼类。

除了描绘动物，还有其他题材，比如有些器盖上有房屋图案，非常写实。

二、具象可识而不可解

具象可识而不可解的图案是图画式图符中的大宗。这些事物接近我们常识中的一些事物形态，但却不像"具象可识而可解"的图案那么具体。这些图案看起来模棱两可，对其所表达意义的推断容易受到个人主观意念的左右。

如良渚遗址 G2 灰沟出土的豆残片与卞家山遗址 G2 灰沟出土陶器残片上的两个符号形态非常接近，多数人推测应该表现的是某种工具。这些图案中有一个共同的形象出现——很像是一支箭的形状，这个要比符号式图符以个字形表示箭头的情况具体很多。除了箭头的图案，还出现了箭袋或者像盾牌一样的图案组合，包括鹿与钺的图案。看来古人还是非常喜欢将工具刻画在器物上的。

还有一些图案，好似器物，又似建筑。浙江湖州塔地遗址出土的陶器有两幅图案，虽然线条简单，但显然要比符号式图符的框形结构要具体，中间向上伸出的线条应有所指。结合其上的图案来看，与其祭坛形符号相似，或有同样的含义。

三、具象不可识和具象不可识却可解

具象不可识指的是图案显然具有图画的形式，但超出常识可以类比的范畴，如卞家山遗址 T2 探方出土的陶器残片上的图案。

具象不可识却可解是指图案从直观上虽然无法理解，但是通过系列图案的研究便可知晓其实际的内涵，如卞家山遗址 G1 灰沟出土的陶器残片上的图案，经过与玉器等一系列图案的对比分析，得出这是表现鸟形象的图案。

从上述图画式图符的实例中我们可以看出，与符号式图符相比，它更为具象和复杂。此外还有一处是值得注意的，那就是它们的区别还在于刻画步骤的不同。符号式图符以烧前刻居多，而图画式图符以烧后刻占绝大多数。

第二节 ｜ 抽象符号

　　抽象符号，着重于"符"字，因为其构成笔道较少，形态简单。这些符号有时会单独出现，有时又会反复出现，但具体的形态又往往有别，也并没有与某一类器物产生对应关系。所以，一种符号有多少种意义，或者，不同的符号能否相互替代来表达同一种意义，对此，今人一无所知。目前，对同种符号的界定往往加入了考古学家们的主观判读。此中见仁见智，未有定论。

　　本节提到的相关符号，可扫描"良渚文化中的抽象符号"二维码来详细了解。

一、计数样式的图符

　　良渚先民能够从事较为发达的稻作农业，能够修建大型的土木工程，必定是掌握了一定的科学知识，对于四时物候、工程力学当有他们自己朴素的理解。在制作重要礼器玉琮的时候，他们赋予了奇偶数一定的意义。而在这一切之上，应该有一套适用于当时各种需要的数学体系。其中，"计数"想必不可或缺。

　　带着这样的假设，考古学家们结合直观上接近我们经验中的计数形式，试图对计数样式的图符进行定性归类。这些符号都有一个明显的规律，就是笔画依次平行增加。尤其是一画、二画、三画的符号，出现频率较高，且载体器物的种类与施以刻画的部位基本相同，表明至少这 3 个符号有较为匹配的意义。四画与五画的符号显然不如前者刻画得那么整齐，标本出现的频率也较低。这种差别该如何理解呢？如果确实是数字符号的话，良渚的数字是不是从"四"或"五"开始，计数形式发生了变化呢？五画以后，依次平行递增笔画的现象更是明显罕见，至于南湖遗址陶尊肩部的 22 道平行线段的刻画，就很难理解成"数"的延续了。顺着之前的推测，"五"或"五"以上的计数形式发生变化的可能性更大。甲骨文"五"的形象以"8"同类形状在良渚刻符中出现的频率较高。在"8"存在的同时，类似的"×""十"形符号也非常普遍。由于这些大多刻于器物底部的符号缺乏正方向的识别，考古学家也不好轻易判定哪些是"×"形，哪些是"十"形。

　　如果此类交叉符号代表某个基数，那么，在这个基数上，表示更大的数字便可以继续增加笔画或进行变形，就好像罗马数字从"Ⅴ"到"Ⅵ"再到"Ⅶ"。良渚刻符中隐约也出现了类似的规律，比如增加一笔的"×"和增加两笔的"×"，增加更多笔道的标本也有但较为罕见，所以考古学家很难判断是否是前面规律的持续。根据现代人的逻辑经验，这些符号均属于通过转换算筹的排列方式来表示递增，数列里的某一个基数形式，比如"×"就是一个基数，其笔画增加代表数字叠加。其中"××"是两个"×"叠加，作为基数"×"的倍数。这几个符号也具有出现频率较高、载体器物普遍的特点。

那么，这些刻画在陶器上不太显眼的数字刻符到底有什么作用呢？

从计数的角度去观察这些符号，考古学家面临的最大的挑战就是无法辨识出"8""×""V""—""××"等这些符号中的基数，因此目前还没有推测出良渚先民使用什么样的"进制"。

说到"计数"，我们最容易想到的就是陶器的个数，但是，如果只是记录生产中陶器的个数，那就不应该出现在每件陶器上，而应另有一套用以计数的算筹工具。因此，考古学家推测陶器上出现的计数样式的符号，其功能并不是计数，而是标记。

二、似可名状的图符

"符号式图符"中的这一类，是与"图画式图符"最不容易区分的。从直观上看，这类图符有一些象形的意味，但具体是模拟什么物体，并不能一目了然。因为这些图符，笔道精练，浓缩抽象。因此，称之为"似可名状"。

良渚"符号式图符"中最具有代表性的要数浙江余杭庙前遗址697等符号，这些图符表现的似乎是鸟的形状，与我们现在鸟的简笔画差不多，但如果直接理解为鸟，似乎又缺少一些说服力。

此外，江苏昆山太史淀遗址出土的灰陶鱼形刻符罐，其符号刻画的位置不同于前面所讲的符号，它们刻于陶罐口沿处，于是就有了正置方向。符号看起来似鱼非鱼，似虫非虫，虽然说不清具体像什么，但确实是比计数样式的符号更具象。

三、良渚刻画符号与原始文字的关系

探索良渚刻画符号和原始文字的关系

由于年代久远，遗存下来的大量资料都是陶器的残片，导致原本成组的画面支离破碎，而且，更多的情况是根本无法复原出完整的原始形态。因此，出现刻画符号完整的陶器难能可贵。所以浙江南湖87C–658号陶罐当之无愧地成为良渚博物馆的"镇馆之宝"之一。因为它上面不仅有刻画符号，而且是由12个刻画图符组成的一组组合图画。这组由树枝状、兽、网纹、波浪纹等一系列连续刻画的图符所组成的图画，似乎形成了一句有意义的话，引起了众多文字学家的兴趣，饶宗颐、李学勤等先生将这些连续的图符解读成一段语境：在凛冽的寒风中，猎人手持武器勇敢地射杀、捕捉逃离陷阱的猛兽。专家认为：尽管对良渚文化的图符有多种解读方式，但12个图符组成的组图应是造型艺术向文字演变的极佳例证。

良渚文化的刻符在石器上并没有陶器上那么普遍，且绝大多数刻纹石器上的图符形态与陶器上的图符形态属于同一范畴。在这里我们挑选几件较为特殊的刻符石器一起来欣赏。在一件庄桥遗址出土的石钺H41上，正反两面均有残存的刻画符号。之所以说它们特别，是因为它们上面的刻符是最接近现在文字形态的。尽管现在还没有破译出其中的含义，但从直观上看，似乎逆时针旋转90度后的符号形态更接近今人对汉字的印象。这些符号与前述符号式图符及图画式图符均不相似，笔道较多且为短画，无明显的几何形状，但各个符号独自成立，其笔道都各有一定的组合逻辑。如果不以原始文字论，也难归入其他类别。

无独有偶，庄桥遗址出土的石钺T101的B面右上角，也出现了一个类似文字的符号。回到载体本身，钺作为一种生产工具或武器，本就不同于一般石制工具，就像高等级贵族墓以玉钺随葬用来象征权力一样。因此，鉴于在原始社会，钺与文字均属于较高等级社会地位的象征，倘若以石钺作为原始文字的载体，可以认为是合理的。

文字的出现有可能不是从日常生活中的一些图案、符号自由演变而来，而是需要一定的人员去进行综合归纳并赋予其特定意义的，若非如此，文字的通行能力与规范作用就难以体现。史学界公认，文字最初应该是由统治阶级创造并运用的。在良渚文化中，截至目前，虽尚未发现文字系统，但那些镌刻在玉礼器上的纹饰标识，对统一人们的思想发挥了极大的促进作用，而大型建筑工事所反映出的良渚社会超强的组织管理能力，也透露出当时一定存在着某种与文字的功能相当的信息传递方式。但现在并未发现良渚时期有文字的替代物，那我们可否从这些图符中得到一些启示呢？

本章小结

良渚符号种类达百余种,是良渚文明的重要组成部分。良渚符号的发生与发展并不孤立,而是与其他符号存在关联。良渚符号与大汶口符号存在传播关系,与河姆渡符号、崧泽符号存在继承关系,良渚符号既继承前代的符号,也与周边的符号存在交流。虽然学术界对于良渚文化的各类图像符号是否已经属于文字范畴有一定的争议,但这并不妨碍我们对良渚文化的主要刻画符号及图像有基本的概念认知,这些图像符号也足以证明良渚文明的发展高度。

参考文献

方向明.神人兽面的真像[M].杭州：杭州出版社，2013.

良渚博物院.良渚文化刻画符号[M].上海：上海人民出版社，2015.

梁丽君.图式的意义：良渚文化三大纹饰母题的研究[M].杭州：西泠印社，2017.

刘斌.神巫的世界[M].杭州：杭州出版社，2013.

牟作武.中国古文字的起源[M].上海：上海人民出版社，2000.

夏勇，朱雪菲.图画与符号：良渚原始文字[M].杭州：浙江大学出版社，2019.

思考与练习

一、判断题（正确打"√"，不正确的打"×"）

1.良渚文化刻画符号的载体囊括了陶、石、玉 3 类。　　　　　　　　　　（　　）

2.具象可识而可解是指让人一目了然的图案，或者通过简单推测就能读取意义的图符。（　　）

3.具象不可识指的是图案显然具有图画的形式，但超出常识可以类比的范畴，如卞家山遗址 T2 探方出土的陶器残片的图案。　　　　　　　　　　　　　　　　　　　　　（　　）

4.抽象符号，着重于"象"字，因为其构成笔道较少，形态简单。　　　　　（　　）

二、填空题

1.象形符号的"具象"有不同的层次，它包含了"＿＿＿＿＿＿＿＿""＿＿＿＿＿＿＿＿""＿＿＿＿＿＿＿＿"和"＿＿＿＿＿＿＿＿" 4 种类型。

2.＿＿＿＿＿＿＿＿是图案从直观上虽然无法理解，但是通过系列图案的研究便可知晓其实际的内涵。

3.文字的创造有可能不是日常生活中的一些＿＿＿＿＿＿＿＿、＿＿＿＿＿＿＿＿自由演变而来，而是需要一定的人员去进行综合归纳并赋予其特定意义的。

4.良渚"＿＿＿＿＿＿＿＿"中最具有代表性的要数浙江余杭庙前遗址 697 等符号。

三、名词解释

1.象形文字

2.符号

四、论述题

1.请简要概述良渚文化时期象形符号的基本特征。

2.请简要概述良渚文化时期抽象符号的基本特征。

第八章思考与练习答案

第三篇 文明圣地

3

WENMING SHENGDI

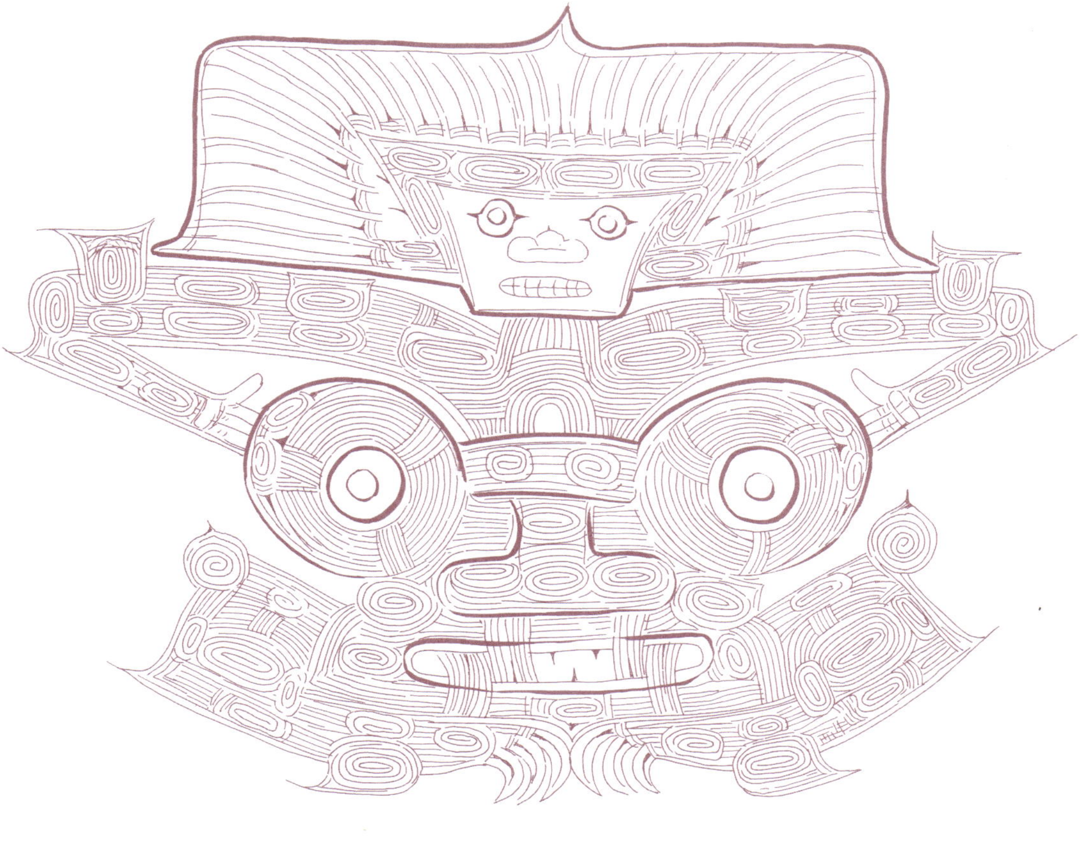

第九章　良渚古城格局

课前导引

学习目标

（1）熟悉良渚古城在良渚文化中的地位与作用。

（2）了解良渚古城的外部环境。

（3）掌握良渚古城的结构特征。

关键词语

√良渚古城　　　　　　√选址特征　　　　　　√三重结构

学习导图

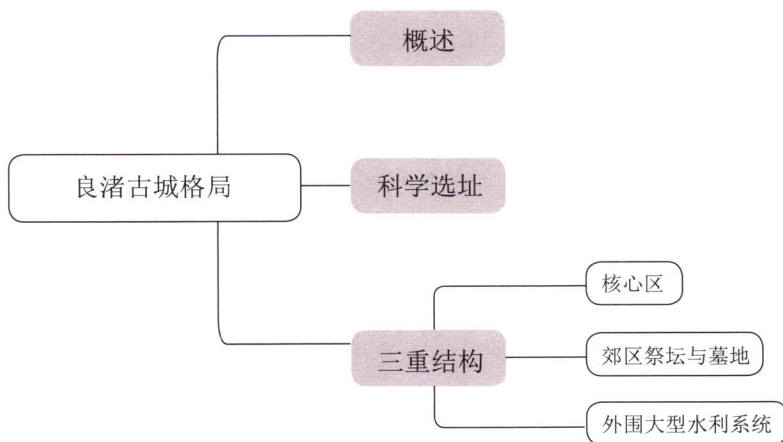

良渚古城格局

良渚古城遗址意义重大，作为良渚文化权力与信仰的中心，完整呈现了中国 5000 多年前早期国家的社会形态。良渚古城遗址位于浙江余杭地区，处于一处面积达 1000 平方千米的 C 形盆地北部。整个城市系统的布局与山形水势充分契合，显示良渚先民在规划古城之时视野之广阔。

古城内外的结构层次分明、布局有序，核心区由内而外分别是莫角山宫殿区（包括宫殿区、墓葬区、作坊区和仓储区等）、内城、外郭城，城外还有郊区的祭坛墓地和由多条水坝构成的大型水利系统，是当时中国乃至东亚地区早期城市规划的典范。

良渚古城是良渚文明的重要象征和代表，本章通过对良渚古城格局的讲述，我们不但能够掌握良渚古城的基本格局，而且能够理解良渚古城在良渚文化中的重要地位。

第一节 | 良渚古城格局概述

良渚古城遗址是整个良渚文化的核心，是良渚文明的都城，它与良渚玉器等一同构成良渚文明最具代表性的物质遗存。良渚古城遗址位于浙江杭州余杭地区，处于一处面积达 1000 平方千米的 C 形盆地北部。古城南北分别峙立着大遮山和大雄山两座天目山余脉，西部散布着一系列低矮山丘，这 3 处山体均距古城约 2 千米，向东则是敞开的平原，总体有一种以山为郭之感。发源于天目山脉的东苕溪，自西南向东北蜿蜒流过，最终向北注入太湖。可见，古城所在的区域有着广阔的腹地，自然环境较为优越，由此带来丰富的资源和便利的交通条件。

自 2007 年良渚古城发现和确认之后，经过十多年不间断的考古发掘、调查和勘探，我们对良渚古城的结构布局和格局演变有了一个基本的认识。良渚古城的核心区可分三重，最中心为面积约 30 万平方米的莫角山宫殿区，其外分别为面积约 300 万平方米的内城和面积约 800 万平方米的外郭城，堆筑高度也由内而外逐次降低，显示出明显的等级差异。同时古城北部和西北部还分布着规模宏大的水利系统和与天文观象测年有关的瑶山、汇观山祭坛，在古城外围也存在着广阔的郊区，良渚古城核心区、水利系统、外围郊区总占地面积达到 100 平方千米，规模极为宏大。整个城市系统的布局与山形水势充分契合，显示良渚先民在规划古城之时视野之广阔。

良渚人创造的规模庞大的城市系统在中国城市建设史上具有划时代的意义。莫角山宫殿区堪称中国最早的宫城，宫殿区的面积要远远超过年代更晚的龙山时代的石峁、陶寺和夏代的二里头宫殿区或宫城。其宫殿区、内城、外郭城的格局类似后世都城中宫城、皇城、外郭城的三重结构体系，这是中国最早的三重城市格局，具有重要的开创意义。以 800 万平方米的外郭城计算，良渚古城的占地规模一直遥遥领先，直到距今 3500 年前后郑州商城出现才被超越。

现今我们已对良渚古城各构成遗址的年代情况有了初步的认识。城内西北部的反山贵族墓地、城外东北部和西北部的瑶山与汇观山的祭坛及贵族墓地，始建和主要使用年代在公元前 3000 年前后。城外西北部发现的 11 条水坝中，岗公岭、鲤鱼山、狮子山、老虎岭、周家畈、秋坞等 6 个水坝，经北京大学科技考古实验室碳-14 测定，其年代大多落在良渚文化早期，为公元前 3100 年—公元前 2700 年。在对良渚古城四面城墙的解剖发掘及城内宫殿区莫角山遗址的发掘中，四面城墙内外的城河内及莫角山遗址的边坡，均发现了大量良渚文化晚期的生活垃圾，说明古城城墙附近及莫角山遗址在良渚晚期是重要的居住地。关于良渚古城城墙及莫角山土台的建筑年代上限还未找到直接的证据，但从目前揭示出的良渚古城空间布局设计的统一性角度来考虑，我们认为古城墙及莫角山宫殿的始建年代应与反山、瑶山墓地及城外水利系统的年代相一致，即距今5000年左右。外郭城范围内的文家山、卞家山、美人地、里山、扁担山等地点均做过考古发掘，显示外郭城部分是在良渚文化晚期逐渐兴建并完善的。

第二节 | 科学选址

良渚古城遗址作为良渚文明权力与信仰的中心，规划合理，营建考究，工程浩大，被誉为"中华第一城"。

良渚文化时期在古地理气候上属于全新世大暖期的亚热带季风气候区。全新世大暖期以来，气候温暖湿润，较现代更加暖湿。遗址分布在天目山两支余脉——大遮山丘陵和大雄山丘陵之间的冲积平原上，东苕溪在古城北部自西南向东北穿越而过，最终汇入太湖。古城所在的C形盆地东部，则是辽阔的杭嘉湖平原。这些决定了遗址周围分布着连绵的青山、密集的河网和广布的平原湿地。山环水绕的优越自然环境为良渚先民提供了便捷的水陆交通条件，以及丰富的水资源、土地资源、木材资源、矿产资源和野生动物资源。得天独厚的资源优势和战略位置使得良渚人不断地发展壮大起来。但是此处并不是他们世代繁衍、自然沿袭的聚居地，形成这种居住模式的原因与人群流动有很大关系。

择址建城不仅仅是一次历时弥久的大型工程事件，在其背后还隐藏着深刻的社会背景。马家浜文化和崧泽文化时期的遗址多以自然山地的坡脚为依托，这两个时期发现的遗址数量较少。与之相比，良渚文化时期的遗址数量则呈爆发式增长。人口的激增使得人类对生存空间提出了更高的要求，生产生活场地、交通、安全、水源、农业、山地资源等成为选址的重要依据。出于这些考虑，"靠天吃饭"的史前先民做出了最优选择，从山地走向了平原，也开启了人为大规模改造自然的时代。

从崧泽文化到良渚文化，社会的等级分化更加明显，文化面貌也变得十分一致，出现了掌握神权、王权和军权的权贵阶层。这一区域的人们有着统一的宗教信仰，并建立起一套标志身份权力和祭天礼地的玉礼器系统。从用玉制度及大型工程建设等方面可以看出，等级制度的规范化和社会管理的高效率。

良渚先民无疑是杰出的城市规划师，在选定了理想的古城营建地点之后，与之配套的规划理念便应运而生。如今看来，良渚古城是众多良渚文化遗址的结合体，这些遗址点不应该被割裂开来，而是需要被纳入整体规划当中。碳-14测年和器物类型学的研究结果表明，在统一规划后，古城的各个组成部分便被有序地建设起来。城外的瑶山和汇观山祭坛墓地的建成使用时间最早，在整个规划中首先被展示出来。城外的大型水利系统则是综合治理水患的最佳体现，使良渚权贵阶级对大遮山和大雄山之间这片土地的统治更加安全、稳固。古城核心区的规划则最先依托东北和西南的两座自然山体——雉山和凤山，内城位于两山之间，宫殿区在内城中心，两山到宫殿区基本上等距离分布。两山也构成了城墙的两处制高点。内城、外郭城之中各个遗址点有序分布，整体格局中的功能分区十分明显，充分体现了"天地之中，以山为郭"的规划理念。

从某种意义上讲，从时间顺序来认识古城的空间布局，更能够紧跟良渚人营建古城的步伐。

第三节　三重结构

📷 良渚古城的三重结构

一、核心区

古城内外的结构层次分明、布局有序，核心区由内而外分别是莫角山宫殿区（包括宫殿区、墓葬区、作坊区和仓储区等）、内城、外郭城，城外还有郊区的祭坛墓地和多条水坝构成的大型水利系统。古城核心区的布局与中国后来各朝代营建都城遵循的宫城、皇城、外郭城的三重结构相似，是当时中国乃至东亚地区早期城市规划的典范。建造这样一座与山形水势充分契合的古城，需要高度集权、精细规划、统筹组织、长期营建才能完成。

据统计，古城系土石方工程总量约1005万立方米，是当时世界上的工程总量之最，包括莫角山堆土方约228万立方米，城墙堆土方约110万立方米、石方约10万立方米，城内高地堆土方约281万立方米，外郭城堆土方约88万立方米，水利系统堆土方约288万立方米。这样浩大的工程不可能一蹴而就，在大约1000年的时间里，古城的结构和布局一直在发生着或多或少的变化。通过勘探、发掘与研究，基本明确了古城核心区城墙、城门、台地、河道的边界和演变过程。良渚早期台地多分布于核心区以内的河道两侧，随着人口逐渐增多，对居住用地提出了更高的要求。人们在河道上堆筑黄土，以形成新的生活区。到了良渚晚期，城内人口数量达到顶峰，居住区不断向城外扩张，外郭城的规模逐渐扩大。城外堆筑起成片的黄土台地，城墙的功能也慢慢丧失，一些房屋甚至直接被建造在城墙之上。

二、郊区祭坛与墓地

良渚先民是世界上较早掌握历法的一群人，通过长期观察太阳的方位和日影的变化，渐渐形成了一定的科学认识。在选定理想王城的位置后，他们并没有急于建城，而是遵循精神信仰首先建造了一系列的祭坛。位于古城东北面和西面自然山丘上的瑶山和汇观山祭坛，最初是祭祀活动的场所，可以用于确定方位和观象测年，继而指导农业生产。当原有的宗教功能淡化之后，便成为高等级贵族们的专用墓地。这些埋葬于此的权贵，很有可能是早期良渚古城的规划者和营建者。瑶山祭坛位于瑶山的西北坡，是一处依托山体人工堆筑的长方形覆斗状土台，在堆筑过程中沿着山势使用了不同方向的护坡石坎。中心区域位于土台西侧中央，与最低处的高度差达到9米。中心区域呈现出三重土色，中间的红色土台大致呈方形，周围的灰色土框平面呈"回"字形，最外围的是黄土铺垫的平整台面，并用砾石铺面。这三重结构边壁整齐、转角方正。在遗址中共发现了13座位于祭坛西南侧的大墓，分成东西向的南、北两列整齐排列。从层位关系来看，墓葬明显地破坏了祭坛原有的建筑设计。根据对随葬陶器组合和玉器形态特征的研究，确认这些墓葬的年代都属于良渚文化早期。汇观山祭坛与瑶山祭坛的形制十分相似，两者仅相距7千米，主体为阶梯状三层结构，同样修筑于自然山体之上，在祭坛的西南部发现了4座大墓。

三、外围大型水利系统

为了抵御暴雨和山洪的侵袭，良渚先民在城外西部和北部建设了庞大的水利系统。水利系统由11条水坝组成，依据不同的形态和位置，可以分为山前长堤（塘山）、谷口高坝（岗公岭、老虎岭、周家畈、秋坞、石坞、蜜蜂弄）及平原低坝（梧桐弄、官山、鲤鱼山、狮子山）3类。它是中国最早的经科学规划的水资源管理系统，也是我国乃至世界城市建设史和规划史上的杰作。考古发掘研究表明，大部分高坝和低坝坝体的底部采用青淤泥堆筑，外部包裹黄土，与良渚古城莫角山宫殿区的堆筑方式完全相同。另外，在一些关键位置多以草裹泥堆垒加固，即利用芦荻和茅草捆裹泥土制成长条形的泥包，再将之横竖堆砌形成。这是良渚时期建筑土台、河堤等普遍使用的工艺，其作用与现代营建堤坝使用沙袋类似，可使坝体增加抗拉强度，不易崩塌。在地基的处理上，各坝不尽相同。蜜蜂弄和鲤鱼山等部分坝体采取挖槽填入淤泥的工艺，可能是为了增加抗渗性。

整个水利系统可能兼具防洪、运输、灌溉、日常用水等诸多功能。天目山系是浙江省的暴雨中心之一，雨水充沛，夏季极易形成山洪，对地处下游平原的良渚遗址群形成直接威胁。通过水利系统的高、低两级水坝，可将大量的来水蓄留在山谷和低地内，以解除洪水威胁。另外，通过筑坝蓄水形成的水库，可以沟通多个山谷的水运交通，随时为遗址群提供丰富的自然资源，通航不必受到丰水期或者枯水期的局限。在兴建外围水利设施的同时，古城内外挖掘了大量的人工河道，以连接平原区的自然水域，从而形成复杂而完善的水上交通网。良渚人在流域的上游、中下游兴建不同类型的水利设施，表明他们已经具备全流域的水环境规划和改造能力。大规模的水利系统建设，涉及复杂的组织机构、人员管理和社会动员能力，也为认识良渚古国的管理机构和社会复杂化程度新辟了重要的观察视角。

本章小结

良渚古城遗址意义重大，作为良渚文化的权力与信仰中心，完整呈现了中国5000多年前早期国家的社会形态。高大的宫殿台基、雄伟的城墙、古老而庞大的水利工程，以及数以千计象征权力与信仰的精美玉器，无不佐证了良渚文明是中华大地上迄今所知第一个能够被确证为国家的文明。良渚王国城址的布局与功能性分区、人工台地上遗址的分布特征等情况，高度体现了其作为世界文化遗产的重要价值，为中华文明的发展提供了独特的见证。

参考文献

姜军.良渚文化[M].杭州：西泠印社出版社，2010.

王宁远，董传万，许红根.良渚古城城墙铺垫石研究报告[M].杭州：浙江古籍出版社，2017.

赵晔.良渚文明的圣地[M].杭州：杭州出版社，2013.

周膺.良渚文化与中国文明的起源[M].杭州：浙江大学出版社，2010.

朱雪菲.神王之国：良渚古城遗址[M].杭州：浙江大学出版社，2019.

思考与练习

一、判断题（正确打"√"，不正确的打"×"）

1.良渚古城遗址是整个良渚文化的核心，是良渚文明的都城，它与良渚玉器等一同构成良渚文明最具代表性的物质遗存。 （　　）

2.良渚古城遗址位于浙江杭州余杭地区，处于一处面积达 1000 平方千米的C形盆地北部。

（　　）

3.良渚古城的核心区可分二重。 （　　）

4.为了抵御暴雨和山洪的侵袭，良渚先民在城外西部和北部建设了庞大的祭祀系统。 （　　）

5.良渚古城墙及莫角山宫殿的始建年代应与反山、瑶山墓地及城外水利系统的年代相一致，即距今 5000 年左右。 （　　）

二、填空题

1.良渚古城南北分别峙立着_____和_____两座天目山余脉，西部散布着一系列低矮山丘。

2.良渚古城核心区的最中心为面积约 30 万平方米的_____。

3.良渚古城遗址位于今浙江省_____，是良渚文明权力与信仰的中心。

4._____和_____祭坛位于良渚古城东北面和西面自然山丘上，最初是祭祀活动的场所。

5.良渚古城外还有郊区的_____和多条水坝构成的_____。

三、名词解释

1.良渚古城

2.良渚文化水利系统

四、论述题

1.请简要概述良渚古城的选址特征。

2.良渚古城的核心区有几重？分别是哪些区块？

3.请简要介绍良渚古城外围大型水利系统的特点。

第九章思考与练习答案

第十章　良渚古城功能区块

课前导引

◐ **学习目标**

（1）掌握良渚古城各个功能区块的基本功能。

（2）了解良渚古城主要功能区块遗址的分布。

（3）理解良渚古城功能区块的布局特点。

◐ **关键词语**

√功能区块　　　　√宫殿区　　　　√墓葬区

√仓储区　　　　　√作坊区

◐ **学习导图**

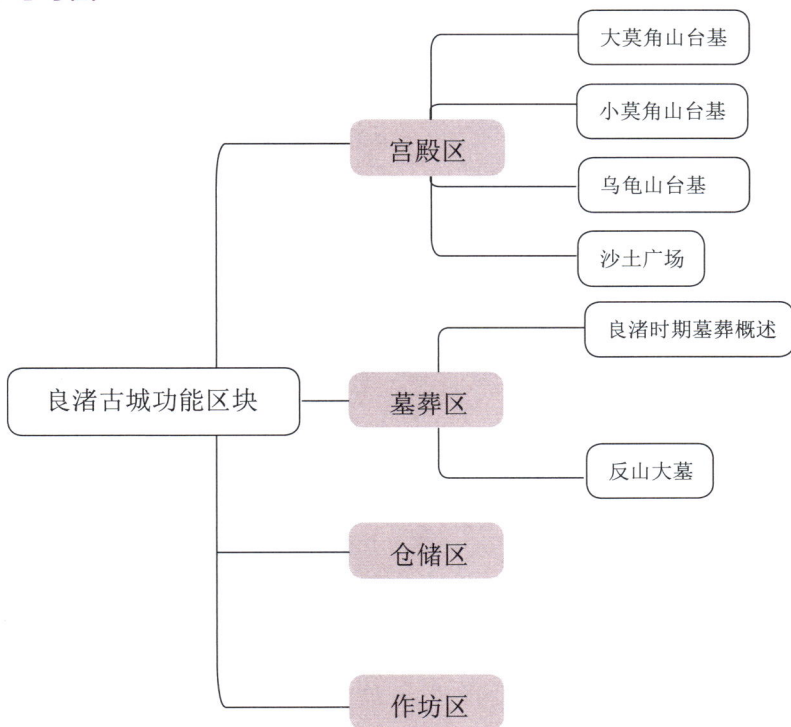

良渚古城功能区块

为了更加清楚地认识良渚古城的详细情况，本章我们着重介绍良渚古城核心区的四大功能区——宫殿区、墓葬区、仓储区、作坊区的基本功能、遗址分布和布局特征，让我们更加深入全面地了解良渚先民的"王城"。

在良渚古城的内城，中央区域有一个明显凸起的高台，当地俗称莫角山。正因为它类似于后世的皇家宫殿，因此，考古学家称之为莫角山宫殿区。良渚古城内与宫殿区一水之隔的反山遗址是高等级贵族墓地的典型代表，也是良渚时期所有墓地中等级最高的。在莫角山以南的池中寺遗址中，发现了超过 19.5 万千克的炭化稻米，它无疑是城内最大、最核心的稻米仓储区。钟家港古河道位于宫殿区以东，大致呈西北—东南走向，长约 1.2 千米，贯通古城南北，当时古河道两岸分布着各种门类的手工业作坊。匠人们在城内作坊区中制作各类产品，以满足贵族的日常生活所需。

良渚古城是我国最早经过系统规划建设的城市，是我国城市建设史上具有重要研究价值的实例，在探究我国城市起源、传统规划理念形成、城市营建和人居环境演变的关系等方面具有重要的研究价值和意义。

城外祭坛墓地的建设结束之后，迎来了古城营建的高峰期，核心区的内部结构被确定下来，每个区域都具备独立的功能。良渚古城是世界上同时期规模最大的城市系统之一。当时的城乡分野状况十分明显，良渚古城俨然是一个拥有强大军事、宗教及政治权力、先进技术、惊人社会财富的政教中心。政权管辖所及的范围除了以太湖流域为中心的长江下游外，更是远达今天江苏北部、钱塘江以南的地区。

第一节　宫殿区

在良渚古城的内城中央区域有一个明显凸起的高台，当地俗称"莫角山"。它名为山，实则是一个人工堆筑的巨型土台，其形状十分规整，主体呈长方形覆斗状，东西长约 670 米，南北宽约 450 米，台面高度约海拔 13 米，总面积约 30 万平方米，占良渚内城总面积的 1/10，接近北京故宫 1/2 的大小。

整个良渚古城遗址众多，但没有任何一处的重要程度可以跟莫角山相提并论，这不仅仅是因为它位于城内的正中心，使其"以中为尊"，而且土台基址上的数排大型柱坑清晰表明，这里曾经矗立过极其重要的建筑。最为合理的解释是，它曾是良渚时期权贵之人的居住地和活动场所。正因为它类似于后世的皇家宫殿，为此，考古学家称之为"莫角山宫殿区"。

要知道，莫角山宫殿区，这座被考古界认为是目前发现的中国最早的宫城，也是史前时期规模最大的人工土台，之所以能被完好无损地保存下来，要归功于它以前曾是大观山的果园，果园中曾栽种桃、梨和葡萄等果树。因为这里曾一度是国有农场，所以非常幸运地避开了被开垦为农田或被取土烧砖的命运；否则的话，5000 多年前良渚先民在一片沼泽地上营建的国家宫殿，真的会从人们的视野中永远消失，并被永久淹没在历史的长河之中。

说到古尚顶高台，它是良渚古城的中心和最高处。这个高台的底部地势西高东低。西部的自然山体是堆筑台地的依托，为此良渚人充分利用了这一部分的自然高地。不过，东半部台地则是直接堆筑在沼泽地的软地基上。在最初堆筑台基的地基时，附近沼泽地内的清淤泥就成了堆筑建材的首选，不过有些局部还使用了"草裹泥"的堆筑工艺，而这种利用草裹泥堆筑出来的建筑形式，是良渚先民高超的筑城技术的体现。再者，沼泽经取土之后，局部变成了人工水面，可与河流连通。

不仅如此，良渚先民还在高 10 余米的高台之上，又堆积了 3 个更高的小土丘，呈三足鼎立之势，它们分别被叫作大莫角山、小莫角山和乌龟山；而宫殿区的其他台面被称为"古尚顶高台"。钻探显示，3个土墩下淤泥面相应较高，这一点充分表明了从基础开始堆筑时，大、小莫角山和乌龟山的位置就已规划好，并有意将淤泥面堆高。所以说，整个莫角山的堆筑应该是一次性完成的。考古学者通过多年挖掘，除了未能在乌龟山顶部发现建筑遗迹以外，分别在大莫角山和小莫角山顶部，以及古尚顶高台发现了房屋遗迹，其中大莫角山顶部7座、小莫角山顶部4座，古尚顶高台24座，共计发现房屋台基35座。不仅如此，考古人员还发现了面积较大的沙土广场1处。

一、大莫角山台基

大莫角山台基，又称大莫角山，位于古尚顶高台之上的东北部，是台上3座宫殿台基中面积最大的一个，也是城内最高的地点。具体而言，大莫角山台基为覆斗长方形，台底东西长约175米、南北宽约88米，土台总面积约15000平方米，包括围沟部分东西长约180米、南北宽约110米，面积约20000平方米，地表海拔最高处为18米，人工堆筑最厚处16米多，相对高度约6米。考古学者在大莫角山顶部发现了7座房址，面积为300～900平方米的房屋台基，呈南北两排分布。此外，整个台基周围的一圈围沟，在良渚文化晚期被废弃填平，随后又修建了石头墙基，防护设施相当完备，彰显着这个台基在整个宫殿区中至高无上的地位。站在大莫角山台基上，放眼望去，视野十分广阔，城内外以至大遮山与大雄山之间的广阔土地都会尽收眼底。据考古专家推测，这里就是良渚国王的居所。早在5000多年前，良渚最高统治者就是在此俯瞰自己的领土和臣民并发号施令，可谓"一览众山小"。

二、小莫角山台基

小莫角山台基，又称小莫角山，位于莫角山高台的西北部，以及大莫角山的西面，是3个台地中最小的宫殿台基，平面呈不规则的椭圆形，台基东西长约90米、南北宽约40米，面积约3500平方米，良渚文化层表面海拔最高处17米，相对高约5米，人工堆筑厚度约6米。通过发掘确认，小莫角山的山顶存在4个分属于两个不同阶段的良渚文化房屋台基。早期阶段房基一处，也是面积最大的，东西长约25米，南北宽约15米，总面积约380平方米，部分柱坑直径达1米多。晚期房基3处，东西成排分布，面积较小。可以说，小莫角山房基的发现，丰富了考古学者对宫殿区内房址的形态及宫殿区内聚落布局的认识。

三、乌龟山台基

乌龟山台基，亦称乌龟山，位于莫角山高台的西南部，小莫角山的南部，在3座宫殿台基中的面积居中。由于乌龟山曾遭受过极其严重的破坏（包括台基边界和形态等），致使考古人员未能在此发现良渚文化的房基等建筑遗迹。尽管如此，通过发掘，还是明确了乌龟山的边界，它的台基底部东西长约130米，南北宽约67米，面积约8700平方米。台基顶部最高处海拔约16米，相对高度约4米，现存人工堆筑厚度约7米。

四、沙土广场

在莫角山平台上，有一处大型沙土广场，它分布于大莫角山南部、小莫角山和乌龟山3座宫殿台基之间，也就是宫殿区的中部。广场大致呈曲尺形，分布在东西长约460多米、南北宽约300多米的范围内，占地面积达70000平方米。沙土夯筑遗址主体由两部分组成，上部分为黄褐色或暗褐色的沙质夯土，土质致密；下部分夯土由沙层和泥层间隔筑成。换句话讲，沙土广场是由良渚先民一层沙、一层泥交错夯筑而成。沙土广场夯层多的达15层，各夯层一般厚为5～25厘米，夯筑总厚度为30～60厘米，而大莫角山南部最厚处可达130厘米。沙土部分主要是河沙、掺杂泥土和石头颗粒，泥土主要取自附近山上的黄色黏土，质地坚硬，制作考究，是良渚古城内外唯一明确的夯筑遗存。考古专家研究，沙土广场应是举办重要仪式或各种大型活动的场所。

第二节 ｜ 墓葬区

一、良渚时期墓葬概述

在良渚古城内外发现过不少良渚时期的墓葬，根据墓葬的规格和随葬品的情况进行划分，至少可粗分为国王、贵族及平民3个等级。目前通过发掘所获的良渚文化墓葬材料表明，良渚社会存在着明显的等级分化和职业差别。这些差异并不是个别现象，而是在不同群体和地域中体现。在良渚社会中，玉器与权贵阶级息息相关，高等级贵族墓葬中随葬的玉器正是其"视死如生"观念的最好体现，同时开创了"藏礼于器"的文化传统。墓葬中出土的琮、璧、钺、璜、冠状器、三叉形器、锥形器等玉器最具特色，这些随葬品对于探索墓主人的身份、职业、性别，以及当时社会的复杂化程度有着非常重要的意义。玉料作为稀缺资源，被统治阶级紧紧地掌控着。此时，玉器不仅仅被赋予了带有明确宗教内涵的神权色彩，也成为中国早期文明社会政治领域中权力、财富与身份最主要的物质表现形式。权贵通过神权来实现统治，继而获得王权和军权，随后产生了社会分化的情况。正是由于玉礼器在中国文明时代产生阶段的特殊地位，一些学者提出中国在新石器时代和青铜时代之间，应该存在玉器时代。

二、反山大墓

良渚古城内与宫殿区一水之隔的反山遗址是高等级贵族墓地的典型代表，也是良渚时期所有墓地中等级最高的。反山遗址南侧还分布着姜家山贵族墓地，说明在古城核心区的功能布局中，宫殿区西侧区域自北向南被规划为王陵和贵族墓地。在20世纪70年代调查时发现，反山遗址是一处人工堆筑的长方形土台。苏秉琦先生曾经在"太湖流域古动物、古人类、古文化学术座谈会"上将这种人工营建、用于埋葬良渚显贵的土台称为"中国的土建金字塔"，高度概括了良渚高等级贵族墓葬的一般营建模式。

良渚内城的大墓：反山墓地

1986年，浙江省文物考古研究所对反山遗址进行了第一期考古发掘。土台高出地表约6米，面积近10000平方米，上面有序地排列着11座高等级墓葬，大致按照南北两排分布，共出土了陶、石、玉、象牙、涂朱嵌玉漆器等1226件（组）随葬品。成组的锥形器、三叉形器、带钩、鸟、龟、鱼都是首次出现的器类。反山墓地出土的大量玉器，不仅丰富了良渚文化的研究内容，而且成为在更深层次上探索良渚文化的突破口，并将良渚文化的研究工作推进到一个崭新的阶段。通过此次发掘，明确了玉器的原有位置和组合关系，为研究玉器的名称、用途、制作工艺，玉器所指示的社会发展阶段，玉器纹饰内涵等问题的探讨提供了翔实的资料，掀起了良渚玉器研究的高潮。

在反山王陵中，12号墓规格最高，出土了600余件（组）玉器，包括体量最大的"玉琮王"和"玉钺王"，标志着墓主人很有可能是一位同时掌握着神权、军权和王权的国王。

玉器是最能体现良渚社会等级差异的器物，是一种社会化、礼仪化和宗教化的产品。从以往的发掘情况来看，王族随葬用玉可达到数百件，做工精美、种类繁多。

（1）玉制头饰除了能代表所有者的身份、职位之外，还具有祭祀功能。主要包括三叉形器、成组锥形器、成组半圆形饰、冠状器等。三叉形器多出土于墓主人头部上方的位置，外缘轮廓一般为圆弧形，上面有 3 个分叉，中间的分叉略短，有上下贯通的竖孔，出土时往往与玉管相接。圆弧底端的卯孔与簪体套接，插于发上。锥形器一般成组出现，横截面多为圆形或者方形。上端制作成尖状，下端为短榫状，有横向的小孔。成组的锥形器被固定在有机质载体上，作为头饰。半圆形饰整体为较薄的半圆形玉片，正面微弧凸，背面内弧凹，有多对隧孔，以便穿缀，4 件成组。冠状器的外形类似于神人兽面纹的大帽冠，形状为倒梯形，顶端中部突出，底部制作成榫卯结构，钻孔处与象牙质或者木制梳齿相连，被插于发髻上。

（2）玉项饰主要包括管珠串、璜和璜管串、成组圆牌等。马家浜、崧泽文化时期已经产生了玉璜，良渚文化继承了先前的传统，可能是贵族女性的身份象征。玉璜多整体呈半璧形，两侧各有一小孔可以穿系，正面一般为弧凹面，背面平，有素面和施纹装饰两种形式。部分玉璜上雕有神人兽面纹或其变体图案，偶见在边缘轮面上施以龙首形纹样。玉璜与成组的圆牌组合使用，是佩玉形态的重要突破。

（3）穿缀饰指一些可以佩带或者缝缀在衣物上的各类玉饰，主要包括玉镯、管珠串、带钩，以及缝缀在衣物上的牌饰、玉鸟等。

（4）体量较大的琮、钺、璧等玉礼器与前几者相比，则更让人不觉生出一种庄严肃穆之感。内圆外方的玉琮无疑是最具代表性、辐射面最宽、影响力最强的玉器，蕴含着"天圆地方"的原始宇宙观，是对"神人兽面纹"所蕴含的神灵崇拜的重要载体。作为祖先神与自然神的综合体，这种神徽图案存在于良渚文化发展的全过程，遍布于长江下游环太湖地区的所有良渚文化遗址中，辐射范围达数百万平方千米。它的形态固定，在玉器上位于核心位置，也是象牙器、嵌玉漆器等其他良渚文化高端礼器上的主要图案。在世界上许多早期文明的宗教中，古人往往相信自然界中存在着许多神，众神各自掌管着不同的事务。早期人类的生存异常艰难，希望通过崇拜各种神灵来实现愿望，似有一种万物皆可"神化"的现象。原始宗教的主要目的是通过崇拜神并向他们进献贡品和牲畜来取悦各类神灵。对比古埃及、苏美尔等早期文明的"多神"宗教系统，良渚人所信奉的宗教似乎有着很大不同——人们存在着相同的信仰。神徽是良渚国王和民众共同崇拜、尊敬的最高乃至唯一的神，反映了长江下游环太湖区域性国家存在着高度一致的统一信仰。

鸟纹也是玉礼器上常见的刻画图案，形式多样，风格各异。与神人兽面纹配合施刻的变体鸟纹是重要的表现形式之一，作为主题纹样的组成部分，被用来代替神徽中兽面的眼睛；或与神徽组合出现，常位于其左右两侧，一个神徽与两个鸟纹相呼应。

这种以鸟身来体现眼睛的现象，也许与当时的造神观念相契合。在神徽形象逐渐走向衰落的时候，良渚文化晚期的玉礼器上出现了一种"立鸟"图案。刻画这种鸟纹的线条相对简单，但是其形象却极为传神。立于高台或杆上的鸟通常短喙、长尾，类似于鹊、鸽等鸟类的侧影。另外，还有反山遗址和瑶山遗址出土的圆雕玉鸟。玉鸟短喙、圆首，展开双翼，腹部有牛鼻状隧孔，可以穿缀。这些与鸟有关的纹饰或者圆雕，体现出它们既是神的载体，又是神的使者，可以洞察一切，又可以传达神谕。

第三节 | 仓储区

环太湖地区气候暖湿，降雨充沛，湖塘、沼泽、河流密布，十分适合野生稻的生长和水稻的种植。从已有的考古发现来看，在新石器时代稻作农业贯穿该地区农业模式的始终，在浙江浦江上山遗址就已经发现了 10000 年前的驯化水稻遗存。不过在驯化初期，囿于种植水平低、稻田面积小、单位面积产量低、劳动力投入有限等因素，渔猎采集方式仍然占据主导地位。随着稻作水平的不断提高，到了崧泽文化晚期，水稻已成为人们的主食。进入良渚文化时期，以火耕水耨技术为代表的原始稻作农业已经相当成熟。此时，水稻的驯化历程基本完成，出现了大量与之相关的农业工具，水稻产量也大大增加。水稻种植技术的进步使更多人从农业劳动中解放出来，转而从事其他行业，促进了社会分工和分工的复杂化，为进入文明社会奠定了坚实的物质基础。

稻作农业的水平与生产工具密切相关，在良渚文化时期出现了大量功能迥异的各类农具。石锛是最常见的砍伐工具，从马家浜时期就已出现，良渚时期进行了改进。为了将其牢固捆扎于木柄上，良渚先民在末端打磨分段，形成独具特色的有段石锛。崧泽文化晚期，开始出现少量的石镰和石犁。到了良渚文化时期，造型规整、制作精良的石镰和石锛大量出现。

良渚时期最具代表性的古水田遗址是浙江临平遗址群中的茅山遗址。在遗址中，以田垄和水渠隔成田块的连片大面积水田，是长江下游地区史前稻作农业资料中首次发现的新类型，极大地推动了对良渚文化稻作农业的认识。良渚文化晚期水稻田的范围呈东西狭长的条状，面积约 5.5 公顷（55000 平方米）。据初步估算，当时稻田的亩产在 150 千克左右。这处迄今为止发现的良渚时期最大的水稻田，极有可能是当时城外的"国营农场"。虽然目前尚未在良渚古城内发现水稻田的迹象，却找到了几处与水稻遗存相关的重要仓储性遗址。在莫角山西坡的一个大型灰坑遗迹（H11）中，曾出土过约 1.3 万千克的炭化稻米。莫角山以南的池中寺遗址中，发现了超过 19.5 万千克的炭化稻米，它无疑是城内最大、最核心的稻米仓储区。池中寺的选址经过精心规划，其东西两侧皆为水域。经勘探，紧邻遗址东侧，在皇坟山与毛坞垄、莫角山台地之间存在一条人工营造的堤道。堤道长 220 米，宽 20 米，基本呈南北走向。该堤道既是沟通皇坟山、池中寺、毛坞垄和莫角山之间的通道，又起到了堰坝的拦蓄作用，使东侧面积约 3.4 万平方米的大型蓄水池为宫殿区提供了水源。上述发现传达了一个重要的信息，即"城里人"极有可能并不从事基本的农业生产，口粮完全依靠城外供应。可见，城内具有丰富的稻米储备，是良渚权贵阶级占有巨大社会财富的表现形式之一，也反映出良渚统治核心区对周边地区的统摄力。

第四节 │ 作坊区

钟家港古河道位于宫殿区以东，大致呈西北—东南走向，长约 1.2 千米，贯通古城南北。作为重要的内城河，它曾经承担着航运，提供生活、生产用水的功能。从遗址中发掘出土的大量玉器、石器、骨器、漆木器的原料、半成品、少量成品和工具来推测，当时古河道两岸分布着各种门类的手工业作坊。鼎盛时期，古城内约生活着 2 万人，绝大部分为贵族和手工业匠人。匠人们在城内作坊区中制作各类产品，以满足贵族的日常生活所需。

此外，遗址内还出土了大量的陶器碎片和动植物遗存，它们于良渚时期被废弃在河道当中，主要来源于城内居民日常消费所产生的生活垃圾。纵观浙江地区多处良渚文化遗址，由于土壤偏酸性，遗存（尤其是有机质遗存）的保存情况通常较差，很多墓葬内的骨骼仅存骨渣。而古河道则为各类遗存提供了一个饱水缺氧的特殊埋藏环境，从而使很多易腐的有机质遗存得以保存。在发掘过程中，为了尽可能全面地提取信息，还使用了淘洗法，收集到很多混在淤泥中、不易被肉眼识别的细小遗存。通过对各类遗存的研究，可以复原出当时古城内良渚人的一部分生活情况和农业模式。

陶器往往是史前遗址中最大宗的出土物，在地层、生活类遗迹、墓葬中都有发现。虽然目前尚未明确发现过良渚时期烧制陶器的陶窑，但是古河道内出土的大量生活使用类陶器，直接反映了史前制陶水准和用陶情况。当时轮制技术被普遍应用，器物造型规整对称，以磨光黑皮陶和夹砂红陶为主体，制陶业已达到一定规模。埋藏于饱水环境中的陶片，保存情况很好，胎体坚硬，黑皮陶的磨光表皮仍然保留有较好的光泽度。除了少数陶塑、支脚、网坠、纺轮等陶制品外，绝大多数陶器都属于容器的范畴。

古河道出土的陶片包括鼎、豆、圈足罐、双鼻壶、圈足盘、盆、钵、宽把杯、三足、袋足等器类，可大体划分为炊煮器、盛食器、水酒器、存储器4种，功能不同的陶器具有不同的造型和材质。例如，炊器中最具代表性的是各种类型的鼎，主要特征体现在不同的鼎足上，常见的有鱼鳍形足、T字足、圆锥足和侧扁足；材质一般是耐火性较好、质地疏松而多孔的夹砂陶，可以蒸煮稻米。因此，常常可以在一些陶鼎底部外壁和鼎足结合处观察到黑色的烟炱。一部分陶器表面带有弦纹、附加堆纹、戳印、镂孔、刻纹等装饰，除了美化器物，还增加了个体的差异性。供应给城内权贵阶级的陶器，无论是材质还是造型，都不失为良渚文化陶器中的精品。在具备实用功能的同时，美观程度甚至不亚于艺术品。

除了装饰性图案，良渚先民还在陶器上刻画了各式各样的符号，虽然现在还无法释读，但这些表意符号很有可能就是原始文字的雏形。目前，在良渚文化遗址中共发现了340余种、700多个刻符。符号有时单独出现，有时成组出现。刻画方式较为随意，绝大多数类似于幼儿的简笔画。

漆木器亦是河道中出土的极具特色的器物。原始髹漆工艺在长江下游地区萌芽，中国最早的木胎漆器发现于距今8000多年的跨湖桥文化遗址。在马家浜文化的圩墩遗址中，也曾发现过喇叭形的漆木器。到了良渚文化时期，漆器制作趋于成熟，制坯、器型、着色等方面极具规范性。使用红黑涂料构成的图案是良渚文化漆器主要的艺术表达方式，有一部分漆器已经出现多层涂漆的情况。漆的质感在精心雕琢的木胎上得到了充分的体现。着色手法基本可分为两种：一种是简单将胎体涂成红色；另一种是将红色作为底色，在上面用黑色绘制图案。还出现在图案中镶嵌玉片作为装饰的现象。在钟家港遗址中，发现了多件大致成型的木坯，有些坯料上还残留着石器工具劈凿修整的痕迹。漆觚是被发现数量最多的，其他器类包括盆、盘、筒形器、鸟首等，大多漆器出土时仅余残片。反山遗址则出土了嵌玉漆杯和嵌玉漆盘，是良渚文化中少见的精品。瑶山及浙江桐庐小青龙遗址的大墓中出土过高把漆杯。这些精美的漆器并不是能够轻易获得的日用器具，与玉器相同，都是十分珍贵的物品，主要被权贵阶级使用，象征着身份与权力。

本章小结

　　良渚古城是我国最早经过系统规划建设的城市，是我国城市建设史上具有重要研究价值的实例，在探究我国城市起源、传统规划理念形成、城市营建和人居环境演变的关系等方面具有重要的研究价值和意义。长期以来，我们一直将黄河流域的中原文明遗迹作为中华文明的代名词，认为北方中原地区麦作文化是华夏文明的主流。但是从已有的考古资料看，中华文明应该是多个区域文明同时产生发展、逐渐相互融合的产物。全国范围内已经发现的古城遗址，每一处都反映出所在区域的不同自然地理、文化特征。良渚古城揭示了一座 5000 年前的区域中心城市精心规划、逐步营建的历史进程，反映了江南水乡人与自然和谐共生的最本真的价值取向和互动关系，为我们探索中国城市多元起源发展、南方人居环境变迁提供了新的视野。

参考文献

　　方向明.土筑金字塔：良渚反山王陵[M].杭州：浙江大学出版社，2019.

　　浙江省文物考古研究所.良渚古城综合研究报告[M].北京：文物出版社，2019.

　　中国国家博物馆，浙江省文物局.文明的曙光：良渚文化文物精品集[M].北京：中国社会科学出版社，2005.

　　周膺.东方文明的曙光：良渚遗址与良渚文化[M].北京：五洲传播出版社，2007.

　　朱叶菲.良渚遗址考古八十年[M].杭州：浙江大学出版社，2019.

思考与练习

一、判断题（正确打"√"，不正确的打"×"）

1.莫角山是一座天然小山丘。　　　　　　　　　　　　　　　　　　　　　　（　　）

2.在反山王陵中，以 12 号墓规格最高，出土了 600 余件（组）玉器，包括体量最大的"玉琮王"和"玉钺王"。　　　　　　　　　　　　　　　　　　　　　　　　　　　　　　　（　　）

3.环太湖地区气候暖湿，降雨充沛，湖塘、沼泽、河流密布，十分适合野生稻的生长和水稻的种植。　　　　　　　　　　　　　　　　　　　　　　　　　　　　　　　　　　　（　　）

4.大莫角山台基，又称大莫角山，位于古尚顶高台之上的东北部，是台上 3 座宫殿台基中面积最小的一个，也是城内最高的地点。　　　　　　　　　　　　　　　　　　　　　　（　　）

5.钟家港古河道位于宫殿区以东，大致呈西北—东南走向，长约 1.2 千米，贯通古城南北。

　　　　　　　　　　　　　　　　　　　　　　　　　　　　　　　　　　　　（　　）

二、填空题

1.在良渚古城内外发现过不少良渚时期的墓葬，根据墓葬的规格和随葬品的情况进行划分，至少可粗分为_____、_____及_____3个等级。

2.良渚时期最具代表性的古水田遗址是临平遗址群中的_____。

3.良渚古城内与宫殿区一水之隔的_____是高等级贵族墓地的典型代表，也是良渚时期所有墓地中等级最高的。

4.良渚古城遗址内还出土了大量的陶器碎片和动植物遗存，它们于良渚时期被废弃在_____当中，主要来源于城内居民日常消费所产生的_____。

5._____指一些可以佩带或者缝缀在衣物上的各类玉饰，主要包括玉镯、管珠串、带钩，以及缝缀在衣物上的牌饰、玉鸟等。

三、名词解释

1.莫角山宫殿区

2.反山王陵

3.乌龟山台基

四、论述题

1.请简要介绍良渚古城内宫殿区的重要遗址。

2.请简要概述良渚古城遗址中墓葬区的主要遗址情况。

3.请分析良渚古城遗址中作坊区的主要特征。

第十章思考与练习答案

第十一章　良渚古城水利系统

课前导引

学习目标

（1）了解良渚古城外围水利系统的规模。

（2）熟悉良渚时期营建水利系统的技术。

（3）了解良渚古城外围水利系统的功能。

关键词语

√水利系统　　　√塘山　　　√高坝　　　√低坝

√草裹泥　　　√防洪　　　√水运

学习导图

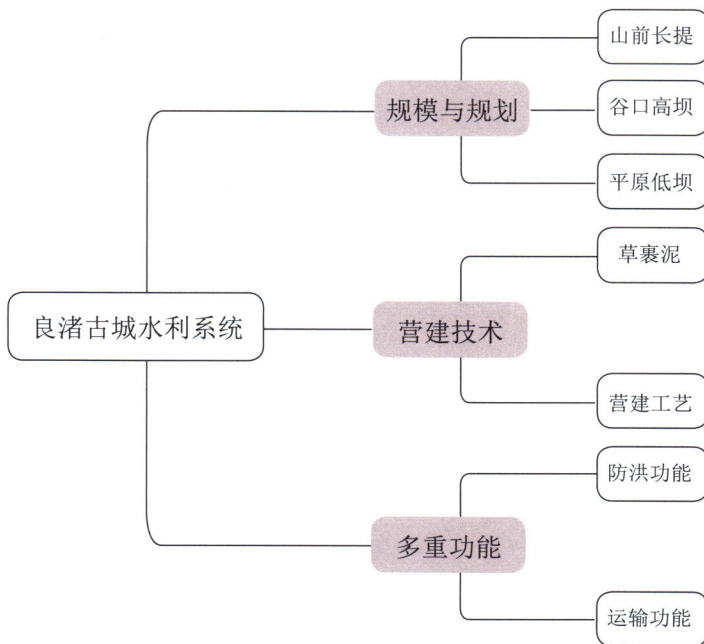

良渚古城水利系统

　　良渚古城位于北部大遮山和南部大雄山之间的谷地上，它是在一片浅水沼泽中拔地而起的。这个区域每年都会遭受季节性的洪水侵袭，如果听之任之的话，良渚古城难以存活。这可如何是好？

　　2014 年，考古工作者在良渚古城的外郭城之外，发现了由大量草裹泥修筑的 3 组大坝，根据水坝的位置和形态分为山前长堤、谷口高坝和平原低坝系统，从而形成了一个庞大的水利系统，控制范围多达 100 平方千米，是继 2007 年良渚古城发现之后，良渚考古的又一次重大发现。

　　那么，良渚先民为什么要修筑水坝？共计修筑了多少条水坝坝体？良渚先民用了什么技术营建如此大规模的水坝？这些水坝除了起到防洪作用之外，是否还有其他功能？这是进入本章学习之前，需要同学们认真考虑的几个问题。

　　为此，在这一章中，我们将按照水利系统规模与规划—营建技术—多重功能的顺序，讲述良渚古城水利系统的故事，包括 11 条水坝坝体、草裹泥、运输与防洪功能等，试图把良渚外围水利系统复活。

第一节 | 规模与规划

　　2007 年良渚古城发现后，浙江省文物考古研究所对良渚古城的整体结构进行了重点研究。2009 年以后，以岗公岭水坝的发现为契机，研究所采取多种手段对该区域进行长期调查，发现良渚古城外围存在着一个由 10 余条堤坝连接山体构成的庞大的水利系统。

　　水利系统位于杭州市余杭区瓶窑镇境内，在良渚古城的北面和西面，共由 11 条堤坝组成，是良渚古城建设之初，统一规划设计的城外有机组成部分。从古城北面的塘山长堤的东端到最西面的蜜蜂弄坝，距离为 11 千米；从最北端的石坞坝到最南端的梧桐弄坝，距离 5.5 千米。从良渚古城的中心到最远的蜜蜂弄坝体，直线距离约 10 千米。

　　这些堤坝根据形态和位置的不同，可分为沿山前分布的长堤和连接两山的短坝两类。其中，短坝又可分为建于山谷谷口的高坝和连接平原孤丘的低坝两种，如图 11-1 所示。

图 11-1　良渚古城城址区及外围水利系统

一、山前长堤

山前长堤原称塘山或土垣遗址，位于良渚古城北侧 2 千米，北靠天目山脉，距离山脚 100 ～ 200 米，全长约 5000 米，呈东北—西南走向，是水利系统中最大的单体。

从西到东可将其分成 3 段。西段为矩尺形单层坝结构，中段为南北双层坝体结构，北坝和南坝间距约 20 ～ 30 米，并保持同步转折，形成渠道结构。北坝坝顶高在海拔 15 ～ 20 米左右，南坝略低，坝顶高约 12 ～ 15 米。渠道底部海拔约 7 ～ 8 米。双坝的东端连接大遮山向南延伸的一条分水岭。分水岭以东为塘山东段，为单坝结构，基本呈直线状分布，连接到罗村、葛家村、姚家墩一组密集分布的土墩。

其实，早在 20 世纪 90 年代，考古人员就在良渚古城的西北面发现了塘山遗址——它有一条长 6000 米的水坝，能挡住古城北面从大遮山流下的山洪，将水引向西边，好让古城直接避开山洪。当时，就有学者认识到，它是良渚时期的水利设施，但都认为它是一个独立的水利遗迹，没想到，它仅仅是整个防洪水利系统中的一环。

所以，我们完全可以说，良渚古城外围水利系统的发现和研究工作是从塘山遗址开始的。1995 年，塘山罗村段修路时，在"土垣"断面上发现了良渚文化时期的陶片。随后，考古队对塘山遗址的金村和西中村猫儿弄两个地点进行了 3 次试掘，先发现了一处土垣是由人工逐层堆筑而成，并在另一处的土垣底部发现有块石铺底的现象。与此同时，1996 年底发生了一起盗掘事件，地点在塘山东部的卢村段，考古人员前去试掘，结果在此发现了良渚文化时期的玉器残件和石质加工工具。

到了 1997 年，考古队员对金村的探沟进行南北贯通的扩大发掘，发现了 2 座良渚文化墓葬，其中 1 座随葬钺、璧等玉器。此次试掘收获了与良渚文化玉器加工相关的重要线索。 2002 年，考古专家对金村段再度进行发掘，获得了 460 余件玉、石制品，并发现了与制玉有关的石砌遗迹 3 处。此次发掘令考古人员对塘山遗址的性质和功能有了比较明确的判断。

研究人员认为，塘山是一处良渚先民人工修筑的防洪堤，其上的制作作坊是将塘山地形较高、相对安全作为有利条件来选择的。

二、谷口高坝

谷口高坝，或称高坝系统，位于良渚古城西北侧山地的谷口位置。考古人员分别在 6 处遗址，即岗公岭、老虎岭、周家畈、秋坞、石坞和蜜蜂弄，发现了 6 条坝体。这些遗址分为东、西两组，各自封堵一个山谷，形成水库。高坝的坝体高度为

30～35 米，因为谷口一般较为狭窄，所以坝体长度在 50～200 米，坝体厚度约100 米。

2009 年 9 月，群众举报在良渚古城遗址群西北的岗公岭处有人盗墓，现场暴露了大量的青膏泥。浙江省文物考古研究所的考古人员接报迅速赶赴现场勘查，发现该地为一"小山"，"小山"东南有一断面，断面可见其地表覆盖一层 2～3 米厚的黄土外壳，内部全是青淤泥，结构类似豆沙包，可知"小山"是人工堆筑而成的。"小山"东西向残留长度约 90 米，南北宽约 80 米，体量巨大。从迹象判断，应不是墓葬，而更像是水坝。

考古人员随即对周边山谷进行调查勘探，又发现了老虎岭、周家畈、秋坞、石坞和蜜蜂弄 5 处类似的遗迹，这些遗迹皆位于两山之间的谷口位置。

2010 年 1 月，考古队再赴岗公岭复查，发现原来的断面因雨水冲刷暴露出大片保存完好的草茎，随即采样送至北京大学进行了碳–14 测年。同年 7 月，获得的测年数据显示，样本距今 4900 年左右，属于良渚文化早期。

通过进一步分析，考古学家发现，高坝系统的 6 条坝体可分为东西两组，其中岗公岭、老虎岭、周家畈构成东部一组，坝高约 30 米；秋坞、石坞和蜜蜂弄构成西部一组。

高坝发现后，考古学家对其性质和作用展开了多学科研究，认为坝体会在山谷间形成一个山塘水库，而不会分洪到北侧的德清地区。此外，还通过集水面和降雨量的分析，推测高坝可以抵挡 890 毫米的短期降水。

三、平原低坝

平原低坝，或称低坝系统，位于高坝系统南侧约 5500 米的平原内，由梧桐弄、官山、鲤鱼山、狮子山 4 条坝体将平原上的孤立小山连接而成，低坝的坝体高度约为10 米。坝体长度视小山的间距而定，通常在 35～360 米不等。高坝与低坝系统之间的库区略呈三角形，面积约 8.5 平方千米。由于库区地势很低，如今仍为当地的泄洪区。库区东端与塘山长堤相接，共同组成统一的水利系统。

值得一提的是，无论是塘山还是高坝系统，都是通过传统的考古调查勘探方法找到的，但低坝则不同，是考古学家运用遥感技术从卫星图片中找到的。2011 年初，美国加利福尼亚大学洛杉矶分校考古学副教授李旻提供了一份良渚地区的卫片，这份卫片是美国"科罗娜"侦察卫星于 20 世纪 60 年代拍摄的，通过卫片并结合实地调查勘探，考古学家发现了低坝系统。

据考古学家王宁远介绍，在一次查看卫片的过程中，观看焦点位置放得太靠下，忽然发现画面上两个近圆形的山体间，连着很长的一条垄，看形状很可能是人工堆筑的，通过栲栳山居然连上了毛元岭和塘山。这就意味着，如果这是良渚时期的坝，那它们和塘山就构成了一个整体。考古学家随即前往勘探，一天时间，就证实了那条长垄果然是人工堆筑的坝体。其东西两侧，还另有两条人工短坝。这3条坝体，后来被考古学家命名为狮子山坝、鲤鱼山坝和官山坝。至此，整个良渚古城外围水利系统的框架基本显现了出来。

2013年夏，考古学家将7个水坝共15个碳-14样品送到北京大学检测。其中11个样品得出检测结果，树轮校正后全部落在距今5000—4700年之间。为了验证的准确性，考古学家又将岗公岭的2个样本送到了日本年代学研究所测定，结果和北大的数据只差了13年，证实这些结论准确可信。

2017年7月，考古学家再次将所有坝体全部取样送北京大学检测，获得的14个年代数据全部落在距今5000—4900年间，具有高度的一致性。因此可以很有把握地说，良渚古城外围水利系统是距今5000年左右时，统一规划和建设的水利系统工程。

第二节 | 营建技术

一、草裹泥

所谓"草裹泥"，即用芦荻、茅草包裹淤泥，包成一块块的泥包。良渚人就是用它堆筑成水坝。这和现代人在抗洪时，用草包或者编织袋装土筑坝是同一种方法。良渚人的家就在沼泽地边，沼泽下面是淤泥，上面长草。良渚人把草下淤泥切割下来，裹在草上，再用芦苇绑扎成型。

淤泥质地软，可塑性好，与草茎贴合紧密，堆垒后完全不会漏水。更重要的是，经过勘查，考古人员发现，大坝上的草裹泥，全都放在接近迎水面的位置，也就是靠近洪水受力比较大的位置，抗洪的作用，一目了然。

为了复原草裹泥的制作工艺，考古人员进行了复原实验：首先，用镰刀割取茅草，然后取一把，把一端捆扎；其次，用木锸叉取一块淤泥，用一端捆扎的茅草包裹住；接着，用竹篾将包裹淤泥的茅草缠绕、捆扎；最后，将做好的草裹泥横竖堆放。

二、营建工艺

2009 年，对浙江杭州余杭彭公村地区的岗公岭挖山取土，其剖面显示出下部为青淤泥、上部为黄土的人工堆筑特质，这与良渚古城很多台地的堆筑方式一样。这也使得考古学家初步判断它应该是良渚文化时期人工堆筑而成的，可能有类似水坝的性质。

2015 年，考古学家分别对低坝的狮子山和鲤鱼山、高坝的老虎岭进行了小规模发掘，获得了对坝体营建方式的认识。如鲤鱼山的堆筑方式为：先在筑坝处地面下挖一个纵向凹槽，宽度 25 米，深度达 3 米。槽内堆填青淤泥和草裹淤泥作为基础，之上覆盖一层黄色散土。在北侧迎水面的位置，用草裹黄土和散黄土间杂堆筑形成斜坡，其后部则又用黄色散土覆盖坝体的表面。

根据老虎岭水坝剖面结构示意图可以发现，老虎岭水坝堆筑前，首先统一在谷底地面上铺垫青膏泥混杂着淤泥制作的草裹泥作基础，其上堆筑青粉土。然后在北侧迎水面附近堆筑黄土制作的草裹泥，内部间杂使用黄色散土，其上覆盖黄褐色散土为护坡，顶部覆盖褐色土。其建筑工艺与莫角山土台如出一辙，这也是判断其属于良渚古城组成部分的重要证据。

进一步发掘显示，大部分高坝和低坝坝体的结构均为：底部采用淤泥堆筑，部分松软地基处还采取挖槽填入淤泥的工艺，外部覆盖黄土，与良渚古城莫角山宫殿区的堆筑方式完全相同，部分关键位置还以草裹泥和黄土堆垒加固，这是良渚时期建筑土台、河堤等普遍使用的工艺，其作用与现代营建堤坝使用编织袋装土类似，可使坝体增加抗拉强度，不易崩塌。

塘山长堤则采用底部铺筑块石，其上堆筑黄土的形式，与良渚古城的城墙堆筑工艺类同，未见使用草裹泥的迹象。因为山前长堤与高、低水坝用途不同，所以其结构与营建工艺也有差别。

第三节 | 多重功能

一、防洪功能

整个水利系统可能兼有防洪、运输、用水、灌溉等诸多方面的功能。天目山系浙江省的暴雨中心之一，夏季极易出现山洪，对地处下游平原的良渚遗址群形成直接威胁。通过水利系统的高、低两级水坝，可将大量的来水蓄留在山谷和低地内，以解除洪水威胁。GIS（geographic information system，地理信息系统）分析显示，高坝大致可以阻挡短期内 870 毫米的连续降水，即可抵御本地区百年一遇的洪水。低坝之内是个倒三角形的低洼地，根据低坝现存的坝高——海拔 10 米推测，则可形成面积达 8.5 平方千米的蓄水库区。

二、运输功能

除了抗洪，良渚人筑坝还有一个重要作用——运输，即方便日常出行。良渚时期，像车子这种轮式的交通工具及配套的道路系统尚未形成，良渚人出门除了走路，就是划船走水路。天目山系资源丰富，为良渚遗址群提供了丰富的玉料、石料、木材、漆及其他动植物资源。高坝所在的山谷陡峻，降水季节性明显，夏季山洪暴发，冬季则可能断流，通常不具备行船条件。通过筑坝蓄水形成的库容，可以形成连接多个山谷的水上交通运输网。如高坝系统中的岗公岭、老虎岭和周家畈 3 坝，以现存坝顶高程中最低的海拔 25 米计，根据谷底高程推算，满水时可沿山谷上溯航行 1500 米左右。低坝系统中的鲤鱼山等 4 坝群海拔约 10 米，满水时可北溯 3700 米左右，直抵岗公岭坝下方，东北面可以与塘山长堤渠道贯通。良渚先民在外围兴建防洪水利设施的同时，在城内外挖掘大量的人工河道，连接平原区的自然水域，从而形成复杂而完善的水上交通网。

本章小结

良渚的水利系统是中国现存最早的大型水利工程。对距今 5000 年左右的良渚水利系统的确认是中国古代水利史研究的重大突破。它也是世界上最早的拦洪水坝系统，与埃及和两河流域早期文明以渠道、水窖等以引水为主要目的的水利系统形成鲜明的对照，体现了东西方稻作文明和麦作文明不同的特征。

水利系统的确认证实良渚古城具有完整的都城结构，由内而外依次为莫角山宫殿区、内城、外郭城和外围水利系统，成为中国后来都城结构的滥觞。整个都城系统历经 5000 多年尚能保存如此完整，世所罕见，也为中国城市史的研究提供了重要的资料。

良渚水利系统在中国和世界文明史研究中具有重要意义。世界各地早期文明的出现，都与治水活动密切相关。良渚古城是中国境内最早进入国家形态的地点，是中华5000年文明的实证。而良渚古城外围的水利系统和古城在空间和时间上具有不可分割的密切关系，对研究良渚古国的出现和发展乃至中华文明的起源都具有极其重要的意义，在世界文明史研究上亦占有重要一席。

参考文献

马黎.一小铲和五千年：考古记者眼中的良渚[M].杭州：浙江大学出版社，2019.

王宁远.5000年前的大型水利工程[N].中国文物报，2016-03-11(008).

王宁远.比三个西湖还大的史前巨作：良渚古城外围水利系统发现纪实[J].杭州(周刊)，2019(26)：26-31.

王宁远.从村居到王城[M].杭州：杭州出版社，2013.

王宁远.良渚古城及外围水利系统的遗址调查与发掘[J].遗产与保护研究，2016，1(5)：102-110.

赵晔.良渚文明的圣地[M].杭州：杭州出版社，2013.

朱雪菲.神王之国：良渚古城遗址[M].杭州：浙江大学出版社，2019.

朱叶菲.良渚遗址考古八十年[M].杭州：浙江大学出版社，2019.

思考与练习

一、判断题（正确打"√"，不正确的打"×"）

1.良渚古城水利系统根据水坝的位置和形态分为山前长堤、谷口高坝和平原低坝系统。（　　　）

2.堤坝根据形态和位置的不同，可分为沿山前分布的长堤和连接两山的短坝两类。（　　　）

3.山前长堤原称塘山或土垣遗址，是水利系统中最小的单体。（　　　）

4.塘山遗址是良渚古城水利系统的全部。（　　　）

5.谷口高坝，或称高坝系统，位于良渚古城西北侧山地的谷口位置。（　　　）

二、填空题

1.水利系统位于杭州市余杭区瓶窑镇境内，共由＿＿＿＿＿＿条堤坝组成。

2.良渚古城外围水利系统的发现和研究工作是从＿＿＿＿＿＿遗址开始的。

3.谷口高坝，或称高坝系统，考古人员分别在6处遗址，即＿＿＿＿＿＿、老虎岭、周家畈、秋坞、石坞和蜜蜂弄，发现了6条坝体。

4.平原低坝，或称低坝系统，由梧桐弄、官山、＿＿＿＿＿＿、狮子山4条坝体将平原上的孤立小山连接而成。

5.低坝系统，是考古学家运用＿＿＿＿＿＿技术从卫星图片中找到的。

三、名词解释

1. 山前长堤

2. 谷口高坝

3. 平原低坝

4. 草裹泥

5. GIS

四、论述题

1. 为何说良渚古城水利系统是继 2007 年良渚古城发现之后，良渚考古的又一次重大发现？

2. 良渚先民为什么要修筑水坝？有何意义？

3. 为什么说良渚古城水利系统有多重功能？

4. 为什么我们可以说，良渚古城外围水利系统的发现和研究工作是从塘山遗址开始的？

5. 考古学家如何证实良渚古城外围水利系统是距今 5000 年左右时，统一规划和建设的水利系统工程？

第十一章思考与练习答案

第十二章　良渚古城坛墓遗迹

课前导引

○ **学习目标**

（1）了解良渚古城的瑶山祭坛。

（2）了解良渚古城的汇观山祭坛。

（3）了解良渚古城祭坛墓地的功能。

○ **关键词语**

√瑶山　　　√汇观山　　　√祭坛　　　√墓葬　　　√观天象

○ **学习导图**

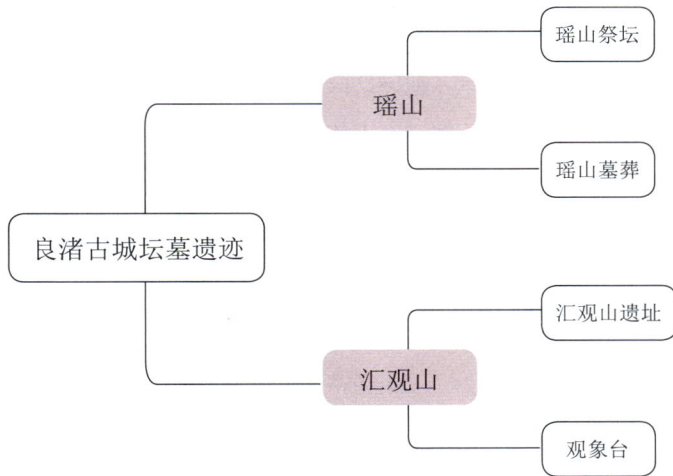

良渚古城坛墓遗迹

　　说起祭坛，很多人可能第一时间想到的就是北京的天坛、地坛，那是明清两代最高统治者祭祀天地神祇的场所。或者，也会想起一些传说故事、古老民俗里，神秘而血腥的祭祀仪式。祭祀活动在古人的思想观念里，长久以来都占据国家大事之首位。

　　良渚祭坛是良渚先民崇拜神灵的祭祀场所。良渚人对神灵的崇敬已清晰可见。祭坛层层吸附周边民众的宗教热情，借此构筑起良渚社会的信仰网络。良渚时期的祭坛祭祀功能淡化之后也经常作为埋葬重要人物的墓地，因此也被称为坛墓。它们通常会修建在外郭城之外的区域，距离古城的中心地段均有一定的距离。

　　良渚文化时期，在外郭城区域，有两座极其相似的方形坛墓，它们都建在小山丘上，并且前期都是祭坛，后期改成墓地，一座为瑶山坛墓，另一座是汇观山坛墓。5000 多年前，良渚最高等级的贵族生活在莫角山宫殿区，死后被埋在反山专用陵墓；而需要举行祭天观象仪式的时候，会去古城之外的瑶山或汇观山祭坛。

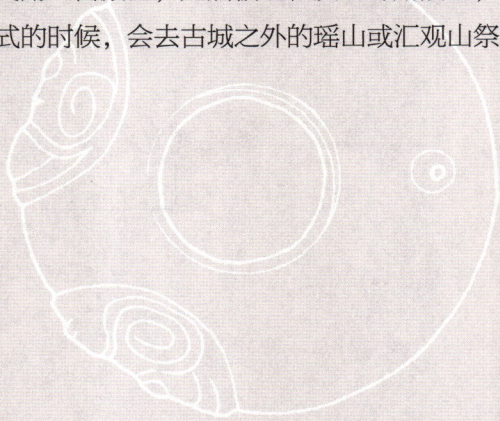

第一节 | 瑶山

瑶山是一座海拔约 35 米的自然山丘，位于良渚古城东北约 5000 米处，是天目山余脉凤凰山向东延伸的低矮山丘。南面是一座独立的山丘，被称为馒头山；东面的山丘已在开采石矿时被挖掉。馒头山以南即为平原。1987 年，也就是发掘反山大墓的第二年，考古学者发现一座隐藏在此地一片红土中的祭祀遗址，名为瑶山祭坛。

一、瑶山祭坛

瑶山发掘的重要收获是确定了此处为良渚文化时期的一处祭坛，面积约 5000 平方米，处于瑶山的西北坡。祭坛依山势而建，北、西、南三面从山脚起筑，从山顶到山脚都经过规划和修整，在山的北坡、西坡和南坡都发现了护坡挡土的石坎，东面与自然山体连接，最后在其顶部平整出面积约 400 平方米的祭坛。在中间偏东位置挖出东西宽约 6 米、南北长约 7.7 米的回字形沟槽，沟槽用纯净的灰色黏土填满，与山上原来的红黄色土壤形成了鲜明的对比，从而在平面上形成了内外不同的三重土色。

目前，就瑶山祭坛与墓葬的关系，考古界有两种推测，其一认为两者是复合的，即建立祭坛既是为了祭祀，也是为了埋葬重要人物，墓葬的主人就是被祭祀的对象；其二则推测祭坛原是专门的祭祀场所，但随着祭祀功能逐渐淡化，最后成为巫师和首领的墓地，且在作为墓地之前，应有一次覆土加高的过程。

二、瑶山墓地

1987 年，浙江省文化考古研究所进行了第一次瑶山墓葬发掘，共发掘出良渚文化大墓 11 座。墓葬分为东西向的南北两排：南排 6 座自西向东分别为 M3、M10、M9、M7、M2、M8，北排 5 座自西向东分别为 M1、M4、M5、M11、M6。在 M7 与 M2 之间原本还有一座墓，被盗坑破坏，为方便记录研究，编为 M12。1997 年发掘时，在 M5 与 M11 之间发现一座良渚文化墓葬，编为 M14。

墓葬出土随藏品共 754 件（组），仅以单件计算共有 2660 件，其中玉器有 678 件（组）；另有陶器、石器等。南北两排墓葬出土的陶器组合相同，为鼎、豆、圈足罐、缸，南排墓葬另出土玉冠状器、带盖柱形器、三叉形器、成组锥形器、钺、小琮及石钺，北排墓葬另出土玉璜、圆牌和纺轮，未出石器。从瑶山墓葬的随葬品来看，作为武器的钺仅在南排墓葬才有，而纺轮和织具等仅见于北排墓葬，因此推测南排的墓主人为男性，北排的墓主人为女性。

根据对墓葬随葬器物组合和玉器形态特征的分析判断，瑶山墓葬的年代应该为良渚文化中期偏早阶段，与反山遗址相仿。不过，瑶山墓地有一个令人费解的现象。通常，玉璧会被认为是财富的象征，但在瑶山却不见一块玉璧。这一谜底至今还尚未被揭开。

尽管如此，发现瑶山遗址的重要性毋庸置疑。特别是在 2017 年 3 月，良渚古城遗址申遗之时，其范围包括：良渚古城 + 瑶山遗址 +11 条水坝坝体。仅凭这一点，就足以证明"瑶山遗址"发现的重要性和实际价值。

第二节　汇观山

汇观山是浙江余杭瓶窑镇北部的一座小山，东距反山仅 2 千米，海拔 22 米，相对高度约 17 米。山的周围早已盖满了房子，东北角还有一个早年开采石矿留下的大坑。山顶是墓地，人迹罕至。1990 年春，当地某民工无意中发现了一些良渚玉器，在寻求验货并试图转卖时，引起了浙江省考古所和当地公安局的注意。汇观山这座名不见经传的小山就这样开始进入考古人员的视线。

一、汇观山遗址

汇观山遗址，由于跟瑶山遗址相同，具有祭坛和墓地的双重作用，因此也被称为汇观山坛墓。1991 年，也就是考古人在发掘瑶山遗址后的第四年，对汇观山遗址进行了发掘，发现了一座性质与瑶山遗址十分相似的祭坛，并清理出良渚文化大墓 4 座，出土随葬品 173 件（组），其中玉器 104 件（组）。4 座墓葬均分布在祭坛的西南部，从随葬品看，M1、M2 与反山、瑶山遗址墓葬年代相近，M3、M4 年代较晚。

发掘发现，它是利用自然山体修建而成的，主体为三层阶梯结构，正南北方向。最高处的长方形覆斗状台基为祭坛主体，形制与瑶山祭坛完全一样，东西长约 45 米，南北宽约 33 米，面积约 1500 平方米。在中部偏西的位置，为祭坛中心的灰色土框，是以挖沟填筑的方式，用山下纯净的灰色黏土填满，这与原来的红黄色土壤形成鲜明的对比，从而在平面上形成围沟内、围沟、围沟外三重土色。这一灰土框与瑶山祭坛的灰土框尺寸相近；而不同之处在于，汇观山出土了多件玉璧。

二、观象台

跟瑶山一样，汇观山高台顶部同样也有一个耐人寻味的回字形灰土方框，分别用于祭天、祭地，或者用来观察天象、测年及观测季节变化，被考古学者称为"中国的最早的一个观象台"。

浙江省文物考古研究所刘斌负责 1999—2000 年汇观山遗址的复原展示工作，在发掘和修复汇观山祭坛 1 年多的时间里，他对祭坛的功能有了新的理解，认为祭坛最初的功能应该是用来观测天象的。

冬至日，日出的方向正好与两座祭坛的东南角所指方向一致，约为北偏东 135 度，而日落方向正好与祭坛的西南角所指方向一致，约为北偏东 225 度。夏至日，日出的方向正好与两座祭坛的东北角所指方位一致，约为北偏东 45 度，而日落方向正好与祭坛西北角所指方向一致，约为北偏东 305 度。春分、秋分日的太阳则恰好从祭坛的正东方向升起，约为北偏东 90 度，从祭坛的正西方向落下，约为北偏东 270 度。我们今天仍然可以利用祭坛准确地观测确定一个回归年的周期，这毫无疑问地向我们证实了祭坛的实际功能。

本章小结

瑶山和汇观山相距 7000 米，均始建于良渚文化早期，修筑于自然山体之上。两处祭坛的形制十分相近，都为长方形覆斗状，祭坛顶部平面均呈回字形的三重土色。此外，两处遗址也发现了高等级墓葬，说明良渚文化祭坛与高等级墓葬之间有着密切的关系。

探究发掘良渚大墓的意义

祭坛的揭示是令人振奋的重大发现，良渚先民以玉制礼器为核心的礼制系统中又出现了祭天祭地的专用场所，它使得我们向了解良渚先民原始宗教及神巫的世界走近了一大步。

另外，对于祭坛功能的推测具有一定的合理性。良渚文明的农业成就，从古城内屯粮的情况可见一斑，如果没有完备的历法实践来指导农事活动是不可想象的。因此，从观象授时的角度来推测出瑶山、汇观山祭坛的作用有一定的合理性。

参考文献

马黎.一小铲和五千年：考古记者眼中的良渚[M].杭州：浙江大学出版社，2019.

赵晔.良渚文明的圣地[M].杭州：杭州出版社，2013.

朱雪菲.神王之国：良渚古城遗址[M].杭州：浙江大学出版社，2019.

朱叶菲.良渚遗址考古八十年[M].杭州：浙江大学出版社，2019.

思考与练习

一、判断题（正确打"√"，不正确的打"×"）

1. 良渚祭坛是良渚先民崇拜神灵的祭祀场所。 （   ）

2. 瑶山发掘的重要收获是确定了它为良渚文化时期的一处祭坛，面积约 5000 平方米，处于瑶山的西北坡。 （   ）

3. 瑶山发掘的另一重要收获是发现了良渚文化大墓 10 座。 （   ）

4. 从瑶山墓葬的随葬品来看，作为武器的钺仅在南排墓葬才有，因此推测南排的墓主人为女性。 （   ）

5. 汇观山遗址，具有祭坛和墓地的双重作用。 （   ）

二、填空题

1. 良渚文化时期，在外郭城区域，有两座极其相似的方形坛墓，一座为_____坛墓，另一座是汇观山坛墓。

2. 汇观山最高处的长方形_____状台基为祭坛主体，形制与瑶山祭坛完全一样。

3. 跟瑶山一样，汇观山高台顶部同样也有一个耐人寻味的_____字形灰土方框。

4. 瑶山、汇观山两处遗址除了发现了祭坛，也发现了高等级_____。

5. 瑶山墓葬出土随藏品共 754 件（组），仅以单件计算共有 2660 件，其中玉器有 678 件（组）；另有陶器、_____等。

三、名词解释

1. 良渚祭坛

2. 瑶山祭坛

3. 汇观山遗址

4. 观象台

5. 坛墓一体

四、论述题

1. 为何说良渚人对神灵的崇敬已清晰可见？

2. 为何瑶山遗址还可称为瑶山坛墓？

3. 瑶山遗址与汇观山遗址有哪些相似之处？

4. 如何通过瑶山墓葬的随葬品来推测墓主人的性别？

5. 为何汇观山被考古学者称为"中国的最早的一个观象台"？

第十二章思考与练习答案

第十三章　良渚古城城郊聚落

课前导引

学习目标

（1）了解良渚古城的近郊聚落。

（2）了解良渚古城的远郊聚落。

（3）了解良渚先民的日常生活。

关键词语

√外郭城　　　　√聚落　　　　√卞家山　　　　√庙前

√茅山　　　　√玉架山

学习导图

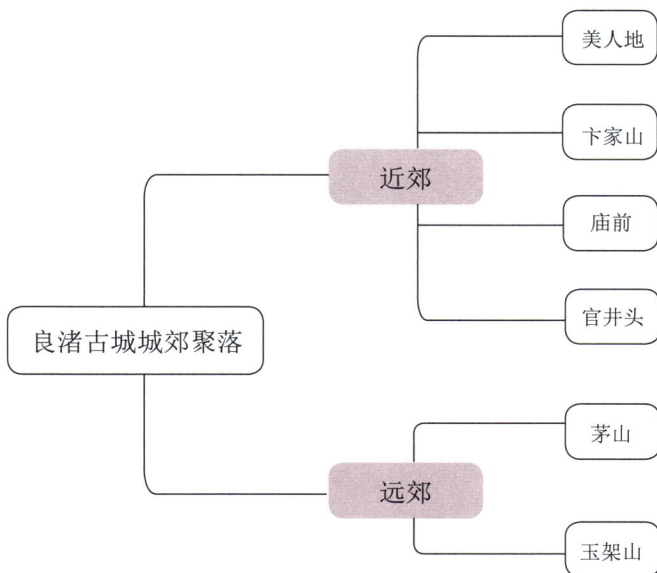

良渚古城城郊聚落

　　良渚先民首先营建了规模宏大的宫殿区，并为王族建造了多处高等级墓地，同时，还有专门生产大量高级玉器的手工业作坊区。然而，这还远远不是良渚古城遗址的全部。据推测，大约在宫殿区初建两百多年之后，围绕着莫角山宫殿区中心土台和内城反山及姜家山等不同等级墓地，一个更大规模的城池被规划建造了出来，它就是我们已知的外城，或被称为外郭城。

　　外郭城土台上居民的居住方式，跟内城大部分被垫高的块状居住区相比，还是有所不同的，它是一种堰居式的形态。也就是说，城内和城外分别形成了两种不同的聚落格局。换言之，城内作为统治精英的盘踞地，会有各种高端功能区的布设；而城外虽然也有普通显贵的足迹，但大多数遗址属于基层社会生态的聚落，反映了普通民众的生产和生活状况。

　　外郭城是由若干具有独立功能的区块所组成，分别构成北、东、南3个区块。第一区块为"城北部"：有扁担山、和尚地和姚家墩等；第二区块为"城东部"：有美人地、里山、前山和郑村；第三区块为"城南部"：有卞家山等。从整体上看，这些区块虽然都围护着内城，但彼此并不构成如内城的四面城墙所形成的完整的圈，而是强调各区块的独立性。

第一节 │ 近郊

　　良渚古城及其城郊聚落位于浙西山地丘陵和浙北杭嘉湖平原的接壤地带，其北、西、南三侧均是东天目山余脉的低丘。该区域俯视呈开口朝东的横向C形。区内地势低洼，海拔约 2 ～ 3 米，有零星突兀的低山散布其间，范围约 33.8 平方千米，包括瓶窑镇和良渚街道。区内发现各类良渚文化遗址点 135 处。其中有良渚古城，也有反山、瑶山、汇观山等显贵墓地，以及姚家墩、庙前、官井头等众多规模和级别不一的遗址点。

一、美人地

　　美人地位于良渚古城东城墙的东侧，处在地势低平的湿地，是一个呈东西向分布的长条形台地。通过发掘发现，美人地台地是良渚晚期长条状居址经多次扩建堆高而成的。先民在此堆筑高地，下层堆筑土采用青灰色淤泥，上铺质地细密的黄色土成为居住面，再在其上建造房屋，而被取土的平地则形成了人工河道。另外，为了防止松软的地基下陷，良渚先民会挖好沟，并在底部放置考究的枕木和垫木，再在垫木上竖立木板，作为建筑斜坡墙壁的承重设施。

　　如今，此地尚存有沟槽、柱洞等遗迹。不仅如此，在河道及北排土垄北侧的废弃堆积层中，出土了大量陶、木、石、玉器等生活遗物，其中有精美的刻纹黑皮陶、彩陶、漆器等。这些堆积和城墙两侧的堆积内容类似，应该属于一般生活废弃堆积。美人地遗址的发掘初步揭示出一幅良渚古城城外的整齐的水街景象。

二、卞家山

　　卞家山，又名卞家舍或卞家塘，位于良渚古城南城墙的南侧，为东西向长条形遗址，长约 1000 米、宽为 30 ～ 50 米，高出农田 1 ～ 2 米。遗址土台的北、西、南三面临水，呈现岛状，它是一个集墓地、居址、灰沟和码头等遗址于一体的水乡村寨。实际上，卞家山遗址最初为长条形村落，后来被纳入良渚古城外郭城的体系，成为其南墙的主体。考古人员 2002 年在此进行过试掘，2003—2005 年进行过 3 次正式发掘，最终探明北部为良渚文化中晚期墓地，南部为更晚的活动区及大型木构埠头遗存，总体堆积由北往南扩展，延续时间较长。

经过几年的努力，考古人员共计清理出良渚文化墓葬66座、房址1处、灰坑5个、灰沟3条，木构码头遗址1处，并出土陶器、石器、玉器、骨牙、漆木和竹编等各类文物1400多件。除此之外，还采集到了大量的猪、鹿、牛等动物骨骼，以及一些刻有精致的细刻纹和各类符号的黑皮陶器，制作精美的盘、瓢等漆器。木器的大量发现成了卞家山发掘的一大亮点。此前的良渚遗址中，还从未发现如此多的木器，如划船的木桨、锹土的木锸、敲打的木锤、盛物的木盘、穿行的木屐、娱乐的陀螺、盖房的建筑构件等，种类之多、保存之好为史前遗址所罕见。

值得一提的是，土台南侧濒水的木构遗址是发掘工作的重大收获之一。发掘区内共发现了木桩140余个，大致呈曲尺形分布。多数木桩东西向分布于岸边，大致呈3排，木桩尖部经过削劈，呈多菱锥形，加工痕迹明显。从废弃的木板、木桩、木枝条等残体来看，桩木遗存上应有横置的木板或木条以供通行。由于桩木遗存与北侧的活动区相邻并有地层对应关系，考古专家推测沿岸的木桩，可能为同时期水边埠头。这一切告诉我们，卞家山是良渚时期一个临水且有水运功能的重要遗址。

三、庙前

庙前遗址位于良渚古城西北荀山南侧，因荀山南麓一座老庙而得名，此庙原称荀庙或荀山庙。庙前遗址是良渚遗址群内迄今揭露面积最大的遗址，经过6次发掘，共计揭露面积约3400平方米，清理房屋遗迹4处、墓葬68座、灰坑19个、河沟4条、水井2座、木构窖藏1座、陶片面遗迹1处，基本揭示了良渚时期一个大型村落的总体面貌。

总体来看，庙前的主要生活区在中部和南部，内有河沟穿越，房屋挖坑立柱，有的柱下铺垫木板，有的以红烧土作为垫土；灰坑、水井或窖藏分布其间。成片的墓地则分布于西南部和东北部，个别墓葬还出现于房屋周围。大量遗物特征表明，庙前村落经历了由南往北游移的过程。

庙前挖坑立柱的房屋遗迹颇具有代表性，大面积的红烧土遗迹和精美刻画纹的陶器是重要发现，而且还存在大面积的草编和残木桩、木构件及倒塌堆积的房屋遗迹，这些房屋遗迹都坐落于河沟边或离河沟边不远，也说明了良渚先民在选择居住环境时，非常倾向于靠近水源。

再则，木构水井是庙前遗址的又一大发现。这种井采用了榫卯结合的井字形木框，称得上是史前最考究的水井，其祖形可以追溯至河姆渡遗址。在以后多次的发掘中，考古人员又发现了一口特殊的水井，当时因为井内出土了 60 多件近乎完整的陶器，故被称为"窖藏"。考古专家推测，它虽然是一口井，但也不排除水井废弃后被改作窖藏的可能。在此之后，又发现了一口水井，不同的是，它所使用的方木更粗更长，井内出土的都是残碎的陶片，器形也较多，考古学者认定，这口水井属于正常废弃，并无改作他用。

四、官井头

2011 年，通过调查钻探，考古队在"绿野花语"楼盘项目区发现了一个面积达 10000 多平方米的良渚文化遗址。因附近有一口古老的"官井"，当地人称此处为"官井头"。2012 年 3 月，考古队拉开了官井头遗址发掘的序幕。

至 2012 年 12 月底，已清理良渚文化墓葬 62 座，出土各类随葬物品共计 600 多件。这批墓葬的随葬品以玉器为主，陶器次之，石器少见。玉器器形有璧、琮、琮式管、璜、玦、冠状器、镯、锥形器等；陶器以鼎、豆、罐为基本组合，偶见盆、纺轮、杯等；石器有钺、纺轮、锛、镞 4 种器类。墓葬年代多数为良渚早期，且包含多座贵族墓葬，其中玉璜、玉冠状器数量众多且形态多样，个别墓葬还出现了新的玉器造型。

更令人意想不到的是，官井头遗址还发现了一处大型的石砌遗迹。该遗迹主体为一个椭圆形的石砌水池，呈西南—东北向，水池口部直径 3.6～7 米，深 1.5 米。水池西南部有往南延伸的石砌排水沟，长 18 米。水池东北部外侧有较宽的石砌面，其中有一口石板加石块构筑的方形水井。井口边长 0.9 米，深 1.3 米。这种既有排水设施，又有配套水井的石砌水池遗迹，在良渚文化考古史上尚属首次发现。由于水井、水池、排水沟的地势依次降低，水质也从水井、水池、排水沟依次降低。这样的布局非常科学，首先水井作为饮用水不会被污染，水井内溢出的水通过浅槽可流到水池内，水池内的水用来洗刷，池水通过排水沟可以再利用。毫无疑问，官井头石砌水池在当时已是一处非常先进的生活设施。

经过大面积揭露，最终探明官井头遗址的聚落布局大体以一条东北—西南走向的冲沟为界分东、西两区。西区又以成组石砌遗迹为界，西面为生活区，东面为墓地。东区的中部有房屋遗迹，其周围为墓葬。

图 13-1　良渚古城城址核心区及城内外重要遗址点位置

第二节　远郊

　　有学者根据各地良渚遗址器物组合及器型的区别，并结合遗址的平面分布状况，将良渚文化的中心分布区划为以良渚遗址群为中心的杭州地区，以草鞋山—福泉山一线为核心的苏南—沪西地区，以嘉兴为代表的嘉兴—沪南地区，以武进寺墩、江阴高城墩为核心的常州—无锡地区和太湖西岸的湖州—宜兴地区共五大区域。

　　近年来以良渚古城及临平茅山、玉架山为代表的一批遗址，揭露面积较大，为良渚聚落的研究提供了重要线索。

一、茅山

茅山遗址位于临平小林街道的茅山南麓，西距良渚古城遗址约 20 千米。发掘和钻探显示，茅山遗址是一处依托茅山山麓向南延伸的大型史前聚落，其堆积年代可追溯至马家浜文化晚期、崧泽文化晚期、良渚文化中晚期及广富林文化时期。发掘面积约 2.5 万平方米，清理新石器时代墓葬 213 座、灰坑 283 座、房址 8 座。

茅山遗址除了对居址和墓葬区的大规模揭露外，最可贵之处在于首次系统清理了与居址配套的稻田遗迹，具体包括良渚文化中期条块状稻田、良渚文化晚期大面积稻田，以及相关河沟、道路等重要遗迹，从而成为迄今为止各聚落要素揭露最为完备的良渚文化遗址。

茅山遗址良渚文化稻田遗迹位于居住和墓葬区南侧的低地内，分中期和晚期两个阶段。中期稻田呈条块状，晚期发展为连片的大面积水稻田，呈东西狭长的条状分布，东西长 700 多米，南北宽 45～110 米不等，面积约 83 亩。

茅山遗址良渚中期条块状稻田和晚期大面积水稻田在良渚文化中均属首次发现。其中，良渚文化晚期大面积水稻田揭露出了明确的道路系统、灌溉系统和完整的长条形田块结构。茅山遗址的发现填补了环太湖地区史前稻作农业发展演变研究中的空白，为全面系统研究新石器时代中国东南地区稻作农业的发展过程提供了珍贵的资料。

二、玉架山

玉架山遗址地处余杭东部，西距良渚古城遗址约 20 千米。玉架山的南面是发现了良渚文化水稻田的茅山遗址，西南面是埋葬贵族的横山遗址。遗址总面积约 15 万平方米，共发现了由 6 个相邻的环壕围沟组成的良渚文化完整聚落遗址。至 2010 年已发掘 1.9 万平方米，共清理良渚文化墓葬 397 座、灰坑 21 座，发现建筑遗迹 10 处，出土陶器、石器、玉器等各类文物 4000 多件。

玉架山由 6 个环壕构成。这些环壕的内部，都各有墓葬、房屋等分布，实际上是6 个结构完整的聚落单体。6 个环壕组成的一个完整的聚落整体，反映了良渚文化社会的基本单元和结构，6 个环壕应该代表了 6 个相关的氏族。这些环壕的平面形状均大致为圆角方形，略呈正南北方向。开挖环壕的同时，将环壕内部填高，形成可供居住和埋墓的土台，壕沟的底部及外围，留下了较多大小和深浅不一的取土坑。环壕形成后既可起到防护作用，同时也具有水路交通和生活用水的功能。从已发掘的各环壕内出土的墓葬看，这样的环境从良渚文化早期一直延续到晚期，因此各壕沟的开挖年代应主要在良渚文化早期。随着环壕的使用和生活垃圾的倾倒，环壕被逐渐地填埋而丧失了部分功能。

玉架山各聚落组合方式明显比一般基层聚落散点状的形态紧密，显示出一种亲缘关系。同时，在良渚的稻作水平下，这些间距明显不足以安排维持聚落人口所需的稻田面积。因此，这些聚落的粮食供应应该是由外部输入的。通过对周边约1000米范围的详细钻探，未发现有遗址分布，因此玉架山遗址的6个环壕应统一构成一个完整的聚落组合。

玉架山遗址的发掘，第一次发现了由多个环壕组成的环壕聚落。这种聚落模式不仅在良渚文化中是首次发现，而且也是长江流域史前考古的新发现，为田野考古上的新突破，对本地区及良渚文化以后的考古工作有着重要的借鉴意义。

探究良渚古城
的都邑结构

本章小结

良渚古城城郊聚落，出现了超大规模的墓地、罕见的大面积规整稻田和结构独特的环壕聚落等。城郊聚落是人口众多、文化内涵丰富且具个性、文明化程度较高的遗址群。对城郊聚落的持续揭示，将使良渚文化时期的社会复杂化程度、社会结构和生产力水平更加清晰，从而对中国文明起源的研究提供更加充分的实证资料。

参考文献

良渚古城重要遗址分布[J].杭州(周刊)，2019(26): 34-35.

刘斌,王宁远,陈明辉.良渚古城考古的历程、最新进展和展望[J].自然与文化遗产研究，2020，5(3): 26-35.

楼航,刘斌,丁品,等.浙江余杭玉架山遗址[N].中国文物报，2012-02-24(004).

马黎.一小铲和五千年: 考古记者眼中的良渚[M].杭州: 浙江大学出版社，2019.

王宁远,刘斌,闫凯凯,等.杭州市良渚古城外郭的探查与美人地和扁担山的发掘[J].考古，2015(1): 14-29, 2.

王宁远.从村居到王城[M].杭州: 杭州出版社，2013.

赵晔.良渚文明的圣地[M].杭州: 杭州出版社，2013.

赵晔.浙江余杭临平遗址群的聚落考察[J].东南文化，2012(3): 31-39, 129.

朱雪菲.神王之国: 良渚古城遗址[M].杭州: 浙江大学出版社，2019.

朱叶菲.良渚遗址考古八十年[M].杭州: 浙江大学出版社，2019.

思考与练习

一、判断题（正确打"√"，不正确的打"×"）

1.良渚先民营建了规模宏大的宫殿区，并为王族建造了多处高等级墓地。 （ ）

2.良渚时期不存在专门生产大量高级玉器的手工业作坊区。 （ ）

3.外郭城土台上居民的居住方式跟内城是相同的。 （ ）

4.美人地位于良渚古城东城墙的东侧，处在地势低平的湿地。 （ ）

5.卞家山，又名卞家舍或卞家塘。 （ ）

二、填空题

1.卞家山是一个集墓地、居址、灰沟和_____等遗址于一体的水乡村寨。

2._____的大量发现成了卞家山发掘的一大亮点。

3._____水井是庙前遗址的又一大发现。这种井采用了榫卯结合的井字形木框，称得上是史前最考究的水井，其祖形可以追溯至河姆渡遗址。

4.茅山遗址除了对居址和墓葬区的大规模揭露外，最可贵之处在于首次系统清理了与居址配套的_____遗迹。

5.玉架山遗址的发掘，第一次发现了由多个_____组成的_____聚落。

三、名词解释

1.美人地

2.卞家山

3.庙前遗址

4.木构水井

5.稻田遗迹

四、论述题

1.为何说宫殿区、墓地、手工业作坊区还远远不是良渚古城遗址的全部？

2.为何说城内和城外形成了两种不同的聚落格局？

3.为何说美人地遗址的发掘初步揭示出一幅良渚古城城外的水街景象？

4.茅山遗址除了对居址和墓葬区的大规模揭露外，还有什么重要发现？

5.城郊聚落的持续揭示将如何反映良渚文化时期的社会结构和生产力水平？

第十三章思考与练习答案

第四篇

玉魂国魄

4 YUHUN GUOPO

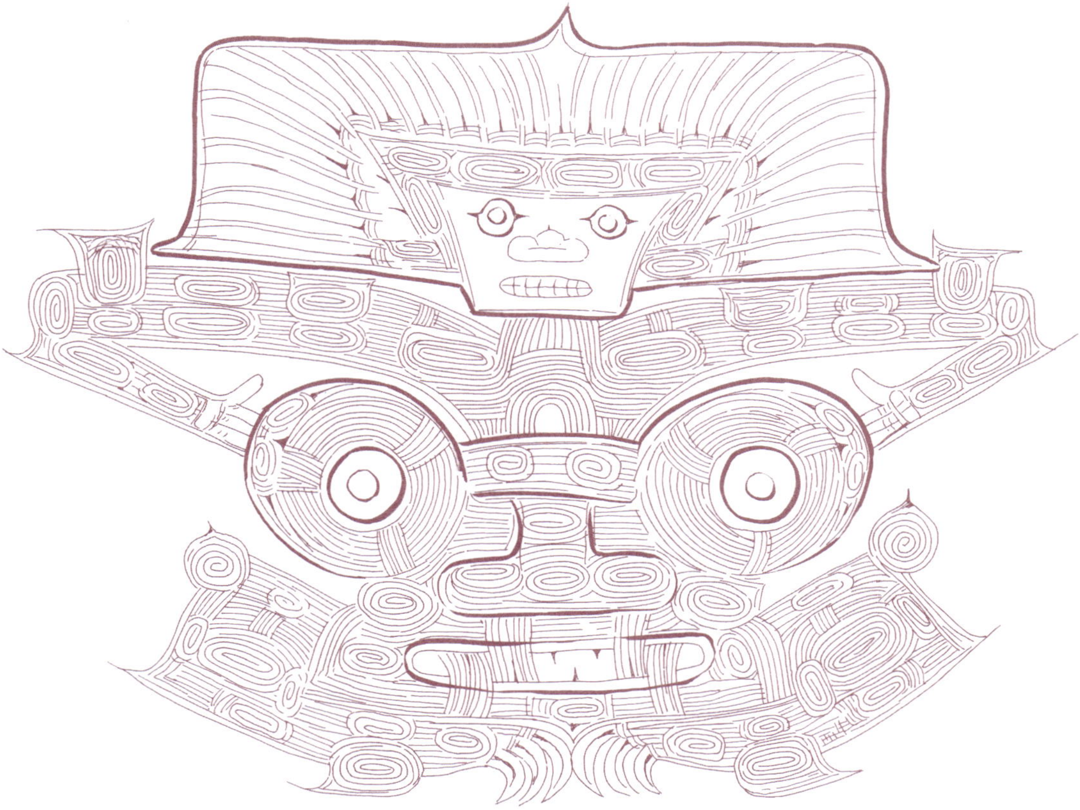

课前导引

学习目标

（1）了解神徽图案的总的发展趋势及在不同器型的良渚玉器上的呈现形态。

（2）熟悉神徽图案的主要雕琢工艺。

（3）掌握神徽图案的完整形态构图及对其含义的解读。

关键词语

√神徽　　　　√神人兽面纹　　　　√羽冠　　　　√雕琢工艺

√玉琮王　　　√信仰

学习导图

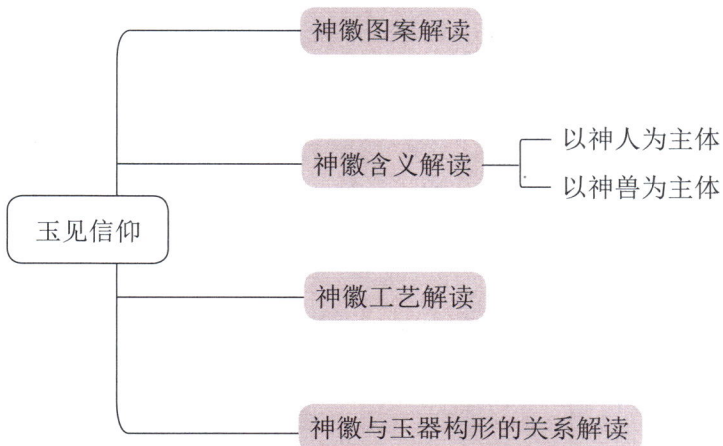

玉见信仰

玉魂国魄，是对玉器在中华文明中独特地位的最好诠释。

石之美者为玉，晶莹璀璨、温润光洁的自然品性赋予了它非凡的社会属性。早在中国上古时代，玉器即用来祭祀天地神灵，是巫师手中借与神灵沟通的重要法器，是承载原始宗教信仰的关键物质依托。先秦古籍《山海经》中多处记载了以玉祭神的活动，玉器可谓是神玉时代可望而不可即的神物。

那么，以玉器文明为重要特征的良渚文明是通过何种形式将玉与信仰进行完美融合的呢？有"神徽"之称的神人兽面像究竟是一个怎样的图案，它又具有哪些可能的含义呢？

在这一章中，我们将通过对神徽图案的形式、内涵及其与玉器构形关系的重点学习，来一起寻找上述问题的答案，一起"玉见"5000年前良渚先民们最纯粹的精神信仰。

如今，越来越多的材料表明玉器在研究文明之初的社会信仰与组织模式方面的重要价值，因此越来越受到国内外学者的重视。新石器时代中后期开始，中华大地上分别兴起了几支崇尚玉器的考古学文化，以红山、凌家滩、良渚、龙山和石家河等文化为代表，其中尤以长江下游地区的良渚文化最为突出、特点最为显著。良渚玉器不仅以其数量及丰富多彩的造型而著称，其雕琢精细规范的纹样更成为这一文化的特色。

良渚玉器上的纹样，虽然可谓是姿态万千、风采各异，但究其主题，基本只有 3 种：一种是龙首纹，只见于良渚文化早期的少数玉器上；第二种是鸟立台纹及相关符号，只见于良渚文化晚期的玉璧等少数玉器上；而最为多见和贯穿始终的则是第三种半人半兽的神人兽面像，这种神灵形象的多种变异表现形式与演变形态，构成了整个良渚玉器纹样的主流。因此，神人兽面像被认为是良渚文化玉器的主宰，是良渚社会原始宗教信仰统一和认同的标志，是良渚人崇拜的"神徽"——神之徽章。

第一节 | 神徽图案解读

1986 年，浙江省文物考古研究所在反山西部进行发掘，发现良渚文化贵族墓葬 11 座，随葬品 1200 余件（组），玉器 1100 余件（组），是所有良渚文化遗址出土玉器数量最多、品种最丰富、雕琢最精美的一处墓地。反山出土的玉器中有近百件雕琢了纹样，其中，第 12 号墓的"玉琮王"、"玉钺王"、权杖、柱形器和第 22 号墓的大玉璜上的神人兽面像将冠帽、脸庞面容、四肢俱全的神人与卵目獠牙的兽面结合在一起，形象最为完整突出。

考古学家牟永抗先生曾对这类最完整的神徽图案（见图 14-1）做出过详细的解读："其上端为一略呈弓形的冠，冠下缘的正中有一倒梯形的脸框，脸框内有圆圈的眼，眼的两侧各刻以短线表示眼角，鼻作悬蒜状，两侧刻有鼻翼，口部作扁圆形，内刻平齐的牙齿，显然是一个人的面部。脸框外缘为饰有细密云雷纹的风字形帽，帽顶饰有放射形的羽毛，这种外缘似弓形顶端有一尖吻的巨大羽冠，是极富特色的。羽冠之下为左右延伸平举的两臂，自肘部向里弯折，十指平伸，拇指上翘，指关节的横道及指甲均得到表现，臂上饰以大小不一的云雷纹，在上臂的外缘有两处臂章状的突起，当为文身或服饰。手指扶按处有一对以椭圆形眼睑为特点的兽目，眼睑内再饰以重圆表示眼球和瞳仁，显出虎虎生气。
两眼之间为鼻梁（额）和鼻端，平面略
如工字形。鼻端两侧刻有鼻翼，鼻下
为巨大的嘴，嘴内露出尖锐的獠牙，
内侧两枚向上，外侧两枚向下。腿部
于鼻翼两侧左右分开，膝部自转角处
转向里弯曲，双脚交接于嘴下缘的中
部，趾如鸟爪或可认作蛙的蹼状趾。
在膝部及小腿的外缘，也有如上臂同
样的装饰。若不曾认出手指，羽冠的
外形则颇似宽广的前额，两上臂可认
作眉，或将肘部视为颧骨，小腿的部

图 14-1　"玉琮王"上的神徽图案

位恰似下巴，趾爪就成为撮山羊胡子了，整个画面就成为以人的头部外形为基础，再
配一张写实的狰狞兽面的图案。"

第二节 | 神徽含义解读

神徽，可以说是中国的"斯芬克斯"之谜。

神徽下部蹲踞趴伏的神兽，糅合了多种动物形态的元素，是各种幻想动物的集合
体，其重圈大眼是解读神徽图意的一把重要钥匙。其源头为崧泽文化陶器上的圆和弧
边三角组合纹样，象征着太阳和光芒。阔嘴獠牙和鸟形趾爪，表现了狰狞和力量。

神徽上部是弯肘叉腰的神人，头戴介字形大羽冠。介字形大羽冠是神徽的重要特
征，象征着天。显贵头上镶插的梳背直接采用了介字形冠帽的外形，象征军权的玉
钺瑁，也是羽冠的折叠形状，代表了王权神授。神人的脸呈倒梯形，仿佛是神人的面
具，是当时良渚人心目中代表天的神人。

研究者对神人兽面像进行识读时，一般有两种倾向：一是以神人为主体的，如一
般认为神人凌驾于兽面之上，或者巫师隐于兽面的盾牌之后，做跳跃状等，不一而
足；另有一种是以兽面即神兽为主体的，主要观点认为这是兽神的人形化，即可以作

在兽面的表象里包含着人形的精灵，或是兽的精灵已具有人的形状之解。

在良渚古城及其他良渚文化遗址中出土的玉器上发现了大量的神徽，有些为整体形象，有些为单独的神兽形象，有繁缛和简约的形式，但总体形态固定，应当是良渚人心目中共同供奉的地位最高乃至唯一的神祇，标志着当时的社会有着高度一致的精神信仰。

第三节 | 神徽工艺解读

反山王陵第 12 号墓出土的"玉琮王"，在其宽约 4.3 厘米的四条纵向直槽上，以浅浮雕和阴线刻两种技法刻画了上下两幅共 8 幅的神人兽面复合像。在高约 3 厘米、宽约 4 厘米，仅火柴盒大小的范围内，两手叉腰的神人骑坐在神兽之上，神人的羽冠、手、胸和神兽的头部、前肢都刻画得十分生动逼真。线条纤细如发丝，通过放大镜，甚至能看到在 1 毫米宽度内竟刻着五六条笔直平行的细线，每条细线仅有 0.1 ～ 0.2 毫米，堪称鬼斧神工的史前微雕杰作，也是最完整精细的神徽。

制玉工艺：
他山之石

有意思的是，"玉琮王"直槽上的神人兽面像的完整形象，最初并不是考古学家在野外发现的，而是在后期整理过程中通过冲刷出的照片才发现的，这段花絮也说明了良渚古人阴线刻纹技艺的精微与神奇。

神徽的雕琢，主要采用了浮雕、透雕与阴刻等几种不同的表现手法，并往往将几种手法同用于一件玉器上，以表现这一神灵的不同层次、不同角度的变幻形式。大概可以分为以下几类。

第一类以浮雕表现弓形或介字形羽冠和眼鼻口俱全的面部，再在浮雕的轮廓上，以阴线表现出冠上的羽状纹及眼球、鼻孔和牙齿等细部，并以极细的阴线在浮雕的羽冠下缘，刻出另一张如人脸的面孔，在浮雕的面部周围，刻出与这一面孔相配的四肢。这一全形的图案，似乎是隐现在浮雕头像背后的神的灵魂。

第二类是以器物形态表现羽冠，主要以镂孔透雕的方式表现神灵面部，再在其上部或两边以阴线刻出如第一类隐现的神灵形象。

第三类是将羽冠重合到神特化的面部后面，只在眼睛的上部显露羽冠的顶部，或在上面刻出如羽状的装饰以象征羽冠。

第四类主要表现在玉琮上，形成了以鼻线为中轴，将一个图案分站到两个面上的表现方式。在表现内容上则只吸收了浮雕的特化神灵头部。

第四节 神徽与玉器构形的关系解读

神人兽面像在不同形制的良渚玉器上，其纹饰构图也因形而异，但玉器与其上的纹饰始终相得益彰、浑然天成，显示出当时十分成熟的审美与构形技艺。

在所有的良渚玉器中，唯有琮是全部雕琢神徽的器物，除了玉璧上未见其踪，神徽图案被广泛地施刻在良渚文化的所有个体较大的玉器之上。

以最完整的神徽图案的承载玉器为例："玉琮王"上的8个图像与"玉钺王"正背两面的两个图像，均为平面铺展；同出于反山第12号墓的柱形器上的6个图像，为圆弧面铺展；另一件"权杖"端饰（见

图 14-2　反山王陵第 12 号墓地出土的玉"权杖"端饰

图14-2）则是良渚玉器中难得一见的通体刻满纹饰的"满花"器，在神徽浅浮雕的神人羽冠、兽面的周围，密布以勾连卷云纹为特征的阴刻地纹，浑然一体，难以识别神人的肢体部分。此件端饰前后两侧各竖向雕刻一个神徽图案，一个铺展在圆弧面上，一个呈方折，铺展在直角相交的3个面上，这也是完整的神人兽面图像铺展在折角上的唯一一个案。

从良渚玉器纹样总的发展趋势来看，早期一般较繁复、具体、形态多样，雕刻图案与器物形态的造型变化并重，晚期则渐趋简化、抽象。

总体说来，以璜、三叉形器、冠状器、半圆形饰、牌饰等扁平体造型与柱状器等圆柱体造型玉器，早期较为具象的神徽图案几乎都琢刻在这些玉器的宽平面或圆弧面上。到良渚中期末及晚期，神人兽面像越来越简化甚至高度格式化，体现出逐渐隐藏神人而凸现兽面的特征。同时，琮、琮式管、锥形器等方柱体造型玉器上，神人兽面像的简化和抽象，则呈现出越来越强调神人形象而彻底抹杀兽面的倾向。

本章小结

在良渚文化上千年的发展历程中，玉器上统一的主题刻纹——神人兽面像显然是良渚文化玉器中覆盖面最广的一种图像，是古良渚人多神崇拜中的主要崇拜神，被称为"神徽"。

探究良渚制作玉器的作坊群

以反山王陵第 12 号墓出土的"玉琮王"上的神人兽面像为代表的神徽将冠帽、脸庞面容、四肢俱全的神人与卵目獠牙的兽面结合在一起，形象完整突出，线条流畅清晰，纹饰细密复杂。神徽在雕琢过程中主要采用了浮雕、透雕与阴刻等几种不同的表现手法，并往往将几种手法同用于一件玉器上，以表现这一神灵的不同层次、不同角度的变换形式，呈现出神人和兽面的各种组合方式。

神徽图案在良渚玉器上位于核心位置，它被广泛地施刻在良渚文化玉器中除了玉璧之外的所有个体较大的玉器之上，琮更是全部雕琢神徽的器物。在不同造型的玉器上有不同的雕琢方式。从纹样总的发展趋势来看，神徽图案有从复杂到简单、从具体到抽象的简化过程。早期主要以图案所表达的神灵的意义，逐渐被晚期日趋成熟规范定型化的玉礼器形态的寓意所替代，我们将在之后的"玉见权力""玉见礼制"等章节中去寻找更多的答案。

参考文献

方向明.神人兽面的真像[M].杭州：杭州出版社，2013.

蒋卫东.玉器的故事[M].杭州：杭州出版社，2013.

梁丽君.纹饰的秘密[M].杭州：杭州出版社，2013.

刘斌.法器与王权：良渚文化玉器[M].杭州：浙江大学出版社，2019.

刘斌.神巫的世界[M].杭州：杭州出版社，2013.

牟永抗.良渚玉器上神崇拜的探索[M].北京：科学出版社，2009.

浙江省文物考古研究所.反山[M].北京：文物出版社，2005.

思考与练习

一、判断题（正确打"√"，不正确的打"×"）

1.神人兽面像是整个良渚玉器纹样的主流。　　　　　　　　　　（　　）

2.神徽上的介字形大羽冠是它的重要特征，象征着天。　　　　　　　　（　　）

3.神人的重圈大眼是解读神徽图意的一把重要钥匙。　　　　　　　　　（　　）

4.反山王陵第 12 号墓出土的"玉琮王"上的神徽是最完整精细的神徽，在 1 厘米宽度内竟刻着五六条笔直平行的细线，技艺堪称鬼斧神工。　　　　　　　　　　　　（　　）

5.神徽的雕琢，主要以浮雕为主。　　　　　　　　　　　　　　　　　（　　）

6.神徽图案被广泛地施刻在良渚文化玉器中所有个体较大的玉器之上。　（　　）

7.神徽有繁缛和简约形式，但总体形态固定，标志着当时的社会有着高度一致的精神信仰。

（　　）

二、填空

1.神徽图案一般是由 _____ 和 _____ 两部分组成。

2.神徽上神人的脸呈 _____，仿佛是神人的面具。

3.在所有的良渚玉器中，唯有 _____ 是全部雕琢神徽的器物。

4.在"玉琮王"上，一共雕琢了 _____ 个完整的神徽图案。

5.反山王陵第 12 号墓出土的 _____ 端饰是目前发现的完整的神徽图案铺展在折角上的唯一个案。

6.新石器时代中后期，出现在中华大地上的崇尚玉器的考古学文化中，尤以长江下游地区的 _____ 最为突出、特点最为显著。

三、名词解释

神徽

四、论述题

1.良渚玉器上的纹样的主题类型有哪几种？

2.专家在对神人兽面像的图案主体进行解读时，主要有哪两种倾向？

3.在雕琢神徽时主要采用的工艺有哪些？

4.良渚玉器纹样总的发展趋势是什么？

5.在相同造型的玉器上，不同的雕琢方式反映出了神徽图案什么样的变化？

6.良渚玉器的主要特色有哪些？

第十四章思考与练习答案

第十五章　玉见权力

课前导引

学习目标

（1）了解琮与钺的起源及用途。
（2）熟悉琮与钺的形制的变化。
（3）掌握琮与钺的概念，及其与神权、王权的对应原理。
（4）掌握"玉琮王""玉钺王"的重要特征。

关键词语

√神王之国　　　√神权　　　　√王权　　　　√琮
√钺　　　　　　√玉琮王　　　√玉钺王

学习导图

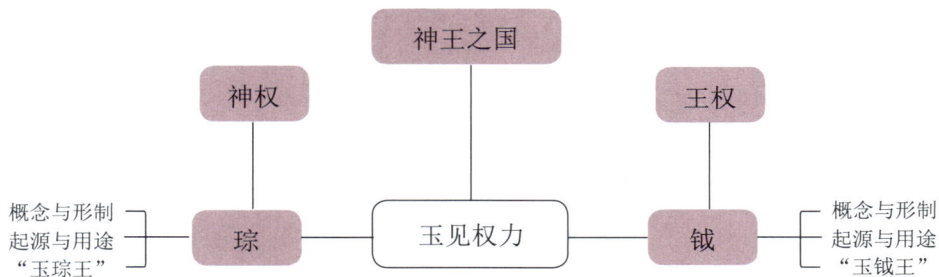

玉见权力

　　良渚，有"神王之国"之称。在良渚文明中，神权至高无上，神权与王权紧密结合，而雕琢着独一无二、极富神秘色彩的神徽图案的良渚玉器正是做出这一推断的最重要的依据。

　　良渚文化目前已知的玉器种类有 40 余种，其中，玉琮与玉钺更是承载了神权与王权的象征意义的最具原创性和特征鲜明的器形，有着举足轻重的地位。

　　那么，专家们是如何做出玉琮与玉钺对应于神权与王权的推测的呢？琮与钺的器形和功能从其出现开始又发生着怎样的变化？反山第 12 号墓中的"玉琮王"和"玉钺王"两件玉器因何而能称王？

　　让我们带着这些问题来一起走进 5000 多年前良渚古国的权力中心。

第一节 ｜ 神权

琮钺玉王：
天人合一

良渚文化的社会运作以神权为主导，良渚玉器是神崇拜的主要载体。

玉器用于神崇拜的事例，在甲骨文与金文中，有不少记录，如甲骨卜辞中商王用玉祭祀自然神祇。两周时期，文献更为丰富，《尚书》《左传》《诗经》《国语》等典籍中都有用玉祭祀祖先、天神或星辰山川的记载。东汉《说文解字》中，阐明了玉不仅是巫事神的供奉，而且已异化为神的物化形态，礼玉也便成为事神的代名词。

商周乃至汉代普遍存在的玉神物观和"以玉事神"的现象，其更原始的发轫点则极有可能出现在以良渚文化、红山文化和凌家滩文化等为代表的新石器时代晚期。而良渚玉器以其数量之多、品类之丰、雕琢之精，可谓达到了中国史前玉器文化的巅峰。当时的良渚人创造出了神人兽面像这一独特的神灵形象，并将之琢刻在玉器之上。其中，玉琮是唯一几乎每件都琢刻纹饰的器物，也是唯一包含几乎全部版本神人兽面像的器物，是神徽图案当之无愧最重要和最主要的集大成者。神徽是玉琮的灵魂，玉琮是神徽的载体。神徽图案与玉琮形态的二位一体是良渚神权的完美表达，可以说，拥有玉琮就是掌控了神权。

一、琮的概念与形制

1. 琮的概念

琮作为商周时期的重要礼器，早已见诸经史，《周礼·春官·大宗伯》中即记载"以苍璧礼天，以黄琮礼地"。而关于其形制，古代典籍中却言之不多，导致西周后随着琮的地位的衰微，出现了诸多歧义，直到晚清吴大澂在《古玉图考》一书中，通过周详考证，才将"琮"的名称与实物对应起来，终于恢复了"玉琮"这一自东汉以来遗失了上千年的古代玉礼器的真名。

现在普遍认为，琮是一种内圆外方的筒形玉器，是我国古代人们用于祭祀神祇的重要礼器之一。实际上，作为良渚文化原创的玉器器形，琮的形态有矮有高，横截面有圆有方，穿孔有大有小，纹饰有繁有简，但所施刻的半人半兽的神徽图案，是其普遍的共性。早期的玉琮为圆形，在圆筒形的外周浮凸出神徽图案，后来神徽进一步立体化，最终逐渐形成了外方内圆的形式。从对神徽的细微刻画，到玉琮这一外方内圆的神柱形式的形成，琮的形态逐渐稳定下来。在后期的一些装饰品与实用器上，又衍生出许多仿琮形的玉器，如琮式玉管、琮式玉柱形器及方形的玉锥形器等。

因此，良渚玉琮的概念应是表面刻有神徽的中空柱体。

2. 琮的形制

（1）神徽的形态

神徽作为良渚玉琮的共性和本质，为我们探讨良渚玉琮的形式、功能等指出了方向。因此，在分析良渚玉器的形制时，必须和神徽图案一起做综合的考察。

良渚玉琮上的神徽图案，概括起来大体有以下3种形态。

（1）浮雕的羽冠和兽面与阴线细刻的四肢俱全的人神形象结合的整体图案。

（2）眼鼻口俱全的极尽雕饰的面部图案。

（3）仅以小圆圈表示眼睛，以凸起的小横条表示嘴或鼻的简化的象征图案。

神徽在玉琮上的布局，一般为每边对称地施刻4组相同的图案，有单层或多层之分，上下呈竖直堆叠的方式，在相邻两组图案之间隔以竖槽和横的分节槽，繁简相间的构图布局是较为常见的一个特点。

神徽与琮体密不可分的一体性事实，以及神徽的布列方式，决定了作为神徽载体的琮体的形式。对神徽的表现，应是玉琮最基本的成型意图。

（2）良渚玉琮的三式

目前所发现的良渚玉琮，虽然在形体大小和高矮方圆上各有差异，但依其横截面的不同，基本上可以分作三式。

（1）Ⅰ式：横截面为圆形，在施刻神徽处作浮雕形式或方块形式的凸起。从整体观察，又可分为体形较瘦长、中间穿孔较细的柱形（见图15-1）和体形较扁宽、穿孔较粗的镯形（见图15-2）。

图 15-1 反山遗址玉柱式玉琮　　　　图 15-2 江苏吴县张陵山镯式玉琮

（2）Ⅱ式：横截面为弧边方形，两面的夹角大于 90°，神徽图案以角为中轴分置于两个面上（见图 15-3）。

（3）Ⅲ式：横截面基本为正方形，即每两面的夹角等于 90°，神徽图案也同样以四角为中轴对称分布（见图 15-4）。

图 15-3　上海青浦福泉山遗址弧边方形玉琮

图 15-4　横截面为正方形的玉琮

这三式琮所施刻的神徽情况，基本呈现出从形象烦琐到抽象简化的趋势，几乎与琮体的演变保持同步。随着琮外方内圆形态的渐趋固定化，原先由神徽图案所承载的宗教内涵等，也逐渐转移到琮体本身。

神徽层次的多少，即琮的节数，往往与琮的高矮有着直接的关系。良渚晚期神徽图案不断累加的多节玉琮（见图 15-5）的出现，或许正是氏族首领权力不断集中的反映。

二、琮的起源与用途

琮从墓葬中出土时，有的套戴在墓主人的手腕上，有的位于腰腹部，有的竖置于头端或头侧，有的环绕死者身体摆放，也有的单独放置于死者胸部以下至脚端部位，甚至还有的单独或成组等距离竖置在棺盖之上。凡此种种，无不显示出玉琮功能的复杂性。

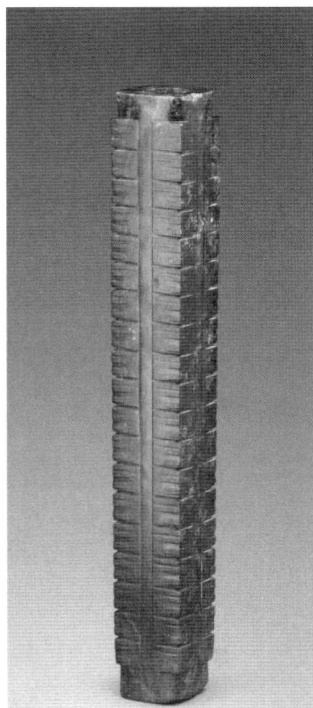

图 15-5　良渚文化晚期多节玉琮

（图片来源：中国国家博物馆）

关于琮的起源及其功能的解读，历来已有起源于玉镯、祭地的礼器、保护死者、原始宗教巫术的法器、定居及兼并等的象征、在典礼中套于圆形木柱上端用作神祇或祖先的象征等数十种意见。其中的玉镯之说是以江苏张陵山遗址等地所出横截面呈圆形的早期玉琮为依据，从发展的角度进行观察得出的推断，所以颇得研究者们的认同。

但是我们应始终记得，神徽才是良渚玉琮的灵魂和主题，琮体形式从一定意义上来说只是对这一主题表现的结果。因此，对神徽的表现才应是琮的起源的最主要方面。在太湖流域乃至更广大的地区，神徽图案无论是在构图还是施刻方式等方面都表现出了惊人的规范。这反映了神徽在良渚文化中的崇高地位，人们对它的崇拜，几乎达到了一神教的程度。而玉琮，正是类似于图腾信仰的产物，是神灵的附着体。巫师们正是通过对玉琮的占有和控制，达到了对神权的垄断。

琮的具体使用方法尚不可考，专家推测大约是平放于某处或是直接捧在手中。作为良渚玉器中唯一一种几乎每件都琢刻纹饰的器物，作为与神人兽面像结合最紧密的玉器，琮蕴含着神崇拜的神圣内容已经毋庸置疑。它是巫师们用以通神的工具，施刻于琮上的神徽，应该是巫师们要沟通的神或要在作法中表现的神的形象。

三、"玉琮王"

1986 年，浙江省文物考古研究所的工作人员在良渚古城莫角山宫殿区西北处发掘出了 11 座良渚文化时期的大墓，也就是我们前面学到过的反山王陵。其中第 12 号墓出土的玉器、象牙器、石器、漆器和陶器等大量随葬品尤其让人惊叹。在出土的玉器中，最引人注目的就是后来由浙江省博物馆推荐并入选国家宝藏的大玉琮，它被誉为"玉琮王"（见图 15-6）。

图 15-6　反山王陵"玉琮王"

"玉琮王"出土时位于墓主人头骨左下方，正面朝上。器形为矮方柱体，中有圆孔，上下贯通。通高8.9厘米、上射径17.1～17.6厘米、下射径16.5～17.5厘米、孔外径5厘米、孔内径3.8厘米，整器重约6.5千克。琮体四面中间由约4.3厘米宽的直槽一分为二，由横槽分为四节。在四面直槽内，上下各琢一完整的神人兽面像，总共有8个。在分为四节作角尺形的长方形凸面上，以转角为中轴线向两侧展开，每两节琢刻一组简化的象征性的神人兽面像。四角相同，左右对称。另外，在神人兽面像两侧各雕一鸟纹，鸟的头、翼、身均变形夸张，可称为"神鸟"。整体纹饰中大量填充卷云纹、直线、弧线，刻画极其繁缛细致。

这件距今约5300—4300年的玉琮，是目前发现的良渚玉琮中最大、最重、做工最精美的一件，其所呈现出的宽阔硕大的形体、繁缛独特的纹饰、构思绝妙的匠心和精湛超凡的工艺，均为良渚文化玉琮之首，是当之无愧的"琮中之王"。

第二节 | 王权

◎ 良渚国王
钟爱的玉器

如果说玉琮象征神权，那玉钺则象征着世俗权力——王权。玉钺，是良渚文化玉器中数量最少的高等级玉器之一，仅在极少数墓葬中才有发现，而且一般一座墓葬中只有一件玉钺，在数量和普及率上要远远低于琮、璧等其他玉礼器。有玉钺随葬的墓葬，往往其他随葬品的等级和数量也居于前列。

一、钺的概念与形制

1. 钺的概念

钺，是长江下游太湖流域史前文化的重要工具和武器。《说文解字》称："钺，大斧也。"钺与斧头十分相像，只是比斧头稍大。有穿孔，风字形为其基本形态。

2. 钺的形制

钺的形制与质地有着密切的关系，良渚文化中的钺主要有石钺和玉钺两种，我们这里主要探讨的是玉钺。

玉钺最高级的完整形式一般由钺身、钺瑁（冠饰）和钺镦（端饰）三部分组成。迄今为止，考古发现的组合型玉钺不超过10组，极其珍贵。钺身为最重要的主体，也经常以单体出现，钺身扁平，其形制一般为较窄的风字形，顶窄刃宽，刃部呈弧形，有较为明显的刃角，近顶端处凿有圆形穿孔，一般较小。还有许多玉钺具有上下两个或一个半穿孔。

目前考古发掘出土的良渚玉钺，根据钺身的形体，即梯形底边（刃口）和高的长短比，主要可分为长方梯形玉钺（见图 15-7）和扁方梯形玉钺（见图 15-8）两种形式，并以长方梯形为主要形制。

图 15-7　长方梯形玉钺

图 15-8　扁方梯形玉钺

从良渚玉钺的器形变化轨迹，可以发现以下趋势。

（1）从良渚文化早期到晚期，玉钺的形体有加长、加宽、变薄的趋势。

（2）早中期玉钺由于形体厚实，便于进一步研磨，形体表面遗留的切割痕迹并不多；晚期玉钺由于切料较薄，切割成形后较难实施进一步的研磨，因此表面切割痕迹远远多于早中期。良渚玉钺这种注重长宽度、忽视精致度的器形演变轨迹，竟与玉琮追求高度、忽略细节的变化趋势，大致趋同。

二、钺的起源与用途

钺，起源于穿孔的石斧。石斧是人类早期重要的砍劈工具，后来随着社会的发展，其功能发生了变化，逐渐出现了实用价值下降而礼器含义上升的石钺和玉钺。在战争实践中，由于玉的质地较软，且钺多十分笨重，故玉钺并不适宜作为武器。其上的穿孔是为捆绑木柄用的。人们使用玉钺时，将其持在手中，实际是将其作为仪仗用器。

钺的拥有者都是当时的氏族显贵，而其身份等级正是以钺的质料、纹饰、工艺等的差异来区分的。太湖流域的玉钺，最早出现于崧泽文化中，来自对石钺的玉礼化。至良渚文化时期，玉钺与玉琮、玉璧等一起构成了用玉制度的核心，是显贵者阶层特定身份地位的玉质指示物，是氏族军事首领的指挥权杖，象征着权力和威严。

良渚玉钺中的"豪华完整版"纹饰精美、雕琢精细，用于捆绑玉钺的木柄不仅饰有彩绘而且柄上有玉钺瑁、下有玉钺镦，甚至还有玉挂件或镶嵌玉颗粒等。其中钺瑁（见图15-9）的构形，正是将玉冠状饰从中间对折起来的形态，是将一个平面上的图案，以鼻线为中轴折向两个平面。冠状饰是神徽羽冠的正面展开形象。钺瑁这样的构形，不仅适用于钺的整体形制与安柄需要，而且也是将神灵的形象正面展示给秉钺人前方最恰当的表现手法。

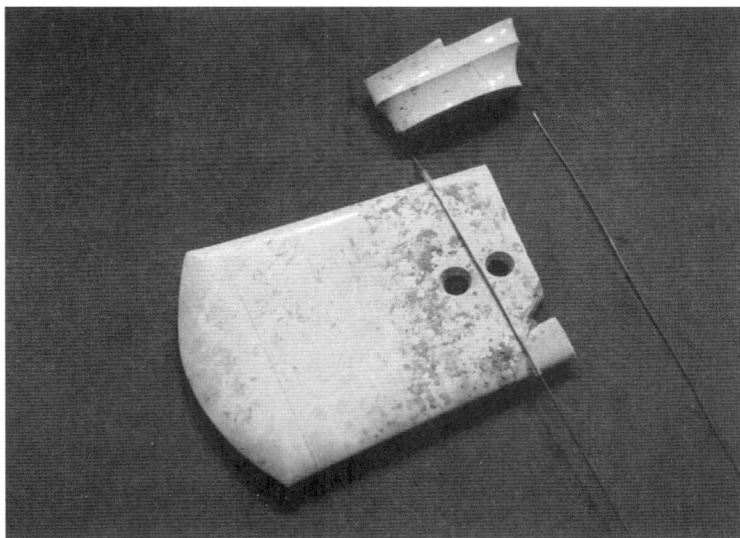

图 15-9 反山王陵出土的玉钺局部——钺身和钺瑁（冠饰）

如果将冠状饰称作横向的神冠，那么钺瑁则是纵向的神冠。将玉钺的前端装上了这种代表神冠的玉饰，从而在玉钺的整体造型上，完成了神权与军权、王权的融合，体现了王权神授，玉钺才真正超脱了兵器的范畴，成为一种权杖。钺既然戴上了神冠，也就俨然如神一般，使这种权杖成为体现神灵意志的一种象征。这种具有象征意义的钺杖成为固定的模式对后来的字形及礼制方面，都产生了深远的影响。

《史记》中记载商汤在伐夏之时，"汤自把钺以伐昆吾，遂伐桀"；记载周武王伐纣时，也是"武王左杖黄钺，右秉白旄，以麾"。林沄先生在《说王》一文中，详细论证了"王"字与"钺"字同意、同源，如甲骨文和金文中的"王"字，都是从钺演变而来的象形字。书中还进一步说明了钺与军权、王权的密切关系。

《左传》有云"国之大事，在祀与戎"，表明国家的核心职能是主持祭祀与指挥军队。玉钺中包含了"祀与戎"两方面的内涵，集"祀与戎"这两方面权力于一的玉钺的拥有者无疑是当时良渚社会的军事统帅或者"王"。

三、"玉钺王"

玉钺在良渚玉器中是较为稀少的品类，迄今发现的大都磨制精细，多为素面。唯有与"玉琮王"同出于反山王陵第 12 号墓的玉钺，是目前唯一雕琢有神人兽面纹和鸟纹的玉钺，纹饰精美，品质最佳，堪称"玉钺王"（见图 15-10）。

图 15-10　反山王陵"玉钺王"

"玉钺王"通长 70 多厘米，透闪石玉质，淡绿色，沁为花白色，透光性好，有紫褐色瑕斑。钺身长 17.9 厘米，上端宽 14.4 厘米，刃部宽 16.8 厘米，最厚达 0.9 厘米，整体呈风字形，弧刃鼓背，小穿孔，背部嵌入柄部的部分粗糙，其余部分抛光精细。钺瑁下部有卯眼可以安柄。椭圆形的钺镦，有卯眼和横孔可以和钺柄固定。钺身两面以浅浮雕对应雕琢完整的神徽图案和鸟纹，显示出墓主人崇高的地位，应是集王权与军权于一身的高级统帅。"玉钺王"是王的权杖，象征着至高无上的权力与威严。

本章小结

    琮是先秦时代最重要的礼器之一，是良渚先民首创的玉器类型，是神人兽面纹的重要载体。内圆外方，中部贯穿，四角对称施刻四组相同的图案，四壁有纵向直槽，是良渚先民天地宇宙观的反映。玉琮仅出土于高等级墓葬，是良渚社会通天地、敬鬼神的重要宗教法器。反山王陵第 12 号墓出土的重达 6.5 千克的玉琮，堪称"玉琮王"。可以说琮代表着神权，隐喻着早期先民对天与人关系的终极思索。

    ◎ 良渚玉器：种类颇多

    钺由斧演变而来，象征权力与威严。甲骨文和金文中的"王"字，是由钺演变而来的象形字。良渚文化豪华型玉钺，是王的权杖，柄嵌玉髹漆，上下端装配钺瑁和钺镦，钺瑁造型取自于神徽的冠帽，体现了王权神授。反山王陵第 12 墓出土的玉钺，是目前唯一雕琢有神人兽面纹和鸟纹的玉钺，堪称"玉钺王"。玉钺是军事首领的权杖，完整的组合型玉钺是名副其实的军权与神权的象征。

    雕琢着神徽图案的琮与钺就是这样与神权和王权相对应的，是良渚"神王之国"最典型的玉礼器的代表，是证明良渚文明是一种以神权为纽带、神权王权紧密结合的文明模式的重要依据。

参考文献

蒋卫东.玉器的故事[M].杭州：杭州出版社，2013.

刘斌.法器与王权：良渚文化玉器[M].杭州：浙江大学出版社，2019.

刘斌，王宁远，陈明辉，等.良渚：神王之国[J].中国文化遗产，2017（3）：4-21.

刘斌.神巫的世界[M].杭州：杭州出版社，2013.

思考与练习

一、判断题（正确打"√"，不正确的打"×"）

1.良渚文化目前已知的玉器种类有 400 余种。（ ）

2.神徽是玉琮的灵魂，玉琮是神徽的载体。（ ）

3.钺的形制与质地有着密切的关系，良渚文化中的钺主要有青铜钺和玉钺两种。（ ）

4.目前考古发掘出土的良渚玉钺，根据钺身的形状主要可分为长方梯形和扁方梯形两种，并以长方梯形为主要形制。（ ）

5.甲骨文和金文中的"王"字，都是从钺演变而来的象形字。（ ）

6. "玉钺王"通长 17.9 厘米，钺身上端宽 14.4 厘米，刃部宽 16.8 厘米，最厚达 0.9 厘米。

（　　）

二、填空

1.早期的玉琮为圆形，在圆筒形的外周浮凸出神徽图案，后来神徽进一步立体化，最终逐渐形成了_____的形式。

2.以江苏张陵山遗址等地所出横截面呈圆形的早期玉琮为依据，从发展的角度进行观察，很多研究者比较认同琮起源于_____。

3.巫师们正是通过对玉琮的占有和控制，达到了对_____的垄断。

4."玉琮王"整器重约_____千克。

5.钺的基本形态为_____字形，上有穿孔。

6.钺由斧演变而来，象征_____。

三、名词解释

1.玉琮

2.玉钺

四、论述题

1.良渚玉琮上的神徽图案，概括起来大体有哪几种形态？

2.依其横截面的不同，可以将良渚玉琮基本上分作哪三式？

3.反山王陵第 12 号墓出土的大玉琮为何能获得"玉琮王"之称？

4.玉钺最高级的完整形式一般由哪几部分组成？

5.反山王陵第 12 号墓出土的组合式玉钺为何能获得"玉钺王"之称？

6.良渚为何又被称为"神王之国"？

第十五章思考与练习答案

第十六章　玉见礼制

课前导引

⟲ **学习目标**

（1）了解圆形牌饰、纺轮、半圆形冠饰、鸟、管、珠等良渚玉器的基本知识。

（2）熟悉璜、三叉形器、冠状饰、锥形器的形制特征。

（3）掌握璧的概念、形制演变及用途。

（4）掌握玉礼制系统的构成、划分依据及各层级的主要特征。

⟲ **关键词语**

√礼制　　√玉礼器　　√王族　　　√贵族　　　√平民
√璧　　　√璜　　　　√三叉形器　√冠状饰　　√锥形器

⟲ **学习导图**

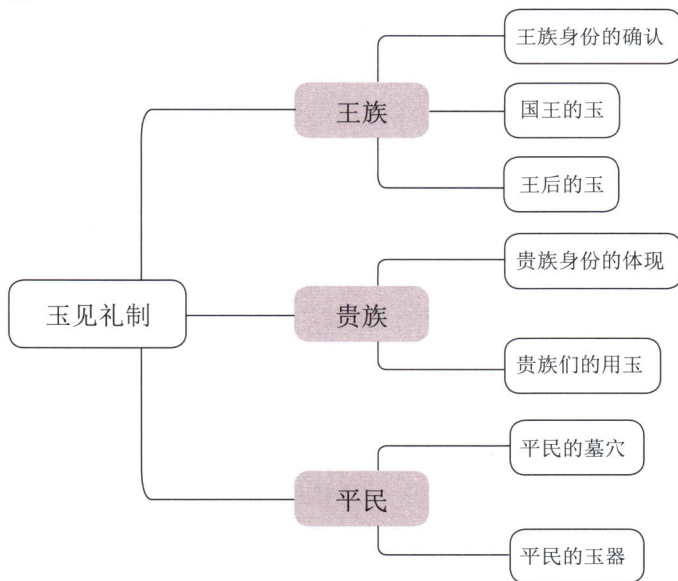

玉见礼制

礼制，是中华古代文明的一个重要特征。礼制的中心内涵是对统治者等级、身份的规定，以确定人与人之间的尊卑、上下、亲疏、男女、长幼的隶属、服从关系。它的表现形式是在举行婚丧、祭祀、朝聘等活动时所用的器类、数量和质量随着主人的身份、地位的不同而异。

玉器是中华礼制的重要载体。从考古发现来看，良渚时期的用玉已经有了明确的男女之分和森严的等级尊卑。以神徽作为共同信仰的神，玉琮、玉钺所代表的神权、王权，与成组的玉礼器形成了良渚社会完整且有区域特点的玉礼制。

良渚的玉礼制系统主要可以划分为哪几个等级？划分的标准和依据如何？每个等级的玉器使用具有哪些典型特征及意义？

这些问题将是本章关注的重点。

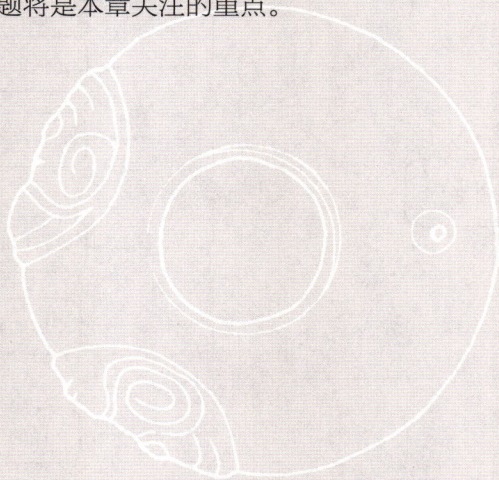

第一节 ┃ 王族

良渚时期，随着制玉工艺的快速发展，新的器类尤其是复合件玉器被不断地创造出来。在此基础上，良渚文化中拥有和使用玉器的社会层面也更为广泛和普及，从王族到贵族再到平民，玉器成为墓葬中常见的随葬品种类。

专家们根据随葬玉器的器形、数量、体量和质料等方面的差异，对良渚墓葬进行了等级划分，一般都将反山、瑶山、寺墩、福泉山、汇观山的大部分墓葬归入第一等级。这些墓葬的主人都被单独埋葬在特意营建的高土台墓地或有着明显宗教气氛的高台上，配享的玉器种类一应俱全，显示出死者生前无限的尊贵，是当时位高权重的"王族"。

一、王族身份的确认

良渚玉器的数量与形式繁多，就玉礼器的划分来说，很难有统一的模式。综合良渚玉器的种类与功用，除少数为一般装饰品或礼仪用具之外，大多数玉器都是和祭祀崇拜有关的法器，以及与性别职能有关的象征身份的功能性佩戴用品。从一定意义上讲，良渚大墓中所有的玉器，都应是与祭祀相关的玉礼器。这些玉器以玉琮为代表，并与钺、璜、璧、冠状饰、三叉形器、牌饰、锥形器、管等组成了玉礼器系统，或象征身份，或象征权力，或象征财富。

埋葬王族的第一等级墓葬是真正的"玉殓葬"墓，出土玉器在数量和体量上的优势十分明显。更重要的是，其中必然有琮、钺、璧3类玉器齐全或有两件及两件以上的琢纹玉器。玉礼器上琢刻的神徽图案是表达良渚人统一信仰的主要标志。这些极高等级玉器的拥有者是良渚的统治阶级，他们相信自己是神的化身，行使着神的旨意。

反山、瑶山墓地是迄今发现的保存最好、最具典型性的良渚王族墓地。墓地的选址、形制、墓葬排列、等级规格、年代跨度等均反映出它们已经超出了氏族家族墓地的范畴，是一种单纯的方国统领集团的墓地。其中以玉礼器为主的随葬品的丰富种类、数量及精致工艺，令人叹为观止，更表现出了以墓主人为代表的良渚王族对玉器使用的强烈且明确的制度性要求。

二、国王的玉

在之前的章节中，我们已经知道了良渚玉器中最精美的"玉琮王"和"玉钺王"，它们是神权与王权的象征，琢刻着良渚文化最为完整的神徽图案，被称为打开神王之国大门的钥匙。这两件极品玉器均出自反山王陵中的第 12 号墓。

玉琮作为直接祀神的礼器，为首领和少数巫师所拥有。其兼具方与圆，象征天地的贯穿，四角刻画神徽图案，蕴含着良渚先民的宇宙观和精神信仰，在祭祀仪式中充当着巫与天的对话工具，建立起人与神之间的联系。

玉钺作为象征王权军权的礼器，是军事首领的权杖，主要出土于高等级的男性墓葬。"玉钺王"器身两面都雕琢着凌驾于飞鸟之上的完整神徽，是"王权神授"的直白表露。

除了"玉琮王""玉钺王"，反山王陵第 12 号墓出土的规格超高的随葬玉礼器和处处显现的神徽，都暗示着：大墓的墓主人身份是如此与众不同——他既能代表神权，又有绝对的世俗政权。专家认为，集神权、王权于一身的墓主人，具有王者的身份，他极有可能就是当时良渚的"国王"。

接下来，我们再学习一种良渚国王所拥有的代表性玉礼器中的重器——玉璧。

1. 璧的概念与形制

根据孙机在《汉代物质文化资料图说》中的意见，将直径大于 10 厘米，孔径不及直径一半的扁平圆形带孔玉器，定名为"璧"（见图 16-1）。

玉璧形体大而厚实，玉质多有斑斓色彩，一般都是素面无纹，只有极少数刻有类似"鸟立高台"的图案（见图 16-2）。

图 16-1　良渚玉璧

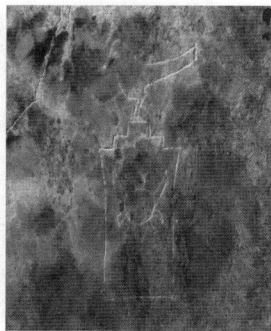

图 16-2　"鸟立高台"图案

2. 璧的起源与用途

早期玉璧是由人体装饰物瑗、环演变而来，其特点是：直径小，孔径大，边宽小于孔径，器形不规整，厚薄不均匀。

反山王陵出土的 100 余件玉璧绝大多数有边缘不周整、厚薄不匀、钻孔错缝、切割痕迹明显等现象，但相较于早期已经有了明显的进步，且在某些方面已形成了一定的定制，如边宽绝对大于孔径。其中还出土了少量制琢较为精细的玉璧，在墓葬中单独放置于较为固定的位置，与制作粗糙、叠放的玉璧有明显的差异。良渚晚期的玉璧，随着圆形直径的增大，边宽与孔径的比例进一步扩大，表现出追求最大直径和精致并重的趋向。

玉璧这种由方圆不规则、直径小、厚薄不均匀而逐渐向器形圆大规整、厚薄匀称演变的器形变化规律与玉琮等其他良渚玉器的演变趋势明显不同。

作为良渚文化出土数量最多的玉质重器，玉璧从墓葬中出土时，多发现于墓主人胸腹以下直至脚端的部位。多数叠放在墓主人的腿脚部位，少数制作精细的单独放置于胸或腹部。

在玉璧的刻纹中，我们尚未见到刻有兽面神徽者，这说明玉璧在祭祀功能上与其他法器有所区别。关于璧的功能，有祭天、象征财富、"以玉事神"等说法。祭天说，是主张"天圆地方"的"盖天说"宇宙观形成之后的一种认识，而财富说则是对玉料占有现象的一种延伸。

三、王后的玉

1987 年，也就是反山王陵发现一年之后，浙江省文物考古研究所发掘了瑶山遗址，经多次发掘清理出 12 座良渚文化显贵者大墓，共出土精美玉器 10 余类 700 余件（组）。

良渚王后钟爱的玉器

与反山遗址相似，瑶山遗址的墓葬整齐地分为南北两排，居中的墓葬等级最高，边缘的墓葬相对级别较低。但相比反山遗址，瑶山遗址随葬品的规律更加明显。其中南排墓葬中出土的玉琮、玉钺、三叉形器、成组锥形器等与北排墓葬中出土的玉璜、玉纺轮、玉圆牌等，构成了器类上的截然差异。作为武器的钺只有南排墓葬才有，而颇具女性特征的纺轮和织具则仅见于北排墓葬中。发掘者据此推测南排墓葬的墓主人可能是男性，北排墓葬的墓主人则可能是女性。因此，原先较难推测性别归属的三叉形器和成组锥形器应属男性专有，而玉璜则应该是女性专用的佩戴品。

瑶山遗址北排墓葬中的第 11 号墓，随葬玉器以璜、成组的圆形牌饰、镯、各类饰品和纺织器具为主，无论从数量、种类还是品级上都属于良渚文化女性墓之最，也超过了多数男性贵族的墓，考古学家推测其应为良渚"王后"级别的墓葬。

1. 玉璜

玉璜是良渚文化特征性比较明显的一种玉器，一般为所谓的"半璧"形。两边各有一可穿系的小孔，正面一般为弧凸面，背面为平面，有光素和施纹两种。纹样一般为兽面神徽及其变体形态，偶见有在边缘轮面上施龙首形纹样者。

瑶山第 11 号墓一共出土了 4 件玉璜，3 件位于颈部，应为颈饰。其中一件透雕玉璜，做工精良，是良渚透雕的经典之作（见图 16–3）。

除了单独穿绳引线作为佩饰系挂于颈部，良渚时期，玉璜更常见的是和玉管、玉珠等物件，以穿线相连为主要方式组成串状玉佩。我们称之为组佩件，它是良渚复合件玉器的一类。瑶山第 11 号墓出土的其中一件颈饰即为组佩件（见图 16–4）。

图 16-3　瑶山遗址透雕玉璜

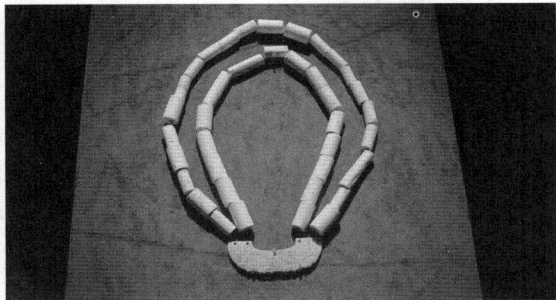

图 16-4　瑶山遗址出土的玉璜组佩件

从整体随葬情况看，玉璜一般出土于等级较高的大型墓葬中。在反山、瑶山墓地中，玉璜均出土于北排墓中，其中一处与纺轮共出，而且出土玉璜的墓葬一般不出钺等武器类器物，反映出玉璜是具有身份、职能象征的一种功能性佩戴，而非一般意义上的装饰。

2. 圆形牌饰

从反山、瑶山遗址看，有一种圆形或玦形牌饰，一般与玉璜共出，为北排墓所专有，也是一种标志身份和职能的功能性佩戴，往往成组排列出现于墓主人的胸腹部（见图 16–5）。其形体一般较扁薄，直径一般在 5 厘米左右，中间有一大穿孔，少数有一切口成玦形，近边缘处一般有一个可供穿系的小孔。圆形牌饰可分为光素和施纹两种，施纹者纹样均为龙首纹。一般有单个或两到三个龙首琢刻于边缘轮面上，呈相对或首尾相接的形式。

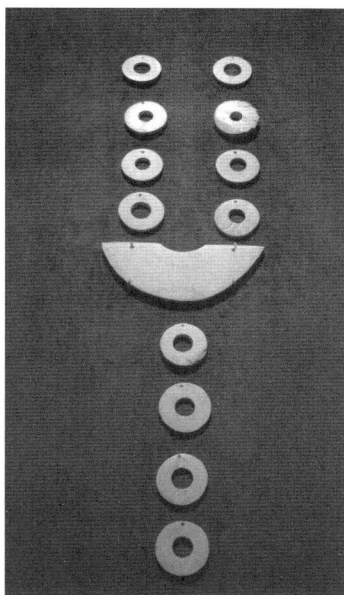

图 16-5　瑶山遗址出土的玉璜与圆形牌饰组佩件

3. 玉纺轮

　　玉纺轮、玉织具和玉带钩等是目前较为明确的礼仪性用具。其中瑶山遗址第 11 号墓出土的连同玉杆的纺轮是一件完全可以确认的玉纺轮（见图 16-6）。这件从墓中发掘出的玉器，中孔里插着一个打磨过的青玉圆杆，杆上端呈锥尖状，在尖端对钻一小孔。玉纺轮本来出土就很少，目前发现的带玉杆的完整玉纺轮唯独此一套，但综合来看，良渚时期的纺织业已经达到极高的发展水平。

图 16-6　瑶山遗址出土的玉纺轮

　　瑶山第 11 号墓的带杆玉纺轮在出土时是和陶器摆放在一起的，有专家推测，良渚王后虽然地位较高，但依旧参与纺织，或者说她对当时纺织业的进步起到了至关重要的作用。整套纺轮的形制在我国 20 世纪 70 年代至现在的农村还依然有人在使用，可见先民们的智慧在后世依然有所延续。

第二节 | 贵族

除了象征着王权的国之礼器，良渚玉器出土的另一重要门类是贵族配饰。

一、贵族身份的体现

第一等级的王族墓葬有琮、璧、钺，但三类玉器不齐全或只有一件琢纹玉器的墓葬也可归为贵族墓葬。良渚时期墓葬中出土的贵族配饰也是有严格等级的，就像是军人肩头显示级别的徽章。

贵族配饰主要包括男性贵族的三叉形器、冠状饰、半圆形冠饰、成组锥形器等头饰，以及女性贵族的项链、胸饰、镯、串系管珠等，还有鸟、龟、鱼、蝉等动物造型的玉器。玉器的装饰纹样均以神人兽面像为主。

我们会发现，贵族们的这些配饰在王族墓葬中也往往都能找到，但在规格、数量、精致程度等方面却与王族存在着一定的差异。

二、贵族们的用玉

1. 三叉形器

三叉形器，是良渚玉器中较为特殊的器类，其基本形制为下端圆弧形，上端对称的方柱体平头三叉，因而得名（见图 16-7）。

目前发掘品仅见于浙江的余杭、桐乡、海宁等地的墓葬，这些墓葬据推测均为男性高等级大墓。出土时放置在墓主人头部的位置，一般每个墓葬仅一件。中叉的孔均为上下贯通的竖孔，可能是用来穿插组装其他物件的。出土时，与中叉对应处常有玉管等相连接。两边的叉上，分竖孔、牛鼻状孔和无孔 3 种情况。

约半数三叉形器琢刻有精致的神人兽面图像，有的器物正反两面都有纤细的雕刻。其用途推测可能是巫师们头冠上的某种装饰，在良渚的不同时期也呈现出了形制的一些演变。

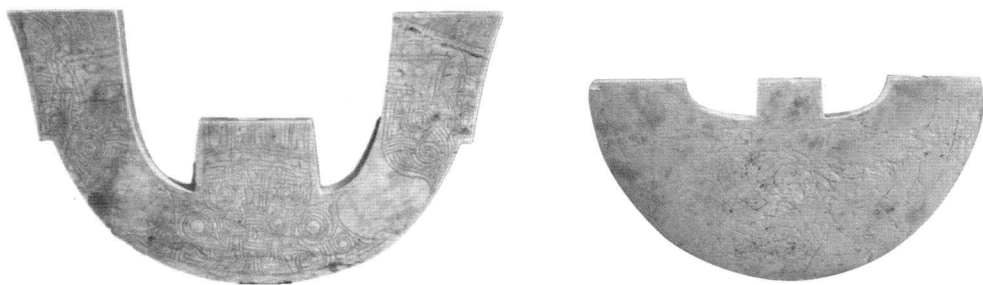

图 16-7　不同时期的三叉形器

2. 冠状饰

冠状饰一般为形体较薄的倒梯形，上端中间往往有凸起的尖，下端修成扁榫状，有小孔，便于固定。其整体形态与良渚文化神徽的羽冠形态十分相像，因此被称为冠状饰（见图 16-8）。这是良渚文化独有的一种玉器，在玉礼器系统中占有十分重要的地位。

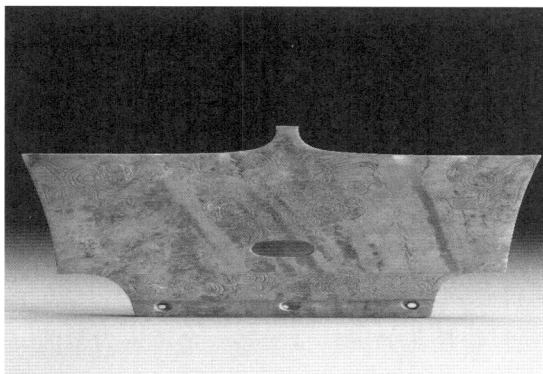

图 16-8　冠状饰

冠状饰的形态，之前一直认为是嵌在神偶头上使用的一种玉器。直到 1999 年对浙江海盐周家浜遗址进行发掘，出土了一件玉背象牙梳，才解开了冠状玉器的谜团：原来冠状饰只是这种窄梯形梳子的一个部分，下部的梳齿可能是因腐蚀或丢失而不见了踪影。因此这些嵌于梳齿上部的玉冠状饰后来也被称为"玉梳背饰"。冠状饰只出土于地位较高的墓葬中，反映了这种带有冠状饰的梳子除了梳理头发的实际用途外，更重要的应是巫师和首领插在头上作为身份和地位象征的一种装饰。

3. 半圆形冠饰

整器为扁平的半圆形，正面一般呈凸弧面，有刻兽面神徽和素面两种，背面略凹，一般有 3 组牛鼻状隧孔，便于穿缀（见图 16-9）。

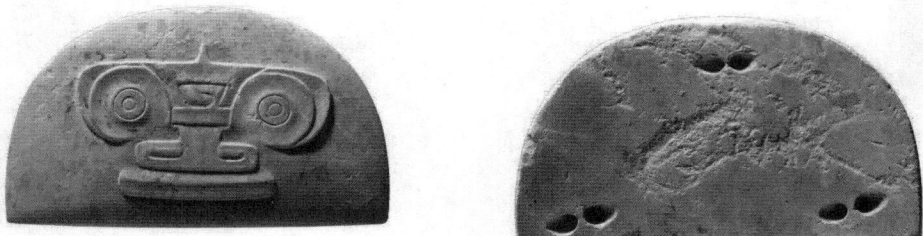

图 16-9　半圆形冠饰的正面与背面

在反山遗址发掘中出土的半圆形冠饰，均为 4 件一组共出。出土时均位于墓主人头部的上方，围成一个圆形，所以推测应是冠帽上的一种装饰。出土 4 套半圆形冠饰的反山遗址墓葬几乎是反山王陵中规格最高的 4 座。这表明半圆形冠饰很有可能具有一定限度的表示身份、地位的特定功能。

4. 成组锥形器

锥形器，是整体较细长的玉器，也是良渚玉器中很特殊的一类，它见于良渚文化大中小型各等级墓葬中。其横截面有方、圆两种，以素面者居多，少数琢有神徽图案的通常只见于等级较高的显贵者墓葬中。

锥形器的使用有着很明显的等级烙印。在良渚文化规格很高的墓葬里，往往一墓同时有多件锥形器出土，且呈集束状位于墓主人头部。这种成组的锥形器数量多为奇数，少者 3 或 5 件，7 件较为多见，而等级最高的墓葬中一般一组有 9 件或 11 件。每一组中，往往有一件是制作精美的琢纹锥形器，余者皆为素面，且形体长短有两两对称的现象（见图 16-10）。考古发现，少数男性显贵者在使用成组锥形器方面似乎更有特权，而且墓内随葬的锥形器件数，在一定程度上体现了墓主人生前的地位和权势。

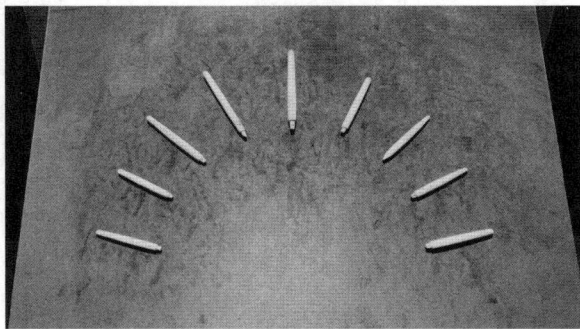

图 16-10　成组锥形器

5. 玉鸟

俯视展翅型圆雕玉鸟，目前仅见于反山与瑶山两处遗址，共出土 5 件。其形态颇似展翅飞翔的燕子，在鸟的腹部钻有牛鼻状隧孔。出土时一般位于墓主人下肢部位，推测应是缝缀于巫师衣袍下部的一种功能性装饰（见图 16-11）。

侧立型玉鸟首见于良渚文化，鸟的个体远小于前一种玉鸟，形似性情温和的鹊、鸽之类。造型小巧别致，琢刻生动形象（见图 16-12）。

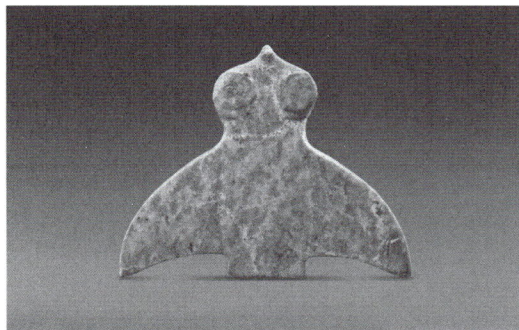

图 16-11　俯视展翅型圆雕玉鸟

图 16-12　侧立型玉鸟

第三节 | 平民

当对琮、钺、璧等玉礼器的占有，成为一种控制神权、社会政治及军事权力的有效手段时，必然促使少数人员（尤其是神职人员）想方设法地垄断这些玉器及其高端的制琢技艺。那么，作为良渚文化社会中人数最庞大的基层平民，与玉器之间又是怎样的一种关系呢？

一、平民的墓穴

平民的墓穴一般散见于居住遗址附近或由普通小墓集中形成的墓地，无专门营建的与祭祀相关的墓地。墓坑一般浅而小，个别有木棺葬具。随葬品主要有罐、壶等陶器，以及石钺、石镰、石锛等生产工具。在该类墓地中，出土了大量锥形器、管、珠、坠等小件玉器，但不见与神徽崇拜相关的玉礼器。

不同的平民墓穴中玉器的出土率高低不一，但平民阶层较普遍拥有和使用玉器已经是不争的事实。良渚社会用玉的普遍性，与高土台显贵者大墓垄断琮、钺、璧等特定玉器器形、独占神的形象和祭祀场所的现象，形成了巨大的反差。

当然，还有一类无任何玉器随葬品的墓葬。这些墓葬往往位于高等级显贵者墓地附近，具有明显的从属地位，其等级地位在社会中可能更为低下。

二、平民的玉器

1. 管、珠

管（见图 16-13）和珠（见图 16-14）是良渚玉器中最普及化和最平民化的器类。它们是以自身的造型定名，主要用绳线贯穿相连的方式，将穿孔玉器穿系成串的器类，也是形成组佩件复合型玉器的重要基础构件。由数量不同的玉管、玉珠直接串联而成的佩挂饰，或由它们跟璜、坠等玉器共同组成的佩挂饰，在良渚墓葬中常能见到。

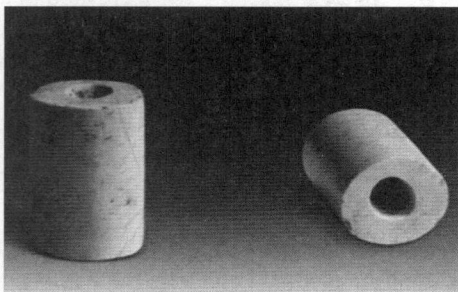

图 16-13　玉管

图 16-14　玉珠

2. 锥形器

前面我们已经学过，锥形器是良渚玉器中很特殊的一类，它见于良渚文化大中小型各等级墓葬。所以，在某种程度上，它跟管、珠一样是良渚玉器中最普及化和最平民化的器类。

锥形器在一般低等级的小型墓葬中以一墓一件居绝大多数，绝少超过 3 件。出土位置也与出土成组锥形器的墓葬不同，主要见于墓主人腰腹两侧。

在良渚文化墓葬中，这样既在平民墓葬中大量出土、又有严格等级限定的随葬器物，除了锥形器外只有钺——石钺是良渚墓葬中常见的器类，但制作精美的玉钺却只见于高等级的显贵者墓葬中。

❤ 本章小结

在良渚文化遗址中，我们可以看到，玉器的使用起到了等级划分的效果，体现了王者的尊贵及男女贵族的分工，"明尊卑、别贵贱"，已经形成了一整套的用玉制度。其中，墓葬作为原始人类意识形态和社会组织结构最直接的反映，随葬玉器的数量、品质、种类、形制、组合，不仅代表了墓主人的身份地位，而且反映出私有制产生、贫富分化、阶层出现等社会现状。

通过对璧、璜、圆形牌饰、玉纺轮、三叉形器、冠状饰、半圆形冠饰、锥形器、玉鸟、管、珠等玉器的进一步学习，我们明白了良渚文化以随葬玉器为重要标识的从王族到贵族再到平民的不同类型墓葬的划分，展示了良渚社会复杂的多层次的社会结构。

☷ 探寻良渚先民
钟爱的各类玉器

王陵、贵族墓、平民墓的巨大等级差异，也进一步说明了良渚文化时期原先以平等互惠的人际关系为标志的简单社会隐退了，取而代之的，是一个以人群和聚落等级化为特征的复杂社会。在这个新兴社会中，普通人与显贵、普通聚落与中心聚落，有着不同的政治与经济地位。这种复杂社会的形成，是文明与国家产生的重要前提。

☷ 探究良渚文化
中的社会结构

可以说，良渚文化所创造的玉礼器系统及治国理念，正是后世中华礼制的源头。

参考文献

蒋卫东.玉器的故事[M].杭州:杭州出版社，2013.

刘斌.法器与王权:良渚文化玉器[M].杭州:浙江大学出版社，2019.

刘斌.神巫的世界[M].杭州:杭州出版社，2013.

孙机.汉代物质文化资料图说[M].北京:文物出版社，1991.

王书敏.太湖流域史前社会的礼器与礼制[J].东南文化，2005(5): 25-32.

吴汝祚.良渚文化礼制的形成及其影响[J].杭州师范学院学报(人文社会科学版)，2001(1): 33-37.

思考与练习

一、判断题（正确打"√"，不正确的打"×"）

1.良渚时期的用玉已经有了明确的男女之分和森严的等级尊卑。 （ 　 ）

2.良渚玉器仅在王族和贵族的墓穴中出土，平民墓穴中没有玉器随葬。　　　　（　　）

3.玉璧与玉琮、玉钺等良渚玉器一样，刻纹都以神徽图案为主。　　　　　　（　　）

4.良渚时期，玉璜更常见的是和玉管、玉珠等物件，以穿线相连为主要方式组成串状玉佩。

（　　）

5.良渚文化墓葬中，锥形器是唯一一种既在平民墓葬中大量出土、又有严格等级限定的随葬器物。　　　　　　　　　　　　　　　　　　　　　　　　　　　　　　　　　（　　）

6.璜、管和珠是良渚玉器中最普及化和最平民化的器类。　　　　　　　　　（　　）

7.锥形器从墓葬中出土时，大多位于墓主人的头部。　　　　　　　　　　　（　　）

二、填空

1.反山和_____墓地是迄今发现的保存最好、最具典型性的良渚王族墓地。

2.瑶山遗址北排墓葬中的第 11 号墓，被考古学家推测其为良渚_____之墓。

3._____也被称为"玉梳背饰"，除了梳理头发的实际用途外，更重要的应是巫师和首领插在头上作为身份和地位象征的一种装饰。

4.良渚文化所创造的玉礼器系统及治国理念，是后世_____的源头。

三、名词解释

1.礼制

2.玉礼器

3.玉璧

四、论述题

1.良渚玉礼制的主要特征有哪些？

2.良渚玉璧的器形变化规律与玉琮等其他良渚玉器的演变趋势相比的明显区别是什么？

3.对玉璧功能的推测主要有哪些？

4.在瑶山遗址的发掘过程中，专家们是如何做出男女性别与南北墓葬对应的推测的？

5.男性和女性贵族的玉器配饰分别主要有哪些器类？

6.请简述不同等级墓葬中锥形器的使用规定。

7.为何说墓葬是原始人类意识形态和社会组织结构最直接的反映？

第十六章思考与练习答案

第十七章　玉之传承

课前导引

学习目标

（1）了解良渚玉器传播过程中的代表性遗址。

（2）了解良渚玉器传承过程中代表性器类的形制变化特征。

（3）熟悉良渚玉器对外传播的代表性器类。

（4）掌握良渚玉器玉礼制系统传承的基本规律。

关键词语

√传播　　　　√传承　　　　√核心区　　　　√扩展区

√影响区　　　√世俗化

学习导图

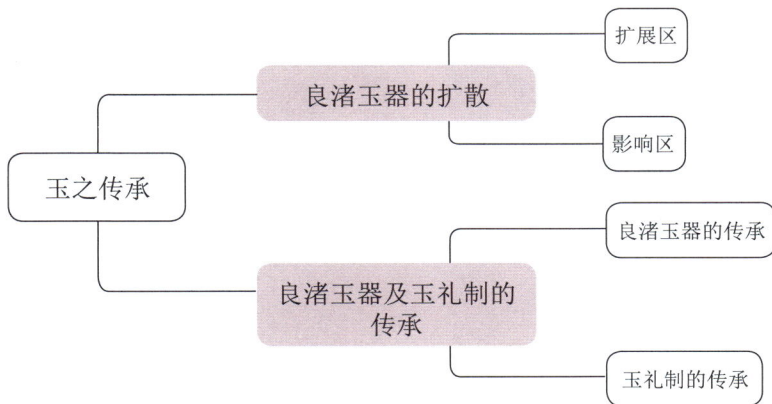

玉之传承

在中国长达 9000 年的玉文化发展历程中，古玉器犹如一位使者，从远古走来，串联起中华文明星光闪闪的点滴。从中原到西北，从黄河下游到长江流域，玉器犹如满天星斗，凝聚了那个时代全部的精华，折射出地域交往的频繁，也反映出中国古代文明海纳百川、开放包容的气质。

玉器的珍贵稀少，尤其是其本身所体现的审美和宗教等方面的精神内涵，使得玉器有着与生俱来的传播性和继承性。大型玉礼器的出现，更是揭开了华夏礼制社会的序幕。

那么，承载着良渚先民创造力的独特原始礼制的良渚玉器是怎样走向更广阔的地域的？与其他地区的玉文化产生了怎样的碰撞？与中国古代礼制社会的形成和发展之间又存在着什么样的关系呢？

让我们带着这些问题一起学习良渚玉器"玉魂国魄"的最后一个章节——玉之传承。

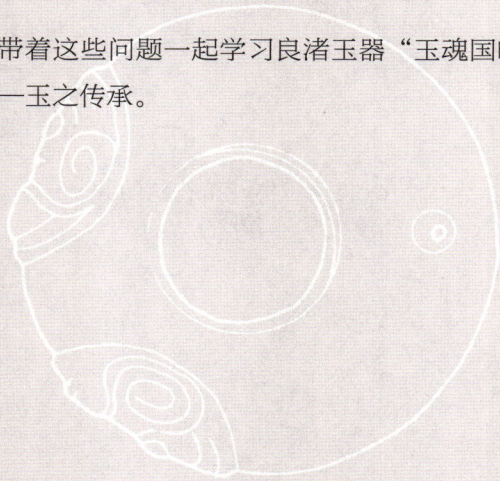

第一节 | 良渚玉器的扩散

良渚文化的去向及其对外的影响或传播，是良渚玉器研究的重要内容。根据目前在我国各地出土的良渚玉器的情况，本节主要从地理空间概念上来描述良渚玉器的传播范围与主要器类。如果把良渚古城遗址及邻近的良渚遗址群作为核心区，我们可以把外围进一步划分成扩展区和影响区。

一、扩展区

扩展区主要包括江淮地区的新沂花厅、海安青墩和浙南地区的遂昌好川、温州老鼠山等，因毗邻太湖流域，含有较多的良渚文化因素而受到特别的青睐。我们来具体看两个代表性遗址。

1. 江苏新沂花厅遗址

1987年与1989年两次发掘的花厅遗址北区墓地，清理出墓葬62座。墓葬的葬式、头向及随葬陶器的基本组合，都属于大汶口文化的风格，但出土玉器中，琢刻神人兽面纹饰的琮、琮式管、锥形器与素面的冠状饰、锥形器、璧、钺等，都具有典型的良渚文化玉礼器的特质（见图17-1）。

图17-1 花厅遗址玉器出土情况

研究者们认为这里可能是良渚文化北征时为缅怀异乡战死的英雄的墓葬，也有认为这是花厅古国与属于良渚文化的某一古国之间联姻或联盟的产物。但无论如何，代表权力和信仰的玉礼器的出现，应是良渚古国疆界和权力所及的一种表现。

2. 浙江遂昌好川遗址

1997年发掘的好川墓地，也明显存在多种文化混合的现象，墓葬形制、随葬品组合等，与良渚文化迥然有别。印纹陶罐、釜、三足盘等陶器和嵌玉漆器等显示出当地固有的文化传统和特色，但随葬玉器中的锥形器、琮式管等却有着明显的良渚文化身影。

二、影响区

如果继续放宽视野，我们便会发现良渚玉器在更广阔的天地里，发挥着其超强的影响力。在目前已知的 40 余种良渚文化玉器中，"内圆外方"的玉琮是最具形体原创意义的器物。考古资料显示，在新石器时代晚期这一特定的时间段中，以玉琮为代表的良渚玉器，其出土范围北抵陕西石峁遗址与山西陶寺遗址，南抵广东石峡文化，西北至甘肃青海地区的齐家文化，涉及江、浙、沪以外的十多个省份。玉琮也因此被称为同时期辐射面最宽、影响力最强的器物。

1. 北向传播

之前对江苏新沂花厅遗址的学习已经让我们知道了大汶口文化与良渚文化共存的现象，与良渚文化完全相同的玉器遗物的出土印证了良渚文化向北发展，并与大汶口文化相融合的趋势。

继续往北，在山东莒县陵阳河遗址出土了类似良渚文化的玉锥形器、阶梯状玉镶嵌饰片等，与在浙江遂昌好川遗址和温州老鼠山遗址中发现的同类玉器十分一致。在山东五莲县丹土遗址出土了类似良渚文化的玉琮等玉器。这些都更进一步地说明了良渚文化与大汶口文化的融合，经过山东龙山文化演变和发展的现象，以及进入龙山时代以后，文化交流圈的扩大。

2. 南向传播

在良渚文化西南方向的广东曲江石峡文化中，曾出土过较多的玉琮和石琮，它们在造型、图案等方面与良渚玉琮如出一辙。共同出土的璧、钺、锥形器等玉器，也明显为良渚文化的典型器。如果将其理解为一般文化交流的结果，且不言良渚与石峡相隔千山万水，作为良渚文化神权象征的玉琮被交换输入其他文化，也是难以想象的。所以，这很有可能是良渚人直接到达珠江流域的一个证明。

3. 西北向传播

1981 年，延安曾征集到一组玉器，除玉琮之外还有玉璧、玉斧等。据报道，这些玉器一般出于山巅附近，与良渚玉器的埋葬情况十分相似，琮的形制也与良渚玉琮并无二致。

另外，山西襄汾陶寺遗址、芮城清凉寺遗址，以及甘肃、青海的齐家文化遗址中也出土了与良渚文化类似的琮、璧等玉器。虽然这些玉琮一般光素无纹，但从其形态发展分析，显然应该是受了良渚文化后续的影响，而且尚未发现西北地区此前有用玉传统，也未找到琮、璧的早期形态渊源。

另外在河南偃师二里头、殷墟等许多夏商时代的遗址中，也都发现了源自良渚文化的玉琮、玉璧，以及良渚文化或长江与黄淮下游地区其他史前文化的玉钺等玉器。良渚式的玉琮、玉璧和玉锥形器等还发现于四川广汉三星堆及成都金沙等商周时代的遗址中。这些发现为我们理解良渚文化的后续发展，以及中华文化从多源走向大一统的融合过程提供了启示。

第二节 良渚玉器及玉礼制的传承

▣ 探究良渚文化中
的玉文化

目前在太湖流域没有发现良渚文化之后的大型墓葬，加之马桥文化与良渚文化在文化面貌上的断层等原因，有许多学者做出了良渚文化消亡的推断，并提出了种种有关消亡原因的假说。但是从玉器的角度看，在良渚文化的晚期及之后，良渚玉器并没有断灭消失，而是在向外传播的过程中得到了不断的发展演化和传承。

一、良渚玉器的传承

良渚文化晚期的江苏新沂花厅遗址与广东石峡文化中出土的典型的良渚玉器，让我们看到了以玉器为重要载体的良渚文化北渐南传的扩张之势。

在相当于龙山文化或稍晚进入夏代的阶段，浙江遂昌好川、温州老鼠山，以及山东、山西、陕西、甘肃等地区的遗址中出土了众多与良渚文化有关的玉器，种类主要有阶梯状台形玉镶嵌饰片（见图 17-2）、玉锥形器、玉璧、玉钺及玉琮等。这些玉器与良渚文化玉器相比，在形态内涵上具有明显的演化传承关系。

图 17-2 浙江遂昌好川遗址出土的玉镶嵌饰片

与阶梯状台形玉片一致的图案，曾施刻于良渚文化晚期的玉琮和玉璧上，所以这一图形显然是与良渚人的信仰有关的一种符号。作为玉镶嵌饰片的形式出现，应是祭祀形式转化的一种反映，无论是作为观念形态的传播，还是人的流动繁衍，其与良渚文化的传承关系是毋庸赘言的。

玉锥形器，尤其是方形的玉锥形器，是由施刻神徽图案的良渚文化玉锥形器发展而来的。

玉璧虽然是一种造型相对简单的玉器，但直径在 20 厘米左右的玉璧，除良渚文化之外，也很难找到其他根源。

玉钺除良渚文化之外，在中国的东半部有着较广泛的文化基础。目前我们尚不能完全断言是出自良渚文化的传播，但因为是与玉琮等明显文化归属的玉器共出，所以便增加了与良渚文化之间存在渊源的可能性。

外方内圆的玉琮，在良渚文化中有着清晰的演变逻辑，四周有竖槽和横的分节槽的玉琮，更是除了良渚文化之外绝无其他渊源可寻。还有较多的玉琮刻画出了与良渚文化玉琮一致或相似的神徽，显然是直接吸纳或借鉴了良渚文化的产品。

这些远隔千里、持续千年的玉器，为我们研究中华文明的融合过程和发展历程，提供了一扇重要的窗口。良渚玉器对北方黄河流域的影响尤为深远，商代玉器的种类很多都可以在良渚文化玉器中找到雏形，特别是良渚文化的兽面纹和玉石镶嵌技术，不仅完全被商代所吸收，而且对商周青铜器制造也产生了一定的影响。目前学术界一般认为，良渚文化玉琮上的兽面纹就是商周青铜器饕餮纹的雏形，而玉石镶嵌技术又为商代以后的铜嵌玉的出现奠定了基础。

在后来历朝历代的发展中，虽然很多良渚玉器最初的功能逐渐在历史长河中被遗忘，但是人们对良渚玉器的传承一直延续至今。

以玉琮为例，在良渚文化之后，黄河下游龙山文化出土的琮的数量并不多，而黄河中上游的陶寺、齐家文化等出土的玉琮则相对数量丰富且形成了固定的形制：素面、近正方体。考古学家据此还原出了这种玉琮可能的承袭路线：最早出自陕晋地区，进而扩展到黄河上游，最后为商周玉琮所传承。

有意思的是，大概从汉代开始，琮的具体作用就不太为人所知，但人们仍然一直在仿制玉琮，如宋代制作的以良渚玉琮为外形的琮式瓶（见图 17-3）。各朝代仿制的玉琮在形体、纹饰、结构等方面会有不同的调整或简化，但其"外方内圆中空"的结构一直到清代都没有发生变化。据说一生收藏玉器无数的乾隆皇帝，对良渚玉琮爱不释手，但却一直将它错当成汉代之物，以为它是汉代贵族车辇抬竿上的饰件，把它叫作"捆头"，甚至还叫人配上了珐琅铜质内胆，作香熏或笔筒使用（见图 17-4）。

图 17-3　龙泉窑青釉琮式瓶（宋代）

图 17-4　乾隆收藏的玉琮及其内胆

二、玉礼制的传承

良渚的权贵们通过一整套标识身份的成组玉礼器及其背后的礼仪制度，达到对神权的控制，从而完成对王权、军权和财权的垄断。良渚文化所创造的玉礼器系统反映了中国最早的礼制，说明在良渚时期已经产生了以礼治国的思想萌芽，而这种礼制也伴随着持续的变化一直传承至封建社会后期。

1. 夏商周时期

玉作为矿物的神圣性与神秘性继续延续发展，但作为祭祀神灵和权力象征的标识物地位却在进入青铜时代以后有所下降，并逐渐被青铜器所取代。鼎等青铜礼器，成为国家和权力的象征。铸铜技术除了用于礼器制造外，还主要用在兵器制作方面。正如《左传》中所说的"国之大事，在祀与戎"。

这一时期，中原王朝的国家制度逐渐形成体系，社会形态发生剧变，王权与军事政权取代巫觋神权，成为国家政治的核心。玉器显然广泛吸收了新石器时代玉文化的精髓，形成了以兵器仪仗类为主的玉礼器群，这些精美的玉器既是当时社会宗教思想、礼仪规范的代表与象征，也是手工业技术、审美意识、时代精神的集中体现，是中国玉文化发展史上的又一个高峰。

随着新技术的产生，玉器的制作工艺得到了更大的发展，品种和数量进一步丰富。用玉的理念和玉器的功能，被重新规定和系统化。据《周礼·春官·大宗伯》记载："以玉作六器，以礼天地四方。以苍璧礼天，以黄琮礼地，以青圭礼东方，以赤璋礼南方，以白琥礼西方，以玄璜礼北方。"其中，把璧放在礼天地、祀神祇的"六器"之首，可能也与良渚文化晚期璧在良渚玉器中的礼仪地位日益显赫的趋势有着一定的联系（见图 17-5）。

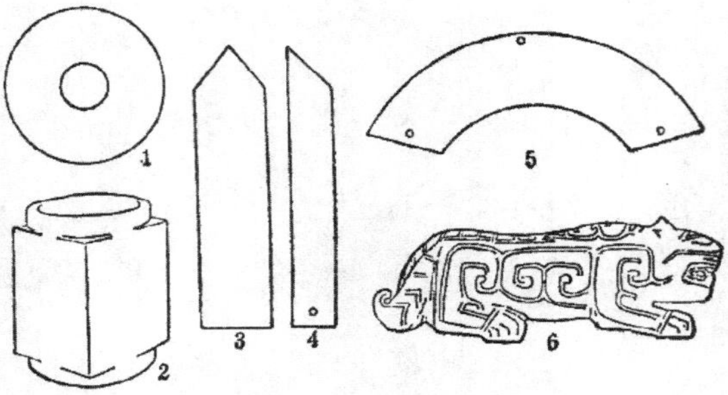

注：1.璧；2.琮；3.圭；4.璋；5.璜；6.琥。

图17-5　夏鼐界定的"六瑞玉"

从全国的发现来看，这时期的玉器，在文化特征上逐渐走向一体化。良渚文化系统的琮、璧、钺、璜等被继承和发展，同时又产生了圭、璋、琥、戈等许多新的玉礼器。圭、璧成为这一时期具有代表性的器物，在标志身份时有着十分重要的地位，正如《周礼·春官·大宗伯》所说："王执镇圭，公执桓圭，侯执信圭，伯执躬圭，子执谷璧，男执蒲璧。"以玉器尺寸大小和璧面纹饰的不同来区别职位的高低。

春秋战国时期，是玉器制造的繁荣发展时期。种类繁多、雕琢精巧、镂空透雕与细密的满花装饰，成为这一时期玉器的特点。动物造型与装饰内容，从以前的形象生动，转变为神秘抽象。在崇玉风尚方面，更是达到了前所未有的盛况。"和氏璧"与"随侯珠"等玉器，被奉为天下之至宝，甚至能引起诸侯之间的纷争。对玉的定位与认知进一步人格化与道德化，所谓"君子比德于玉"，"君子无故，玉不去身"。佩玉成为当时社会道德礼仪的规定。

2. 秦汉至南北朝时期

秦汉时期，国家一统，在文化上更是达到了前所未有的大同状态，人们在日常生活与文化信仰等各个方面越来越规范与统一。从全国玉器的出土情况来看，秦汉时期达到了一个新的高潮。玉器的形制及其使用或佩戴方式，沿用春秋战国以来的习俗。

在体现礼制方面，也继续延续着自春秋以来逐渐生活化与礼仪化的趋势，社会地位的尊卑高下，日常生活的举止进退，无一不受礼的约束，处处都有礼法的规定。夏商以前以玉敬事神灵为其主流功用的现象基本消失。

在对玉质本身的信仰方面，则进一步发展了自上古以来的灵物观念，以玉殓尸的风俗可谓空前绝后。《周礼·春官宗伯·郁人/典瑞》中即有"疏璧琮，以殓尸"的记载，春秋战国时代一般只见有玉覆面或玉琀，而到了汉代则发展为以金、银或铜线穿缀的包裹整个身体的"玉衣"。普通人一般是在口中或手中放玉，《后汉书·礼仪志》称为"饭含珠玉"。在汉魏六朝时期，玉琀一般做成蝉形，因为蝉有从土中钻出，蜕变羽化的过程，寄托了人们转世成仙的愿望。手中放置的玉称为玉握，一般做成猪形，象征财富。

3. 隋唐以后

隋唐以后用玉的理念发生了很大改变，玉在礼仪与灵性方面的概念逐渐被淡化，更多的只是作为珍贵与美丽的材质，广受人们的喜爱。除了皇家仍然使用圭、璧等玉礼器之外，一般的玉器制作则走向世俗化，以写实的艺术手法表现现实生活和当时的社会思潮，玉雕工艺技术不断发展提升。金银嵌玉头饰和手镯等，一直深受妇女们的喜爱，而玉带则成为唐至明代官员等级的标志之一。

本章小结

良渚文明在距今 4300 年后渐渐没落了，但作为良渚文明中最重要因子的良渚玉器的影响，却远不止当时当代当地。它"随风潜入夜"般地得到了有序的传承，发挥着超强的辐射力，影响力遍及九州。它所表现出的跨越地域和时代的传承，让后人赞叹不已。

在新石器时代，玉器是沟通天地的使者；夏商周三代，玉融入了国家礼乐体系，是区分等级的手段；秦汉以后，玉更成为修身喻德的象征。在漫长的历史发展过程中，玉器的使用逐步由上往下扩散，经历了从代表神权、王权集中于贵族，到士人普遍使用，再到作为日常用品人人皆可用的过程。在各个历史时期，玉器虽呈现不同的时代特征和含义，却与中华文明、中华文化的发展主线紧密相扣，成为研究中国古代文明发展演进历程的重要途径。

良渚玉器是研究中国古代礼制形成及中华 5000 年文明无可替代的重要实证之一。

参考文献

邓淑苹. 玉礼器与玉礼制初探[J]. 南方文物，2017(1)：210-236.

方向明. 琮·璧：良渚玉文明因子的接力与传承[J]. 大众考古，2015(8)：41-48.

蒋卫东. 玉器的故事[M]. 杭州：杭州出版社，2013.

刘斌. 法器与王权：良渚文化玉器[M]. 杭州：浙江大学出版社，2019.

刘斌. 神巫的世界[M]. 杭州：杭州出版社，2013.

王书敏. 太湖流域史前社会的礼器与礼制[J]. 东南文化，2005(5)：25-32.

吴汝祚. 良渚文化礼制的形成及其影响[J]. 杭州师范大学学报（人文社会科学版），2001(1)：33-37.

张向瑜. 良渚玉器：五千年前的"国之重器"：实证中华文明是一个连续的不曾断裂的过程[N]. 杭州日报，2019-07-07(10).

思考与练习

一、判断题（正确打"√"，不正确的打"×"）

1.毗邻黄河流域的新沂花厅、海安青墩、遂昌好川、温州老鼠山等遗址，含有较多的良渚文化因素。   （　　）

2.在河南偃师二里头、殷墟等许多夏商时代的遗址中，也都发现了源自良渚文化的玉琮、玉璧。

（　　）

3.龙山文化中方形的玉锥形器，是由施刻神徽图案的良渚文化玉锥形器发展而来的。   （　　）

4.良渚玉器的玉石镶嵌技术为周代以后的铜嵌玉的出现奠定了基础。   （　　）

5.《周礼》中，把琮放在礼天地、祀神祇的"六器"之首。   （　　）

6.玉带是唐至明代官员等级的标志之一。   （　　）

二、填空

1.玉器的珍贵稀少，尤其是其本身所体现的审美和宗教等方面的精神内涵，使得玉器有着与生俱来的_____和继承性。

2.江苏新沂花厅遗址存在着_____文化和良渚文化混合的现象。

3._____被称为良渚玉器中辐射面最宽、影响力最强的器物。

4.良渚式的玉琮、玉璧和玉锥形器等还发现于_____广汉三星堆及成都金沙等商周时代的遗址中。

5.各朝代仿制的玉琮在形体、纹饰、结构等方面会有不同的调整或简化，但其"_____"的结构一直到清代都没有发生变化。

6.夏商周时期，玉器作为祭祀神灵和权力象征的标识物地位逐渐被_____所取代。

三、名词解释

1.六器

2.玉琀

四、论述题

1.良渚玉器对外传播的代表性器类有哪些？

2.曾施刻于良渚文化晚期的玉琮和玉璧上的与阶梯状台形玉片一致的图案是指什么图案？它与良渚文化的传承关系是如何体现的？

3.专家们是如何推断出龙山文化时代的玉琮显然直接吸纳或借鉴了良渚文化的物品？

4.请简述良渚玉器玉礼制系统传承的基本规律。

第十七章思考与练习答案

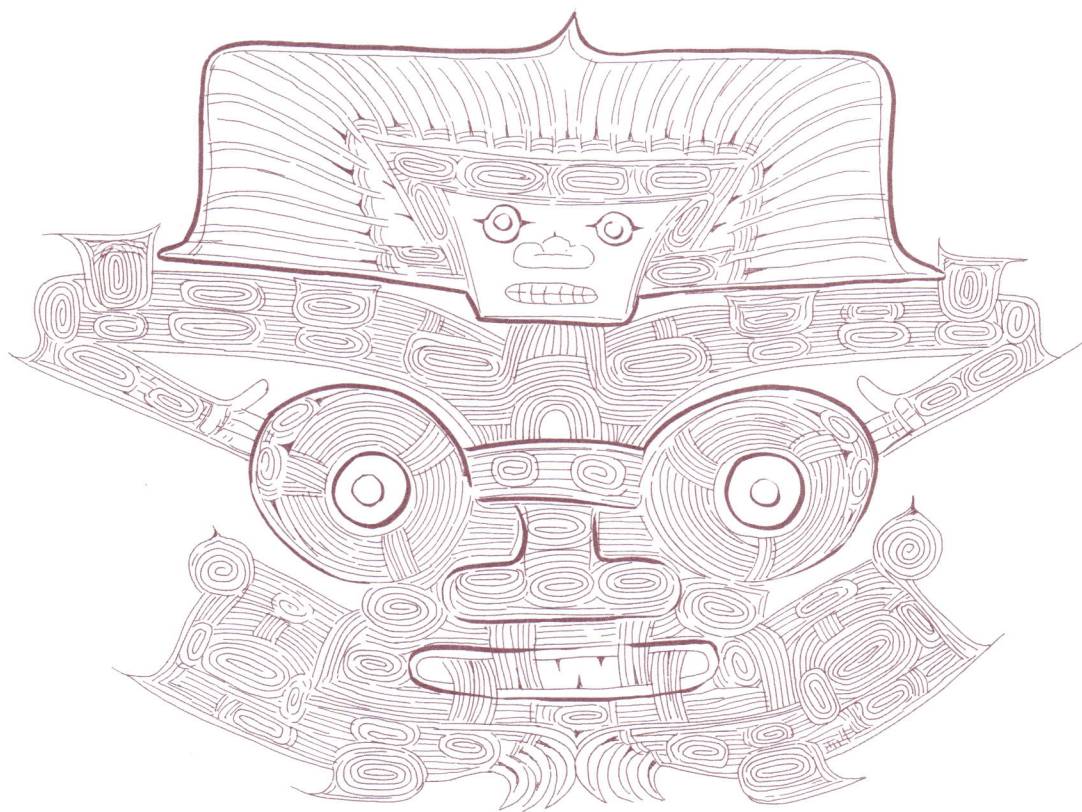

第十八章　良渚遗址的保护管理

课前导引

学习目标

（1）了解良渚遗址保护管理历程，熟悉良渚古城遗址综合保护工程。

（2）熟悉良渚古城遗址申遗及遗产价值，掌握良渚遗址保护中的"良渚模式"。

关键词语

√良渚遗址保护　　√良渚古城遗址　　√古城申遗　　√良渚模式

学习导图

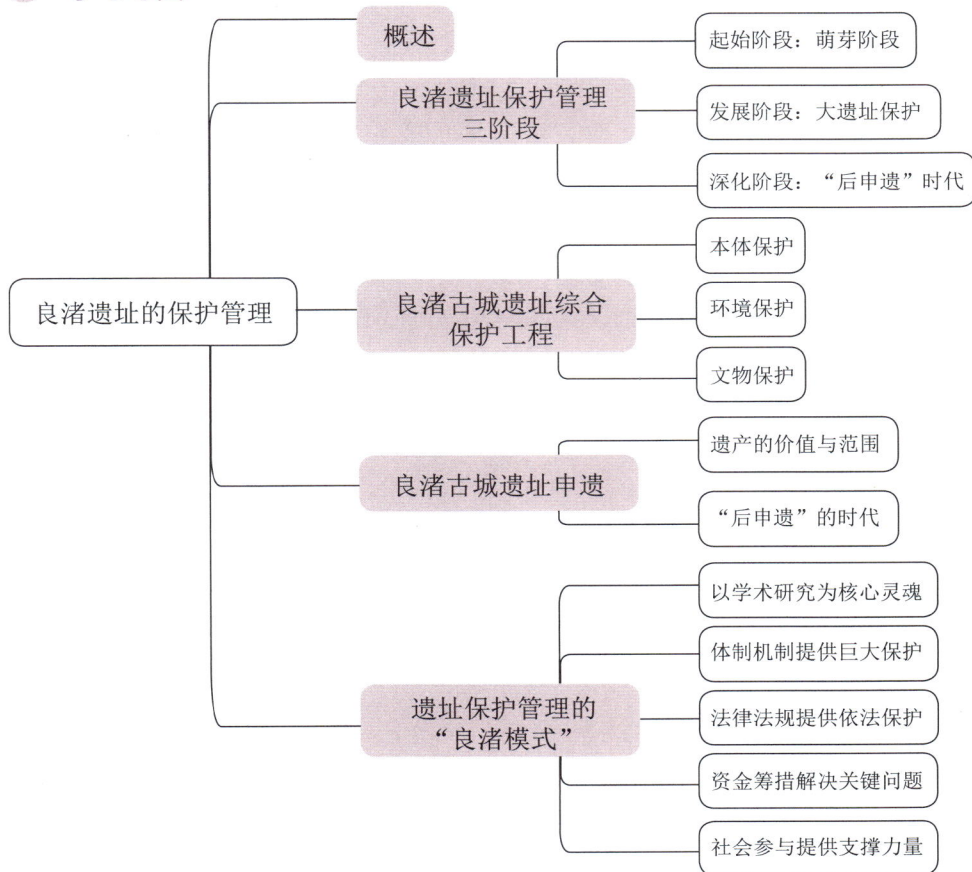

良渚遗址的保护管理

　　良渚文化是璀璨的，良渚遗址却是脆弱的。

　　如果说，良渚文化 80 多年的发现史，是不断刷新固有认知的历史，也改变了世界对中华文明的看法，那么，回顾良渚遗址的有效保护和内在精神的阐述与展示的历程，更是在没有经验可以借鉴的情况下不断探索、创新前行的历史。这段历程只有开始，没有结束，既需要专业人士的科学钻研与实践，又需要全社会乃至全人类的共同参与。

　　那么，良渚遗址的保护管理工作走过了一段怎样的历程？其中有哪些标志性的事件，取得了什么样的成果？有没有值得借鉴推广的经验？良渚古城遗址的保护又有什么独到之处？成为世界遗产后的良渚古城遗址又将如何走向"后申遗"时代？

　　本章内容将系统梳理良渚遗址保护管理工作的主要历程及重要成果，论述良渚古城遗址的综合保护管理工作、申遗及"后申遗"时代的保护管理，阐述遗址保护的"良渚模式"。

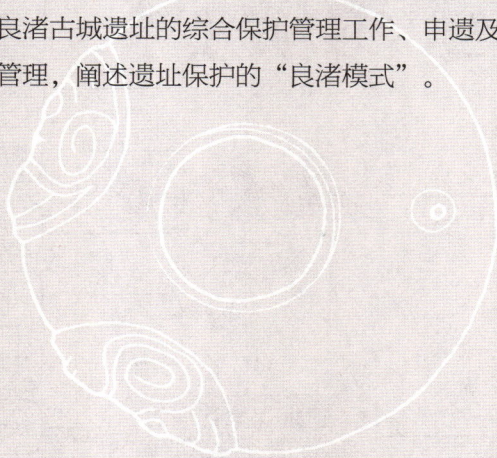

第一节 良渚遗址的保护管理概述

　　良渚遗址的保护伴随着良渚考古工作的不断推进而展开，经过了一段较长的历程。良渚遗址的考古工作虽开始于1936年，但受到当时种种因素制约，并没有得到有效保护。直到1959年夏鼐先生正式提出"良渚文化"的命名，良渚遗址的考古研究与保护管理才开启了新篇章。

　　1961年，当时全国的考古工作重心还在黄河流域，良渚遗址已被列为浙江省第一批省级文物保护单位加以保护管理。1996年，鉴于20世纪80年代反山、瑶山和20世纪90年代莫角山等遗址的重大考古发现，良渚遗址（群）升格为全国重点文物保护单位（见图18-1）。2007年，良渚古城被发现并确认以后，良渚遗址的考古发掘进入了系统化的发展阶段。2015年，在良渚古城西北方向发现了良渚文化时期的大型水利系统，并于2017年列入浙江省省级文物保护单位。2019年，鲤鱼山—老虎岭水坝遗址被列为全国重点文物保护单位。至此，良渚古城外围水利系统已全部成为全国重点文物保护单位。

图 18-1　良渚遗址群列入全国重点文物保护单位

同时，良渚遗址 6 次入选"全国十大考古发现"，1 次入选"世界十大考古新发现"、3 次列入"中国世界文化遗产预备名单"（中国申报"世界遗产名录"预备清单），并作为世界文化遗产成功入选"世界遗产名录"，充分展示了良渚遗址的重要地位和相应的保护力度。

良渚遗址保护工作历程如表 18-1 所示。

表 18-1　良渚遗址保护工作历程

序号	年份	遗址范围	内容
1	1961	良渚遗址	浙江省重点文物保护单位
2	1981	良渚遗址	浙江省省级文物保护单位
3	1989	反山遗址、瑶山遗址	"七五"期间"全国十大考古新发现"之一
4	1991	汇观山良渚文化祭坛和大墓遗址	1991 年度"全国十大考古新发现"
5	1993	莫角山良渚遗址大型建筑基址	1993 年度"全国十大考古新发现"
6	1994	良渚遗址	中国申报"世界遗产名录"预备清单和"中国二十一世纪议程优先项目计划"
7	1995	良渚遗址	浙江省政府《良渚遗址群保护规划》
8	1996	良渚遗址群	第四批全国重点文物保护单位
9	2001	良渚遗址	《中国"十五"期间大遗址保护展示专项计划》第一类第一号项目
10	2002	良渚遗址	《杭州市良渚遗址保护管理条例》
11	2006	良渚遗址	"中国世界文化遗产预备名单"
12	2007	良渚遗址	《"十一五"期间大遗址保护总体规划》100 处重要大遗址名录
13	2007	良渚文化古城遗址	2007 年度"全国十大考古新发现"
	2011	浙江余杭玉架山史前聚落遗址	2011 年度"全国十大考古新发现"
14	2012	良渚遗址	"中国世界文化遗产预备名单"
15	2013	良渚古城遗址	2011—2012 年"世界十大考古新发现"
16	2014	良渚遗址	修订《杭州市良渚遗址保护管理条例》
	2015	良渚古城外围大型水利工程	2015 年度"全国十大考古新发现"
17	2017	良渚古城外围大型水利工程	浙江省省级文物保护单位
18	2019	鲤鱼山—老虎岭水坝遗址	全国重点文物保护单位
19	2019	良渚古城遗址	"世界遗产名录"

第二节 | 良渚遗址保护管理三阶段

作为中国新石器时代晚期的重要遗址，良渚遗址 80 余年的发掘、研究和认识过程，决定了对它的保护管理是随着考古认识的不断深化而逐步提高和完善的。以 1959 年为起点，良渚遗址保护管理大致经历了 3 个阶段。

良渚遗址的
保护历程

一、起始阶段（1959—1985 年）

1959 年，良渚文化被正式命名，也成为良渚遗址保护管理的起点。1961 年，良渚遗址入选浙江省重点文物保护单位。1981 年，浙江省文物考古研究所发掘了浙江余杭瓶窑吴家埠遗址并在当地建立工作站，良渚遗址开始有了长期稳定的考古工作机构，开展专题考古调查。但这一阶段学术界对良渚文化的认知主要集中在江苏和上海两地，良渚遗址的特殊性和重要性尚未被认识，遗址保护处于萌芽状态。

二、发展阶段（1986—2006 年）

这一期间先后发掘了反山、瑶山、汇观山、莫角山等重要遗址，考古成果使学术界对良渚遗址有了新的认识，奠定了良渚遗址在良渚文化分布区的核心地位。特别是 1986 年"良渚遗址群"概念的提出，良渚遗址步入了大遗址保护阶段。1987 年，良渚文化遗址管理所成立，这是良渚遗址历史上第一个专门的保护管理机构。之后，一系列重要事件接续而来：浙江省委把良渚遗址申遗工作载入《中共浙江省委关于建设文化强省建设的决定》；设立高规格的保护机构"杭州良渚遗址管理区管理委员会"，专职负责良渚遗址的保护和"申遗"工作；制定专门的地方性保护法规——《杭州良渚遗址保护管理条例》；杭州市把良渚遗址保护和申遗工作写进党代会报告；余杭区更是集全区之力、用非常举措保护文化遗产，在全国率先建立了大遗址保护补偿机制，强势推动良渚遗址保护工作。良渚遗址的保护管理逐渐形成了一套合理严密的管理框架体制。

同时，良渚遗址的保护管理还得到了社会各方的积极配合与支持。浙江省交通厅在 1997 年，就把对良渚遗址保护造成很大影响的 104 国道南移，绕开了良渚遗址区。2002 年，为了避免石矿开采造成的污染和破坏，余杭区忍痛向这一当地经济的支柱产业动刀，关停了遗址周边的 30 多家石矿。

这一阶段，是良渚遗址保护历史上进步最快、转折最大的时期，考古研究、法律法规、体制机制等各类研究保护管理举措呈现"井喷式"爆发，为此后良渚遗址的深度研究和系统保护打下了坚实基础。

三、深化阶段（2007 年至今）

2007 年是良渚古城被确认的时期，由此将以往发现的 130 多个遗址点有机组合成一体，良渚遗址迈入都邑考古阶段，良渚考古遗址公园被批准为首批国家考古遗址公园。2013 年，良渚遗址实质性启动申遗工作，一系列开创性制度相继出台。这一阶段遗址研究和保护达到了一个新的水平，它的价值认知和社会形象也得到了明显提升。直到 2019 年良渚古城遗址作为世界文化遗产被列入"世界遗产名录"，其中一个重要基础，就是良渚古城遗址一直得到了有效的保护，而成功申遗也意味着良渚古城遗址的保护管理进入承担国际义务、履行公认的国际准则的国际视野中，良渚遗址保护工作也随之进入全新的"后申遗"时代。

第三节 | 良渚古城遗址综合保护工程

良渚古城遗址是良渚遗址的核心遗址，针对史前土遗址的共性和良渚古城遗址的特殊性，主要实施了以下几方面的保护举措。

一、本体保护

遗址本体及其价值是大遗址的核心与精髓，也是大遗址最重要的展示实体。良渚古城遗址的本体保护，严格以田野考古发掘所获资料为依据，采取既有利于遗址保护又有利于遗产展示的技术措施，最低限度地干预原有遗迹现象及其保存条件。

一是对考古遗址进行覆土回填。受制于潮湿侵蚀和风化破坏对裸露遗址本体的影响，对良渚古城遗址的重要考古遗迹，如反山王陵、莫角山宫殿区、城墙、瑶山祭坛等遗迹，在考古发掘活动结束以后，及时地进行了回填保护。部分重要考古遗迹，像反山王陵墓地、南城墙解剖点及老虎岭水利工程遗迹等还设置了保护棚加以保护（见图 18-2）。

图 18-2 老虎岭水利工程遗迹设置的保护棚

二是对人类社会活动进行外迁。考虑到遗存本体上的现代人类活动可能对遗存本体的保护产生影响，按照良渚古城遗址保护规划的有关要求，有计划地引导遗存本体上的居民外迁，并在遗产区外围设置居民规划安置点，同时，道路、工厂、企业等也不惜代价进行改道或外迁，以此防范和减少现代人类活动对遗存本体可能造成的危害。

三是对遗址进行持续的病害勘察。针对南方潮湿环境下土遗址保护存在的问题，由专业科研机构对遗存本体的裂隙、表面风化剥落、位移、倾斜、积水、地下水位、植被根系等多项监测指标进行勘察分析，为日后遗存本体的科学保护打好研究基础。

四是在遗存周边进行界桩设置。按照国家和省级文物保护单位的保护管理要求，在反山、莫角山、瑶山等重要的良渚古城遗址遗存本体旁边树立了保护界桩。同时，按照世界文化遗产的保护管理要求，在遗存本体、遗产区、缓冲区边界设置了 4242 个界桩标识（见表 18-2），向社会公众标明遗产的保护范围和保护地位（见图 18-3）。

表 18-2　界桩建设项目

界桩类型	数量 / 个
遗址本体界桩	2999
遗产区界桩	937
缓冲区界桩	306
总计	4242

图 18-3　良渚古城遗址界桩

二、环境保护

历史环境是良渚古城遗址文化内涵和重大价值的重要组成部分。良渚古城遗址的城址分布在水网平原上，城址区内分布有多条河港和大片自然及人工湿地，基本保持了良渚文化时期城址周边的湿地环境特色。这有赖于遗址保护管理相关部门多方面的努力。

一是关停石矿企业。20 世纪 90 年代，一些企业在良渚古城遗址所处的大遮山南麓开采石矿，形成了许多宕口。2002 年，根据文化遗产保护的需求，关停了 31 处采石场并对宕口进行复绿整治，消除了"石头经济"对遗址环境风貌特别是空气质量的污染，恢复了良渚遗址绿水青山、宁静悠远的面貌。

二是恢复湿地景观。原先，良渚古城城址片区内部河道水系由于受到生活、工业、农业污水的影响，水质较差，为Ⅳ～Ⅴ类。2013 年以来，加大了包括保护水源、治理污水在内的一系列水资源保护措施的管理力度，特别是 2014 年起浙江省启动了"五水共治"工程，通过一系列治理污水、防洪、排涝等举措，原有的水质问题逐步得到了解决。根据 2016 年《杭州市环境状况公报》统计，遗产区内苕溪水质监测断面均达到地表水环境质量Ⅲ类标准，水环境功能达标率为100%。同时，还严格控制良渚遗址保护范围内的土地用途，禁止随意改变水网、植被等环境地貌。近年来，还逐步外迁占压遗存本体的建筑物并整治环境，使得良渚古城城址区内的湿地生态环境得到进一步恢复。

三是建设"美丽乡村"。为了保持良渚古城遗址人类生活的连续性，当今在遗产区内还有39处自然村的居民在此地生活。对于这些保留村落，一方面，通过制定出台《良渚遗址农村私人住房外迁鼓励补偿办法（试行）》，有序引导农户主动搬迁，为遗址保护创造条件；另一方面，加强对农居建筑整体风格的控制，结合杭州市"美丽乡村"建设，实现了农居风格与遗产区整体环境的和谐统一。同时，对这些保留村落的外围，围绕良渚文化艺术走廊、安溪老集镇等重要工程节点，开展环境综合治理，通过立面改造、路面翻新、绿化种植、水面贯通、古迹恢复等措施，着力改善保留村落的外部环境。

四是推进土地流转。良渚古城遗址遗产区的土地原先主要由农户自主经营，这种分散式、碎片化的生产经营方式，不利于良渚古城遗址的整体保护。2013年以来，对良渚古城遗址城址区、瑶山遗址区的4752亩土地进行了土地流转，征收为国有农用地，在土地所有权不变的前提下进行统一经营管理，逐步恢复水稻、油菜等传统农业，适度引进、发展了轻型农业、观光农业。这种浅根系的农作物种植方式，既不破坏良渚古城遗址地下的文物遗存，也推动了遗产区的环境景观与良渚古城遗址历史环境的融合统一。

三、文物保护

良渚古城遗址的出土文物是展示良渚古城遗址重要价值的物质载体，主要收藏于浙江省博物馆、良渚博物院、杭州市余杭博物馆和浙江省文物考古研究所4个机构。这些机构的文物库房、展厅及文物修复工作室等设施的保存条件、水平尽管不尽相同，但均能满足文物保存的环境条件要求，能够控制病害并有效预防文物劣变的发生。在文物安全防护方面，这些机构的防盗保护设施和制度较为完善，能够实现对文物安全的有效保护。

除了文物保存的硬件措施以外，还对良渚古城遗址出土的每件文物进行了登记编号，对文物的质地、尺寸、质量、色泽、形状、功能等文物信息进行了详细记录，做到每一件文物都有照片、线图、文字记录和专盒管理。近些年，还利用一些新技术、新手段开展了重要文物的数字记录和三维扫描，这些科技手段的运用为文物的长远保护、综合利用奠定了基础。

第四节 | 良渚古城遗址申遗

申报世界遗产是扎实推进良渚古城遗址综合保护工程的重要抓手，而良渚古城遗址的申遗成功，更是一个重要的机遇，开启了良渚遗址保护与传承的全新时代。

📷 良渚古城遗址的申遗和"后申遗"时代

2019 年 6 月 30 日至 7 月 10 日，第 43 届世界遗产委员会会议在西亚的阿塞拜疆共和国首都巴库举行。当地时间 2019 年 7 月 6 日 10 时 42 分，会议通过决议，将中国世界文化遗产提名项目"良渚古城遗址"列入"世界遗产名录"。"良渚古城遗址"成为我国第 55 项世界遗产。从 1994 年良渚遗址首次被国家文物局推荐列入"中国申报'世界遗产名录'预备清单"，直到 2019 年最终落锤，良渚申遗走过了整整 25 年。

一、良渚古城遗址的遗产价值与范围

良渚古城遗址的申报范围包括了良渚古城、瑶山遗址和 11 条水坝，申遗面积为遗产区 14.3 平方千米和缓冲区 99.8 平方千米。良渚古城遗址作为"遗址"类遗产列入文化遗产项目，主要符合了文化遗产项目 6 条标准中的第 3 和第 4 两条标准，其价值具体体现如下。

第一，良渚古城遗址以规模宏大的城址、功能复杂的外围水利系统、分等级墓地及具有信仰与制度象征的系列玉器等出土物，揭示了中国新石器时代晚期在长江下游环太湖地区曾经存在过一个以稻作农业为经济支撑基础的、出现明显社会分化和具有统一信仰的区域性早期国家，展现出长江流域对中华文明起源阶段"多元一体"特征做出的杰出贡献。

第二，良渚古城遗址由莫角山宫殿区、内城、外郭城构成，在空间形态上展现出一种向心式三重结构——这种早期国家都城的规划特征，成为中国古代城市规划中进行社会等级"秩序"建设、凸显权力中心象征的典型手法；而作为城市水资源管理系统的外围水利工程，在选址、规模、设计与建造技术方面展现出世界同期罕见的科技水平，展现了 5000 多年前中华文明，乃至东亚地区史前稻作文明发展的极高成就，在人类文明发展史上堪称早期城市文明的杰出范例。

知识链接 世界文化遗产的内容与标准

《保护世界文化和自然遗产公约》规定，属于下列各类内容之一者，可列为"文化遗产"（cultural heritage）。

1.文物：从历史、艺术或科学角度看具有突出的普遍价值的建筑物、碑雕和碑画、具有考古性质成分或结构、铭文、窟洞及联合体。

2.建筑群：从历史、艺术或科学角度看在建筑式样、分布均匀或与环境景色结合方面具有突出的普遍价值的单立或连接的建筑群。

3.遗址：从历史、审美、人种学或人类学角度看具有突出的普遍价值的人类工程或自然与人联合工程及考古遗址等地方。

提名列入"世界遗产名录"的文化遗产项目，必须符合下列6项中的1项或几项标准。

1.代表一种独特的艺术成就，一种创造性的天才杰作。

2.能在一定时期内或世界某一文化区域内，对建筑艺术、纪念物艺术、城镇规划或景观设计方面的发展产生过大影响。

3.能为一种已消逝的文明或文化传统提供一种独特的至少是特殊的见证。

4.可作为一种建筑或建筑群或景观的杰出范例，展示出人类历史上一个（或几个）重要阶段。

5.可作为传统的人类居住地或使用地的杰出范例，代表一种（或几种）文化，尤其在不可逆转之变化的影响下变得易于损坏。

6.与具特殊普遍意义的事件或现行传统或思想或信仰或文学艺术作品有直接或实质的联系。

二、良渚古城遗址的"后申遗"时代

良渚遗产的发现、研究、保护、利用、传承尽管成果显著，但依然面临着新的课题，进入"后申遗"时代，如何继续发现和挖掘良渚遗产的内涵和底蕴，助力当代社会文化发展；如何实现保护与发展相融合，推动良渚遗产成为带动经济转型发展的新增级；如何发挥遗产增强文化自信、增进文化自觉的积极作用，将这个庞大的遗址、神秘的古城、源远流长的光阴故事一点点解析，让普罗大众对良渚遗址认知更深入和透彻，让更多的人读懂良渚遗址，了解良渚文明，提升文化内涵，成为时代托付的命题。

"后申遗"时代，良渚古城遗址的保护管理工作重点，简单概括为以下三大方面。

一是高标准保护。申遗成功，意味着遗址的保护管理进入承担国际义务、履行公认的国际准则的国际视野中。应按照国际一流标准、加强国际合作、形成高标准全方位的保护措施，包括各类制度、设施、高科技运用等。

二是系统性研究。持续推进"良渚大遗址"考古研究，进一步扩大国际合作，如建立良渚国际考古研究中心。继续立足田野,加强相关的考古调查、勘探、发掘和研究工作,掌握尽可能多的良渚文明的历史事实,揭示其形成、发展、演变、衰落的发展规律,归纳其文明模式和特点,理解其在中华文明多元一体过程中的作用、地位和特点,系统阐释文明价值。

三是社会化推广。一方面加强国民教育与传播,通过良渚博物院、良渚古城遗址公园、良渚文化国家公园,以及各类展示展览、研学宣教,特别是进入教科书等,扩大良渚文化在民众尤其是青少年中的传播和影响。另一方面扩大良渚遗址学术研究国际参与度,加强良渚文明国际表达,让"良渚声音"在世界范围内不断传播和扩大,让良渚文明跻身世界史前史序列。

良渚遗址申遗成功唤起了人们对历史文化遗产的保护意识,提升了文化品位,增强了文化自信。"后申遗"时代,杭州将打造"中华文明朝圣地"和"中国文化展示地",让良渚古城遗址融入社会,在保护中利用,在利用中进一步诠释和丰富其价值,让良渚古城遗址建成大遗址保护利用典范和文旅融合发展样板。同时,良渚古城遗址也将与西湖、大运河共同构成杭州"世界文化遗产群落",成为展现杭州历史与现实交汇中独特韵味、别样精彩的重要内容。

第五节 │ 遗址保护管理的"良渚模式"

纵观良渚遗址的保护管理历程,尽管每个阶段各有不同的形式和特点,但总体上随着考古研究的深入逐步向前推进,经历了从"单体保护"到"整体保护"、从"被动保护"到"主动保护"、从"单纯保护"到"合理利用"、从"文物部门单打独斗"到"政府社会群众协同参与"的转变。在这个过程中,研究、规划、管理、经营、建设和保护六位一体,贯穿始终,体现了良渚特色、时代特征,走出了一条重科学、重投入、重持续、重民生的保护之路,形成了一套行之有效、可持续发展的"余杭经验""良渚模式"。

📷 探究良渚古城申遗背后的故事

一、以学术研究为核心灵魂

遗产保护必须在学术研究已取得一定成果的前提下才能有效开展,只有切实发挥学术研究的基础性、引领性作用，才能为遗产保护管理工作提供理论参考和可行措施。

一方面，早在2001年，浙江省聘请国内知名的12名考古学、遗产学专家组成了"浙江省良渚遗址保护专家咨询委员会"，为良渚遗址的保护管理工作提供专业性指导。另一方面，建立了"一体两翼"的良渚学研究大格局。"一体"即良渚学，如今已成为杭州城市学的重要分支学科；"两翼"即良渚学研究实践的两大平台：浙江省文物考古研究所和良渚研究院，它们在考古发现、课题研究等多领域取得了重大成果，为良渚遗址保护和遗产价值提炼提供了翔实资料。同时，积极开展国际学术交流，通过邀请国际知名专家前来交流考察、组织国际学术会议等多种形式，提升保护研究的水平和世界影响力。

二、体制机制提供巨大保障

首先是建立专门的保护管理机构。2001年，浙江省人民政府从完整保护良渚遗址、提高管理机构行政层级和整合原有相对分散的保护管理资源的战略角度出发，批准设立了杭州良渚遗址管理区，范围为当时良渚遗址（群）所在的瓶窑镇和良渚街道，管辖面积为242平方千米。同时，成立杭州良渚遗址管理区管理委员会（见图18-4），主要职能是负责管理区范围内的文物保护、城乡规划、经济发展和社会管理。

图18-4　杭州良渚遗址管理区管理委员会

杭州良渚遗址管理区的设立，是良渚遗址保护管理历史上的里程碑事件。杭州良渚遗址管理区在全国首创以"文物特区"的形式对大遗址进行保护管理，把所辖的遗产区域、居民社区、企事业单位等自然区域和人文空间作为一个相对独立的整体进行系统综合保护，统一协调遗址保护与社会发展，为促进良渚古城遗址的长远保护提供了组织保证。杭州良渚遗址管理区管理委员会体制灵活、机制创新，一方面在文物保护业务上，接受国家文物局、浙江省文物局的业务指导；另一方面又能有效调动、整合管理区范围内的各类资源要素用于良渚遗址的保护管理，下设办公室、财政局、规划建设局、文化产业局、文物与遗产管理局、良渚博物院（良渚研究院）、杭州良渚遗址遗产监测管理中心等机构，保证了良渚遗址保护、研究和宣传等工作的有效开展。

三、法律法规推动依法保护

把法的思维、法的精神贯穿大遗址保护始终，坚持上位法和下位法结合、法制化同法治化并重，健全完善法律保障体系，推动良渚遗址保护管理走上依法治理的良性轨道。在法制化上，制定《杭州市良渚遗址保护管理条例》，将国家文物局的工作要求和《良渚遗址保护总体规划》的有关内容写进地方性法规，增强遗产保护管理刚性。依据《良渚遗址保护总体规划》，编制《良渚古城遗址管理规定》《良渚国家考古遗址公园控制性详规》《良渚古城遗址保护展示规划》等13个系列规划，推动遗址保护规划与城市发展规划、土地利用规划的对接融合，形成上下一体、左右衔接、多规合一、切实可行的规划管理体系，增强保护规划的可操作性。在法治化上，根据法律法规内容，详细梳理良渚遗址保护工作计划，推动良渚遗址保护工作列入地方"一把手工程"。全力开展文化遗产的常态化管理，建立市、区、镇、村四级文保网络，完善文物、城管、国土、公安等单位共同参与、齐抓共管的联合执法机制，始终保持对违法违规违章行为的高压态势，真正把依法保护工作落实落地。

四、资金筹措解决关键问题

遗产保护管理工作的开展，资金是关键。在良渚遗址保护管理中，牢固树立"钱人统筹"理念，建立了多方筹资、多元投入机制，如四级财政预算安排、城市发展反哺保护等，将政府主导力、企业主体力、市场配置力"三力合一"，通过机制创新、政策创新，努力破解了大遗址保护"钱从哪里来，人往哪里去"的两大关键性难题。

五、社会参与提供支撑力量

文化遗产保护是全社会共同的责任，积极鼓励和引导社会各界参与良渚文化传播和良渚遗址保护，成为"良渚模式"的重要特色。从"要我保护"到"我要保护"，经过数十年的实践，通过实行保护补偿、成立志愿团队、搭建交流平台、举办文娱活动等多种形式，基本形成了全社会支持保护、参与保护的文化自觉，"共有共保""共建共享"已成为当地所有人共同的认识理念和行为准则，为良渚遗址的保护管理工作提供了坚实的社会基础。这条经验也再次证明，社会公众是文化遗产保护的基石。

本章小结

本章系统梳理了良渚遗址保护管理工作的主要历程：起始阶段（1959—1985 年）、发展阶段（1986—2006 年）、深化阶段（2007 年至今）。良渚古城遗址综合保护工程开展情况，包括本体保护、环境保护、文物保护。本章还论述了良渚古城遗址申遗情况及"后申遗"时代的保护管理重点：高标准保护、系统性研究、社会化推广。最后阐述了遗址保护的"良渚模式"。

参考文献 ————————————

包小萍,黄莉.大遗址保护的良渚实践[N].中国文物报,2016-11-04(5).

刘斌,王宁远,陈明辉.从考古遗址到世界文化遗产:良渚古城的价值认定与保护利用[J].东南文化，2019(1)：6-13.

骆晓红,周黎明.良渚遗址保护:历程回顾与问题探讨[J].南方文物，2017(3)：268-272.

周苏.良渚古城遗址保护管理实践概述[J].自然与文化遗产研究，2020(3)，36-46.

朱叶菲.良渚遗址考古八十年[M].杭州：浙江大学出版社，2019.

思考与练习 ————————————

一、判断题（正确打"√"，不正确的打"×"）

1. 从 1981 年开始，良渚遗址有了长期稳定的考古工作机构。 （　　）

2. 1986 年"良渚遗址群"概念的提出，良渚遗址步入了大遗址保护阶段。 （　　）

3. 良渚古城遗址公园为第二批国家考古遗址公园。 （　　）

4. 积极鼓励和引导社会各界参与良渚文化传播和良渚遗址保护，成为"良渚模式"的重要特色。

（　　）

二、填空题

1.2013 年，入选 2011—2012 "世界十大考古新发现" 的是 _____。

2.良渚遗址的保护管理工作以 _____ 年为起点。

3.良渚古城遗址综合保护工程的主要内容包括 _____、_____、_____。

4.良渚古城遗址主要符合了文化遗产项目 6 条标准中的第 _____ 和 _____ 两条标准。

三、简答题

1. "一体两翼" 的良渚学研究大格局

2.良渚遗址保护管理的 4 个转变

四、论述题

1.请论述 "后申遗" 时代，良渚古城遗址的保护管理工作重点。

2.请简单论述良渚遗址保护管理的几个阶段。

3.请简单论述遗址保护的 "良渚模式"。

第十八章思考与练习答案

第十九章　良渚文化的当代价值

课前导引

学习目标

（1）熟悉良渚文化的当代价值。

（2）了解良渚文化中的良渚精神。

关键词语

√良渚文化　　　√当代价值　　　√文化自信　　　√工匠精神

学习导图

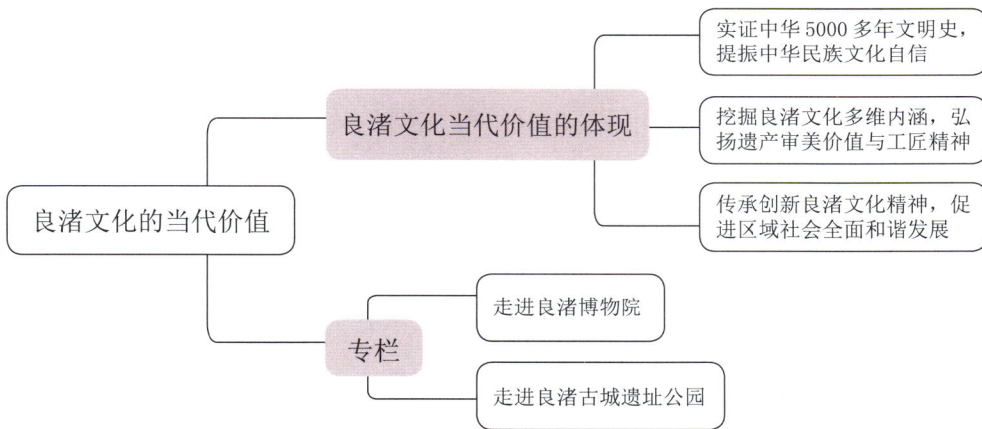

良渚文化的当代价值

　　文化兴国运兴，文化强民族强。没有高度的文化自信，没有文化的繁荣昌盛，就没有中华民族的伟大复兴。

　　良渚是实证中华 5000 多年文明史的圣地。良渚文化丰富的内涵、极高的成就和独特的普遍价值，是中华优秀传统文化的主要标志。

　　那么，我们应如何认识良渚文化的当代价值，她的价值又体现在哪些方面呢？本章内容将简要阐述良渚文化当代价值的几个方面。

　　然而，良渚文化的价值不是固定不变的，它将随着人们认识的深入、人类社会的发展，呈现出不同的内涵，释放出更多的光芒。

第一节 | 良渚文化当代价值的体现

习近平总书记在党的二十大报告中提出："加大文物和文化遗产保护力度，加强城乡建设中历史文化保护传承，建好用好国家文化公园"，"深化文明交流互鉴，推动中华文化更好走向世界"。[①]文化的繁荣发展是一个国家最深沉的软实力，是一个国家综合国力的重要组成部分。历史经验启示我们：一个民族的复兴需要强大的物质力量，也需要强大的精神力量。没有先进文化的积极引领，没有人民精神世界的极大丰富，没有民族精神力量的不断增强，一个国家、一个民族不可能屹立于世界民族之林。

中华文明 5000 多年所形成的极其灿烂辉煌的中华优秀传统文化，是中华民族的突出优势，是我们最深厚的文化软实力，具有跨越时空、超越国度、体现当代价值的永恒魅力。良渚文化是东方史前文明的突出代表，是中华文明 5000 多年历史的重要实证，也是我国史前文明的灿烂星空中极为耀眼的一颗，具有当之无愧的重要价值。而良渚文化的当代价值，至今仍像一块璞玉，需要被不断地发现和研究，它将随着人们认识的深入而逐渐丰满、日益闪耀。

一、实证中华 5000 多年文明史，提振中华民族文化自信

2013 年，良渚古城入选 2011—2012 年"世界十大考古新发现"，且仅以 4 票之差位列埃及金字塔之后，在入选的十大考古新发现中得票数排名第五。2019 年，良渚古城遗址入选"世界文化遗产名录"，标志着中华 5000 多年文明史得到了世界的广泛认可。中华文明上下 5000 年的文化认同被有力实证，大大提振了中华民族的文化自信。她是中华民族的精神家园，教育启示后人增强民族凝聚力，为社会的文明、进步服务。

良渚古城遗址是中国长江下游环太湖地区的一个区域性早期国家的权力和信仰中心所在，它以建造于距今 5300—4300 年间的规模宏大的城址、功能复杂的外围水利系统、分等级墓地（含祭坛）等一系列相关遗址，以及具有信仰与制度象征的系列玉器为主的出土物，揭示了中国新石器时代晚期在长江下游环太湖地区曾经存在过一个以稻作农业为经济支撑的、出现明显社会分化和具有统一信仰的区域性早期国家，并

① 习近平. 高举中国特色社会主义伟大旗帜　为全面建设社会主义现代化国家而团结奋斗：在中国共产党第二十次全国代表大会上的报告[N]. 人民日报，2022-10-26（01）.

以其时间早、成就高、内容丰富而展现出长江流域对中华文明起源阶段"多元一体"特征所做出的杰出贡献。良渚古城空间在形制上展现出的向心式三重结构——宫殿区、内城与外郭城，成为中国古代城市规划中进行社会等级的"秩序"建设、凸显权力中心象征意义的典型手法，揭示出长江流域早期国家的城市文明所创造的规划特征，并在中国古代礼制社会的都城规划中多次出现。同时，良渚古城所展现的"水城"规划格局与营造技术，反映了人们在湿地环境中创造的城市和建筑特色景观，特别是作为城市的水资源管理工程，外围水利系统在工程的规模、设计与建造技术方面也展现出世界同期罕见的科学水平，体现了5000多年前中华文明乃至东亚地区史前稻作文明发展的极高成就，在人类文明发展史上堪称早期城市文明的杰出范例。

良渚古城遗址真实、完整地保存至今，实证了距今5000多年前中国长江流域史前社会稻作农业发展的高度成就，填补了"世界遗产名录"中东亚地区新石器时代城市考古遗址的空缺，为中国5000多年的文明史提供了独特的见证，弥补了中国长江在世界人类文明发展史上"大河文明"中的明显缺位，揭示了中华文明在亚洲地区的文明发展史上可与两河流域、印度河流域的早期文明比肩。不仅如此，它最大的价值还在于从人类共同文化遗产的高度，提出了不同于西方百年近代学术史基础上建立起来的文明起源理论和发展模式——良渚古城遗址所代表的一系列中国新石器时代晚期区域国家形态，在东亚地区早期文明起源发展进程中既有普遍性又有多样性，它们与以西亚地中海为核心的西方文明进程是平行且能互相映照的两种模式，这为西方世界从历史角度更好地了解中国、理解中国，提供了实证，也会对重新理解人类文明的发展进程有非常深远的意义和长期影响。

国家文物局这样评价道："良渚遗址重大价值的不断揭示，已经改变了以往人们对中国文明起源的时间、方式、途径等重大问题的认识，并将继续丰富人们对我国文明史的认识；今后应成为人们纪念、教育、观光的东方文明的圣地。"

二、挖掘良渚文化多维内涵，弘扬遗产审美价值与工匠精神

良渚遗址及其自然环境景观的"真"与"美"，以及其背后丰厚的生态意识、文化肌理、美学精神和人文底蕴等，一方面体现在其自身的历史、艺术、科学价值上，另一方面则包容在特定空间环境氛围和更深层次的气韵上，具有极高的审美启智价值。

置身其中，人们（社区居民、参访者，特别是青少年）可以体会到强大的震撼力，从而受到直接而生动的审美教育，产生"以情知意"的移情效果，产生审美情感的触动乃至道德体验的转化，从而提高人们的思想道德修养和科学文化水平。

首先，良渚遗址古朴、原真、广阔的地理风貌和良好的自然生态环境，揭示着古代水乡泽国和现代良渚恢宏壮阔的自然之美。良渚遗址所依托的山川植被、自然地理环境，随处可遇的文化气息，四季分明的田野风貌，逶迤绵延的天目山余脉——南有大雄山、大观山山系，北有大遮山、东明山山系等，中有奔流东去的东苕溪和缓缓流淌的良渚港—庙桥港等两条河流，无不与良渚遗址群血肉相连、唇齿相依，那种从远古走来的古朴与浑厚，从自然衍生的野性与深邃相互交融组合的文化意境，必然让身临其境的人们深切体认，并为之折服。安静祥和的古文化气息与遗址和文物本体一样，能娓娓沁入人们心灵，潜移默化地塑造着人们的崇高品格和完美人格。

其次，良渚文化中灿烂的物质文化，以千姿百态、精彩纷呈的特定载体，呈现在当代人的眼前。它们不仅反映着当时社会的创造力、审美意识和科技水平，供人们鉴赏启迪和获得美的享受，而且在丰富人们文化生活的同时，对各学科的发展史提供实物依据。无论是向心式三重结构的良渚古城的设计营建，功能复杂的外围水利系统的规划建造，还是农业、手工业等各行各业能工巧匠在各自领域的探索精进和取得的惊人成就，都是良渚文化中无与伦比的宝贵财富，具有无穷的价值。特别是良渚精美玉器所体现出的玉器制作者们执着、坚韧、精益求精的精神，以及他们手上有技艺、内心有信仰，为一事、尽一生的崇高形象，更构成了值得今天所有人学习的工匠精神。这种精神正激励着人们向着新的梦想和信仰不断前行。

三、传承创新良渚文化精神，促进区域社会全面和谐发展

良渚文化蕴含的历史价值和文化生命力，是区域社会发展的灵魂和独特载体，其中所蕴含的社会价值体系和集体情感记忆，其背后的故事和文化基因，将有力增强区域社会整体的历史文化底蕴和精神气质。

把"文物本体保护好，周边环境整治好，经济社会发展好，人民生活改善好"，一直是良渚大遗址保护利用工作的目标追求。围绕保护利用、与民共享的理念，区域经济社会全面发展，群众的参与感、获得感与日俱增。拥有5000多年历史的良渚文明既是中国传统文化的象征，更有传承创新的力量。随着传承与发展，其原创、首创、独创、外拓的精神已浸润到良渚后人的血液之中。如今，应注重良渚文化基因在新型城镇化过程中的传承导入，以文创和旅游为主要产业，发展有历史韵味、江南特色的美丽城镇。现已建成良渚玉文化产业园、良渚文化村、美丽洲公园3个特色园区。

特别值得一提的是，良渚文化素以琢磨精美玉器著称，曾经是中国玉文化的中心。良渚文化产业园传承这一古老历史文脉，发掘深厚的玉文化底蕴，结合创新开发

模式，定位于全国性的玉器设计、加工、鉴赏、交易与收藏的场所，让沉睡数千年的良渚玉文化在 21 世纪重新焕发光彩，从而带动文化创意产业发展。2015 年以来，随着特色小镇的开发建设，玉文化产业园并入良渚梦栖小镇，将原创、首创、独创和外拓为特征的"良渚精神"嫁接到创意和工业设计领域，更是撬动了地方经济的转型升级。

良渚遗址所在的余杭区，正按照"产城人文"融合发展的理念，规划建设了面积达 110 平方千米的良渚文化国家公园。良渚文化国家公园将统筹处理良渚遗址申遗保护利用的有利条件，按照"一轴两线三圈"的空间结构，做精良渚古城遗址遗产区、做实国家考古遗址公园区、做活良渚文化国家公园区，启动实施综合保护工程，建设良渚文化艺术走廊，把良渚遗址打造成"中华文明朝圣地、中华文化新名片"。未来，良渚文化国家公园还将与周边的大径山乡村国家公园、东明山森林公园、北湖湿地公园、良渚水乡公园一起"串珠成链"，成为展示古代中国和现代中国的重要窗口，组成余杭生态文化旅游"黄金通道"，也为市民节假日休闲游玩提供更好的去处。

良渚文化就这样在保护中利用、在保护中传承、在创新中发展起来。通过建设良渚博物院、文化创意产业园，特别是规划建设良渚文化国家公园，通过旅游业和文化创意产业的推动发展，将大遗址保护与经济社会发展统一起来，与推进产业转型升级统一起来，与城乡建设和环境改善统一起来，与提高人民群众生活品质统一起来，实现了保护与利用的"双赢"，促进了良渚文化当代价值的最大化体现。

第二节 | 专栏

◎专栏 19-1　走进良渚博物院

从 20 世纪 90 年代中期良渚文化博物馆建立开始，良渚遗产的展示和利用便伴随着考古成果和遗址价值的深化而不断推进。1994 年，位于浙江省杭州市余杭区荀山南侧的良渚文化博物馆建成开放。2005 年，位于良渚街道美丽洲公园内的良渚博物院破土动工，2008 年 10 月对外开放。2008—2017 年，良渚古城考古成果进展进入最迅速的 10 年。随着考古发现与研究的深入，原博物馆已经无法容纳、展示更多新的成果和遗存。2008 年的展陈内容已经远远落后于对良渚古城的最新认识，为配合良渚

良渚博物院参访指南

古城遗址申遗，2017 年 8 月，良渚博物院闭馆改陈，于 2018 年 6 月底最终完成并重新开放（见图 19-1）。

图 19-1 良渚博物院

1. 展陈特色

良渚博物院的第一大特色在于其建筑设计本身就是一个艺术品，在全国乃至世界博物馆建筑中具有独特性，开启了国内博物馆建筑在很多方面的探索，主要体现在抽象的建筑风格和建筑面材的选择两个方面。

良渚博物院建筑外墙由黄洞石砌成，犹如玉质般浑然一体，加上简约的几何形外观，使整个建筑凸显出一种简约、大气、粗犷又厚重的审美特征，突破了具象形态的束缚，体现了艺术与自然、历史与现代的和谐融合。它的出现，曾掀起了博物馆建筑抽象风格和石材选用的风潮（见图 19-2）。

图 19-2 良渚博物院外观

这一设计出自英国著名设计师戴卫·奇普菲尔德之手。而产生这样一种设计思路，也是结合了许多良渚文化研究者和各方面专家的智慧，主要是为了突出一种理念：博物馆是一个我们身边收藏珍贵宝贝的盒子。它曾荣获由知名杂志《商业周刊》和《建筑实录》评审的"最佳公共建筑奖"。

良渚博物院的第二大特色是多种技术的应用，将传统展示与数字化展示手段相结合，致力于实现小众文化的大众传播，做老百姓看得懂的展览。良渚博物院抓住了现代人的阅读习惯和审美情趣，展陈设计突破以往博物院的传统模式，一方面对展板上的图文进行反复推敲打磨，努力把冷僻的学术语言转化成通俗语境，呈现出简明扼要的风格，力争做到深入浅出，另一方面也将3D打印技术、环幕影院、VR游戏等"黑科技"融入展厅，包括借助形象的动画视频和新型材质等，从而实现最佳的展陈效果。

比如，良渚文化玉器最大的亮点在于鬼斧神工的"微雕"工艺，有一些纹饰细致到需要手电筒从特定角度才能显现。但普通展柜因为玻璃的反光严重，就会影响到观展效果。因此，良渚博物院的展柜全部采用了低反射玻璃，并从德国引进了全球最顶尖的汉氏专业展柜，从而避免了反光的"骚扰"（见图19-3）。

图19-3　良渚博物院低反射玻璃

2.展陈内容

良渚博物院是一座收藏、研究、展示和宣传良渚文化的考古遗址博物馆，建筑面积约 1 万平方米，设有 3 个常规展厅和 1 个临时展厅。常规展览面积 4000 余平方米，以"良渚遗址是实证中华五千年文明史的圣地"为主题，依托"水乡泽国""文明圣地""玉魂国魄" 3 个展厅，全面、立体、真实地展示了良渚遗址和良渚文化的考古成果、遗产价值，体现了良渚文明在中华文明"多元一体"历史发展进程中的重要地位和独特贡献。

三大展厅主要回答了我们三大问题：第一展厅"水乡泽国"主要讲"什么是良渚文化"；第二展厅"文明圣地"主要讲"什么是良渚古城"，包括都城和外围设施等；第三展厅"玉魂国魄"则讲了"什么是良渚文明"，特别是文明的精神体现等。

良渚博物院
第一展厅

"水乡泽国"分 4 个陈列单元：第一单元"人地相依"，讲述 1 万年以来环太湖区域的自然演变如何影响人类的生活方式，为各时期文化的出现创造了生存与发展的自然基础；第二单元"千年时空"，在环太湖流域 7000 多年以来史前文化发展变化的整个时空序列中展示良渚文化距今约 5300—4300 年这最辉煌的 1000 年，同时介绍了良渚文化的发现命名过程；第三单元"文明基础"，展示良渚先民丰富多样的

良渚博物院
第二、三展厅

生产生活，包括稻作农业发达、手工业生产多样、建筑规模宏大、原始文字出现、城市文明兴起这五大方面；第四单元"国之中心"，从环太湖地区 600 多处良渚文化遗址的分布中，聚焦位于良渚遗址群核心区域的良渚古城，为下一展厅进入文明圣地——良渚古城遗址做了铺垫（见图 19-4）。

图 19-4　良渚博物院"水乡泽国"展厅

　　"文明圣地"分5个陈列单元：第一单元"发现古城"，简单勾勒了从1936年至今80多年的考古历程，揭开了良渚古城的全貌；第二单元"都城格局"，通过多种展陈方式呈现了良渚古城由宫殿区、内城、外郭城构成的三重向心式结构，以及城郊的基本情况，良渚古城规划合理、营建考究、结构完备、工程浩大，在人类文明发展史上堪称早期城市文明的杰出范例；第三单元"水利文明"，着重介绍古城外围的大型多功能水利系统，它是古城规划的重要组成部分；第四单元"神王之城"，通过古今穿越大型壁画、沙盘及场景复原等方式，展示并揭示了古城浩大工程的营建，以及这背后强大的王权与神力；第五单元"同期城址"，呈现了良渚同时期及前后中国史前城址及世界早期文明起源地重要城市的分布情况（见图19-5）。

图 19-5　良渚博物院"文明圣地"展厅

　　"玉魂国魄"主要通过"权力""礼制""信仰""传承"4个单元，来系统陈述良渚玉器文明，通过各种玉器、墓葬和相关复原现场，帮助参观者认识玉器本身及其背后的权力信仰与制度规范。同时，良渚玉琮传播四方，延绵至今，对中国文明的发展与传承产生了广泛的影响（见图19-6）。

图 19-6　良渚博物院"玉魂国魄"展厅

◎专栏 19-2　走进良渚古城遗址公园

　　良渚古城遗址展示的另一个重要组成部分是良渚古城遗址公园内的现场展示，包括生态环境展示、遗址本体、遗迹现场模拟展示、数字动画展示等。在遗址公园建设过程中，考古人员以张忠培提出的"遗址定性公园、公园表现遗址、切忌公园化遗址"为原则，积极参与遗址公园的展示设计。

良渚古城遗址公园参访指南

　　良渚古城遗址公园是良渚遗址保护和展示的重要工程，规划总面积 14.33 平方千米，分城址区、瑶山遗址区、平原低坝—山前长堤区和谷口高坝区 4 个片区，基本对应了遗产地的主要范围。

良渚古城遗址公园核心视角

1.展示特色

　　作为国家考古遗址公园，良渚古城遗址公园将考古遗址本体及其环境的保护展示、教育、科研、游览、休闲等多项功能汇集一体，进行了文化遗产资源保护展示利用的积极探索与创新。其遗产阐释与展示的特色主要体现在以下 4 个方面。

　　一是场馆结合，打造遗产的立体化展示。公园以环境打底、绿植标识、遗址揭露展示、模拟复原、数字演示、标识标牌等多种手段，完成各个片区及其整体格局、历史环境的立体化展示。

二是面线结合，构建遗产的系统化展示。遗址整体性展示主要采用"打底、勾边、塑形"等方法，用各类绿植，分别标识不同遗址的本体。在重点遗址的个性化展示上，以考古发现和研究成果为依托，遵照"最小干预""可识别""可逆"的原则，并在反山王陵墓葬采用考古遗迹模拟展示等创新展陈手段，增强了良渚遗址的可看性、观赏性。

三是虚实结合，推进遗产的创新性展示。选择内城南城墙考古发掘解剖点，以及像瑶山祭坛的顶面石础、老虎岭水坝断面等 3 处具有揭露展示条件的考古发掘遗迹覆盖保护棚开展保护和展示；对于绝大多数暂时不具备揭露展示条件的重要考古遗迹，如反山王陵、内城西城墙等，则都采取模拟展示的方式，严格按照考古发现，在材质、工艺等细节上充分模拟到位，辅以标识标牌和多媒体展示，也较好地展现了遗址的考古发现和价值内涵，激发访客的想象力和进一步了解遗址的兴趣；除了现场实体性展示考古发现的重要遗迹外，遗址公园也探索适度利用现代科技和艺术的虚拟化、数字化展示，丰富遗址的展示体系，提高遗址的观赏性、可看性和趣味性。用透视性强的钢网雕塑小品，表现良渚时期的生产与生活，标识水、陆城门是良渚古城遗址公园的创新。

四是动静结合，探索遗产的体验式展示。做深做透基于考古发掘和研究的展示及参与体验，尝试遗产的体验式展示，是良渚古城遗址公园有别于其他公园的特色。除了针对成年人的考古平台，公园还特意为青少年访客设立了"考古天地"体验馆，"挖一挖""拼一拼""画一画"等基于真实考古流程的参与体验内容；同时还在河道与作坊展示区域，根据考古发现和研究，以透视性强的钢网结构模拟了良渚时期作坊区繁荣的生产场景，并可参与体验玉作、漆器、纺织、夯土、舂米、打陀螺等互动项目。通过这些走入式、沉浸式、体验式的展示互动，进一步增强了文物、遗产的鲜活度、亲切感，进一步提升了遗产价值、文化故事传播的有效性、覆盖面。

2.展示内容

良渚古城遗址公园集文博展示、考古研学、游览观光的体验于一体，于 2019 年 7 月 8 日开园，最先有限开放的是城址区的核心部分。

良渚古城遗址公园遗产细节

公园建设遵循"最小干预"和"最大化阐释"两大核心原则，在保证遗址本体安全的前提下，以三重城池结构、宫殿区、人工运河、王陵区、作坊区等良渚古城遗址核心价值和功能分区为主线，最大限度地将已回填的考古遗迹及其所揭示的遗产价值进行了视觉化再现，并为观众提供了基于考古发现的考古互动体验。城址区部分主要设置了十大重点参访片区，分别是城门与城墙、考古体验、河道与作坊、雉山观景台、莫角山宫殿、反山王陵、西城墙遗址、凤山研学基地、大观山休憩区和鹿苑。以下着重介绍4处。

莫角山宫殿：莫角山宫殿区位于城址中央，地势最为高敞，包括莫角山台地及其南侧的皇坟山台地、池中寺仓储区台地，遗存面积约30万平方米，是良渚王国的"国之中心"。宫殿区经过了良渚先民的精心设计，彰显着独特的地位。在中心最高的莫角山高台之上，还堆筑有3个独立的土台，分别是大莫角山、小莫角山和乌龟山。其中，大莫角山视野开阔，是莫角山台地3个独立土台中规模最大的一个，堆筑最高点达16.5米，远远超过城墙的墙体高度。这里发现有7个面积300～900平方米不等的良渚文化时期的房屋基址，可见宫殿规模之大。在3个土台之间，有面积达7万平方米的沙土广场，是当时举行祭祀和大型活动的场所。5000多年前这种以莫角山为中心的城市营建特征，充分体现出了统治阶层"以中为尊，以高为崇"的政治理念。

反山王陵：反山王陵是一处至今发现等级最高的良渚墓地，是当之无愧的至尊王陵。它也是全国重点文物保护单位"良渚遗址群"的重要组成部分。为保护遗址不受侵害，专家们在反山墓地高写实性地还原了11座墓葬的出土情况，再现了1986年考古发掘时的情景，而真实的墓坑则位于展示区下方80厘米处。在这些墓葬中，格外引人注目的是前面提到过的第12号墓，在这里发现了两件具有典型意义的礼器——一件玉琮与一件玉钺，上面雕刻的神徽图案格外复杂与精致，被人们称为"玉琮王"与"玉钺王"，分别代表着最高神权和最高王权。这一发现既证明了权力被高度集中在极少数人手里的国家形态已经出现，也反映了信仰与权力合一的东方式社会治理模式开始成形，体现了中国古代"国之大事，在祀与戎"的国家职能观。

城门与城墙：在内城外围，有一圈呈"圆角方形"的内城城墙。它的建造充分利用了自然地形，东北角的雉山与西南角的凤山，既是整个城墙建造的地形依托，又是古城营建时明显的定位点和防卫的制高点。整个内城南北长约1910米，东西宽约1770米，内城城墙周长近6000米，宽约20～60米，总面积约有300平方千米。墙体内外两侧还有一些凸出的形似埠头的构造，以致墙体最宽处达到150米。城墙现存较好的地段相对高度约4米。四面城墙的结构，都是底部铺设石块，上部堆筑黄土。目前在城内共发现有9处城门，除南城墙中心1处是陆城门外，其余 8 处都是水城门。城墙的营建，从石块、黄土的搬运，到后期的铺设及堆筑，是一项庞大的工程。有学者进行过假设和估算，这项工程大约需要 4000 人连续工作近 3 年才可完成。假如没有强大的号召力和管理能力，要完成这样的工程是不可想象的。

河道与作坊：钟家港古河道是连通良渚古城内外的水路要道与运输动脉。为保障河道运输的安全与顺畅，河岸边缘用木桩、竹编、木板进行加固。在河岸边曾发现黑石英石片、玉料、钻芯和漆木器坯件等遗物，说明这里曾经是玉石加工、漆木器与骨角牙器制作的手工作坊区。这些手工遗物大多工艺精致、做工复杂，很可能是专为贵族阶层服务的。这些规模化的手工业作坊遗迹，表明良渚古城遗址城址区内存在着复杂的功能分区，专门化的社会分工，同时也反映出良渚社会对玉器制作等高端手工业的组织管理能力。

本章小结

本章简要阐述了良渚文化当代价值的几个方面，一是实证中华 5000 多年文明史，提振中华民族文化自信；二是挖掘良渚文化多维内涵，弘扬遗产审美价值与工匠精神；三是传承创新良渚文化精神，促进区域社会全面和谐发展。

参考文献

李曼.大遗址审美价值解读与学校美育课程的实践研究：以良渚博物院馆校合作美育课程为例[J].闽台缘，2018（2）：102-107.

秦岭.良渚古城遗址实证中华五千年历史文化价值[N].学习时报，2019-07-19(006).

商赟，金晓榕，刘雅丽.良渚遗址保护"大考"80 年[N].余杭晨报，2016-11-03(08).

徐新民.良渚遗址群保护与利用主题分析[J].东南文化，2003（3）：79-82.

思考与练习

一、判断题（正确打"√"，不正确的打"×"）

1.习近平总书记在党的二十大报告中提出："加大文物和文化遗产保护力度，加强城乡建设中历史文化保护传承，建好用好国家文化公园"，"深化文明交流互鉴，推动中华文化更好走向世界"。

（　　）

2.历史经验启示我们：一个民族的复兴需要强大的物质力量，也需要强大的精神力量。（　　　）

3.良渚古城外围水利系统在工程的规模、设计与建造技术方面也展现出世界同期罕见的科学水平。　　　　　　　　　　　　　　　　　　　　　　　　　　　　　　　（　　　）

4.把"文物本体保护好，周边环境整治好，经济社会发展好，人民生活改善好"，一直是良渚大遗址保护利用工作的目标追求。　　　　　　　　　　　　　　　　　　　　（　　　）

二、填空题

1.深化文明交流互鉴，推动中华_____更好走向世界。

2.中华文明起源阶段具有_____的特征。

3.东亚地区早期文明与以西亚_____为核心的西方文明进程是平行且能互相映照的两种模式。

4.规划建设_____，促进良渚文化当代价值的最大化体现。

三、名词解释

1.良渚玉器中的工匠精神

2.良渚精神

四、论述题

1.请对良渚遗址打造"中华文明朝圣地、中华文化新名片"谈谈你的看法。

2.请简单论述良渚文化的当代价值。

3.请谈谈良渚文化精神对当地区域文化精神的价值与影响。

第十九章思考与练习答案

课前导引

◔ **学习目标**

（1）掌握良渚文化发展传承的历史大事记，熟悉良渚文创产品的概念及构思设计，了解良渚文创旅游产业的思维模式。

（2）了解特色小镇概念及其与文旅业发展的关系、良渚节事活动特点及意义。

◔ **关键词语**

√良渚历史大事记　　√良渚文创和旅游　　√良渚特色小镇　　√良渚节事活动

◔ **学习导图**

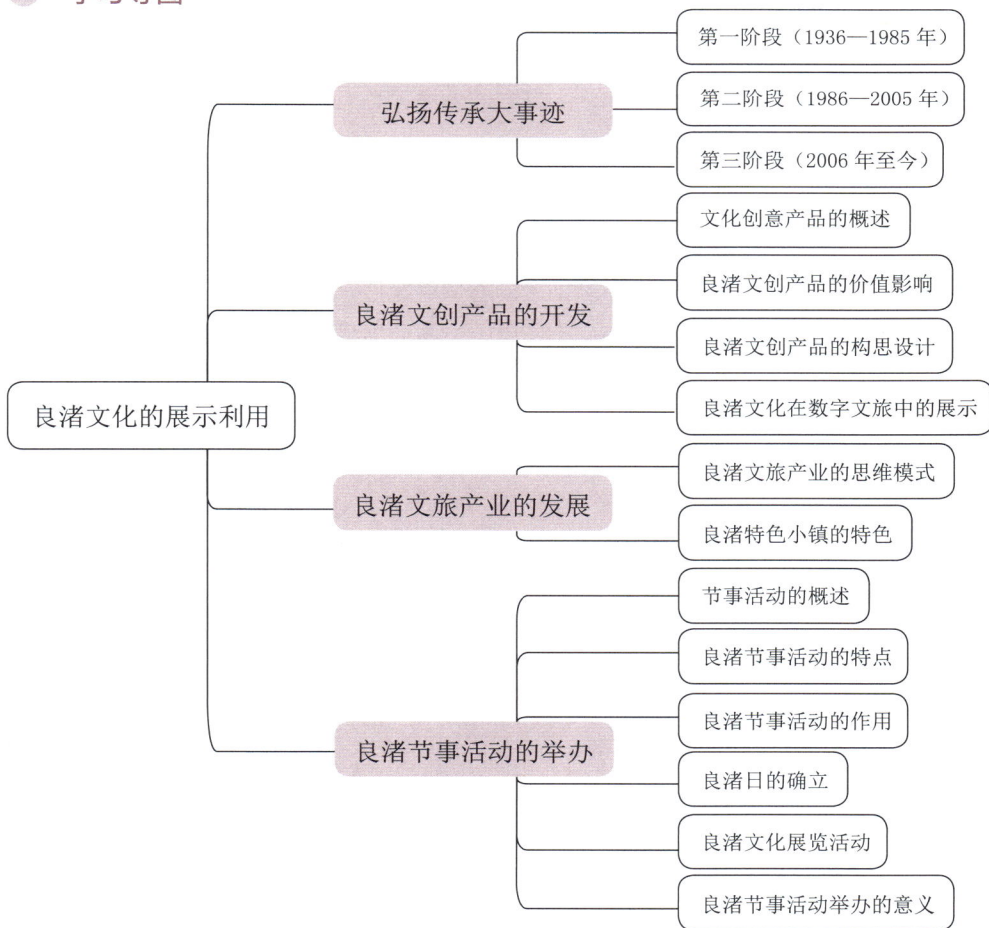

良渚文化的展示利用

良渚文化是中国创造最早的形态完整且独立的精神文化，也正是因为良渚文化的发展形成，才得以让中华文化遗产继续发展，从而促进了良渚文化创意产品的设计呈现。

"良渚文化的展示利用"是通过一种为大众所接受的方式，让更多的人了解民族文化的特性及内涵，通过这种"特殊"的方式，来增强民族自豪感和认同感。

那么，良渚文化是通过何种方式向大众进行展示的呢？良渚文化与文创产品及文旅产业之间又有着怎样的关系呢？良渚文化节事活动又有哪些特点呢？

本章内容将从基本概念出发，并且结合举例说明的方式，让读者能够更好地理解相关学习内容。通过对良渚传承文化大事记、良渚文创产品的开发、良渚文创产品的构思设计、良渚文旅产业的思维模式、良渚特色小镇与文旅发展、良渚节事活动及一系列重要成果等方面的介绍，为大家勾勒出良渚文化从发现、发展到不断丰富的基本脉络。

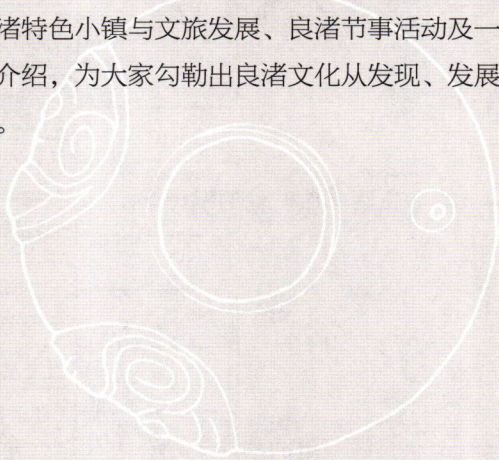

第一节 ｜ 弘扬传承大事记

一、第一阶段（1936—1985 年）：良渚文物展示为主

1936 年，施昕更发现良渚遗址。

1959 年，夏鼐命名"良渚文化"。

1961 年，良渚遗址被公布为浙江省省级文物保护单位。

1976 年，良渚遗址入展"浙江省十年考古新成就展览"。

二、第二阶段（1986—2005 年）：良渚文化展示为主，写入地方乡土教材

1994 年，良渚文化博物馆建成开放。

1995 年，浙江公布《良渚遗址保护总体规划》。

1996 年，良渚遗址群被公布为全国重点文物保护单位。

2001 年，成立杭州良渚遗址管理区管理委员会。

2003 年，良渚文化知识借乡土教材《走进良渚文化》走入杭州市余杭区学生课堂。

三、第三阶段（2006 年至今）：遗址公园展示为主，写入全国历史教材，成为世界文化遗产

2007 年，良渚文化进入中学《历史与社会》教科书。

2008 年，良渚博物院建成开放。

2010 年，良渚国家考古遗址公园被列为首批国家考古遗址公园。

2011 年，国家邮政局发行良渚文化玉器特种邮票。

2017 年，良渚古城遗址作为实证中华五千年文明史的圣地，成为我国申报 2019 年世界文化遗产的项目。

2019 年，良渚古城遗址作为世界文化遗产被列入"世界遗产名录"。

2019 年，"良渚与古代中国——玉器显示的五千年文明"展在故宫博物院武英殿建筑群落展出。

2019 年，"良渚古城遗址"展项在第二届中国国际进口博览会国家展中国馆展出。
2020 年，国家邮政局发行了《亚洲文明（一）》良渚玉琮特种邮票。

以上是良渚文化从形成至今发展的全过程，良渚文化是中国创造最早的形态完整且独立的精神文化，也正是因为良渚文化的发展形成，才得以让中华文化遗产继续发展，从而促进了良渚文化创意产品的设计呈现。

<h2 style="text-align:center">第二节 | 良渚文创产品的开发</h2>

一、文化创意产品的概述

文创产品顾名思义为文化创意产品，它区别于传统工艺品，在传统的基础上融入新的创作，赋予文化创意产品精神和物质双重的功能。文化创意产品从属于文化创意产业的范畴，参照联合国教科文组织的定义，文化创意产业是由文化产品、文化服务与智能产权共同构成的。文化创意产品是将文化资源以创意的形式展现出来的现代社会的产品，也是将精神层面的概念进行物化之后形成的产品。这种产品是带有一定的历史文化元素的，在原有历史文化的背景之下进行的创作才被称为文化创意产品。

文化创意产品是依托于人的创意、智慧、技能、想象等，运用现代科技手段对历史文化资源和文化产品进行再创造与提升的一种展示方法，使得历史文化资源和产品在知识产权的开发和利用方面有更好的发挥，从而使某一文化或者历史存留的某一器物，或纹样，或器具形状等来获得更大的文化价值，达到传承的作用。文化是一种社会现象，是人们长期创造形成的产物。文化同时又是一种历史现象，是历史的积淀形成的一个国家和民族的宝贵财富。文化创意产品体现在"文化"和"创意"两个方面，通过两者的结合才能创作呈现出新的产品。当然，其中"文化"是最核心的部分。

优秀的文创产品，不仅只是在表面上表现出新奇的点缀，更多的是需其走入日常的生活。一方面，让人们在看到这些文创产品之后脑海里立马浮现出良渚特定的文化符号。毕竟单一的点缀和色彩的拼接不能使文创产品的价值得到更好的提升，也并不能真正达到人与良渚文化的"沟通"，无法将其更好地传播。良渚文创产品之所以能更好地融会贯通达到雅俗共赏的特点，正因为其具有"审美""功能""含义"这 3 个重要的特点。另一方面，良渚文创产品不应该仅仅只是对于其文化创意的衍生，不单只是为了促进消费，而是为了实现良渚文化的传承与多方面的共同发展。

二、良渚文创产品的价值影响

良渚文化创意产品以良渚文化创意理念为核心，将非物质形态的创意渗透于设计和生产过程中，所创造的产品和服务具有良渚文化内涵、象征意义、美育功能等精神价值。这些创意产品有丰富的良渚文化内涵和象征含义，以及独特性和差异化。良渚文创产品在走进民众生活的同时，又满足了人们的精神需求，更让良渚文化的"故事"有了更好的延续。

良渚文创产品的出现，对良渚文化遗产的传播起到了很大的推动作用，一方面带动了当地旅游业经济的发展，另一方面带动了村民创业的激情。良渚文创产品弘扬和继承了良渚文化遗产数百年来的文化精髓，以多种形式的设计展现出来，在提升产品价值的同时又带动了旅游产业的发展及文化的传承。

1. 良渚文创产品对旅游市场的影响

良渚文创产品的设计为旅游市场带来了丰厚的利润，由于当代生活水平的提高，旅游者在旅游的过程中会购买旅游文创产品，因此文创产品在旅游中发挥的作用也越来越重要。网络数据调查显示，2018 年，我国文化产业市场规模增速为 12.28%，文化产业实现增加值 38737 亿元。到 2019 年，我国规模以上文化及相关产业企业营业收入 86624 亿元，同比增长 7.0%，产业增加值或将达到 4.37 万亿元。

文创产品作为丰富旅游体验和提升旅游档次的主要途径，扮演着十分重要的角色。毋庸置疑，文创产品提高了旅游市场的经济收益。相关网络调查显示，旅游的游客中有 82.1% 的受访者购买过文创产品，79.1% 的受访者愿意选择文创产品作为礼物。旅游者对融入传统文化和能表达情感的文创产品更感兴趣。

这些调查都从侧面反映出文创产品增加了旅游产业的经济效益，带动了旅游产业的发展，并且和旅游产业发生着亲密的互动。一方面让游客了解到了良渚文化的发展历史，带给游客无尽的美好回忆与纪念；另一方面，还能够通过这些文创产品加深对民族文化的了解，提升传统文化修养和增强民族文化认同感，增强文物保护意识，排解现实生活中的压力，将当地文化历史通过文创产品传播到世界各地。

2. 良渚文创产品对创业市场的影响

旅游商品销售作为旅游产业链的重要一环，一直是国内旅游产业的短板。在旅游发达国家，旅游购物收入在旅游综合收入中的占比普遍达到 40% ～ 60%，而在中国，旅游购物收入没有官方的统计数据，业内专家估计比例约为 10% ～ 15%。近年来，文创产品的出现对旅游市场的经济收益有很大的提升，根据阿里数据调查显示可知，文创产品的出现带动了游客人群，游客中年轻人群的比例也逐渐上升，30 岁以下的游客量占总体游客量的 40%，30 ～ 40 岁游客量占 24%。

而另一项调查显示，在中国旅游客群中，以 24 ～ 40 岁的年轻人群为主，占比高达 76.4%，且 85.7% 的客群具有中高级消费能力。在整个文创消费客群中，旅游文创商品购买者女性高于男性，"90 后"高于"80 后"。中国消费市场在未来 5 年内将有 2.3 万亿美元的增量，其中 65% 都将由"80 后""90 后""00 后"带来，他们也是旅游文创产品最大的消费者。

"80 后"至"95 后"占整个文创消费客群 74% 的比重，其中女性占了近 7 成的比例。随着中产阶层带来的消费升级，年轻客群将成为消费的主力军。从以上的调查研究可知，文创产品对创业市场的影响很大，也为更多的创业人士提供了创业条件。文化创意产品和非物质文化遗产同样具备一定的文化基因。往往会将一些陷入濒临消亡的工艺品或者部分产业，通过优秀的文创产品的再设计，达到"起死回生"的效果。

良渚文化村中建有多个创意园区，包括动漫制作、会展策划、艺术设计等，它们是文化创意产业的集聚区。在文化村里还会定期举行"创业黑马大赛"等活动，以此来鼓励村民创业，带动文化村里的创业氛围。良渚文创产品的出现给文化村带来了宝贵的创业机会。从事这个行业的人也越来越多，据网上资料调查，良渚从事旅游文创产品的创业者越来越多，从只有几十家增加到上千家，给旅游产业和创业者都带了福音。

3. 良渚文创产品对传统文化的影响

文创产品代表着一个城市、一个国家的文化底蕴和形象，通过一种"特别"的方式让传统文化深深根植于游客的心中。在带动经济效益发展的同时，最重要的是将传统文化的精髓留存在每个人的记忆之中。增强了人们对各民族文化的认同感和归属感。

良渚文创产品让传统文化不再沉淀，让更多的人通过文创产品了解其背后的历史文化，让良渚文化得到了传播，同时还带动了相关产业的发展。对传统文化的发展起到了重要的推动作用。经历了数百年沉淀下来的文化在足够的背景之下被挖掘，文创产品让非物质文化遗产得以继承和发展，让更多的人了解了各种文化的内涵、符号和意义。

三、良渚文创产品的构思设计

在良渚文旅纪念品及文创产品开发方面，利用了古与今的融合的构思方式。抛开传统旅游纪念品的老路，在注重文化性的同时也关注产品的功能性和时尚性，围绕现代生活方式和消费诉求，设计开发了深受年轻人喜爱的数码产品、服装配饰和创意产品等五大类百余款产品。

良渚文化的古韵和现代设计的创意，在视觉感受和产品功能上都实现了古今融合，使得古老的良渚文化有机融入人们的日常生活之中，也在真正意义上实现了良渚文化的活化与传承。2019 年 7 月 16 日，"良渚与古代中国——玉器显示的五千年文明展"开幕式在故宫博物院武英殿举行。除了良渚 5000 多年前的辉煌，现代良渚的文创魅力也随着本次特展在故宫惊艳亮相。

1. 良渚文化元素结构与重构

良渚玉器的纹饰，是良渚文化最独特、最具有表现力的元素之一，纹饰神秘且具有美感，在 5000 多年前良渚玉器纹样的基础上，融合了动漫、插画和潮流涂鸦等当代元素和现代元素的表现手法，创作了一组良渚文化的系列 IP 形象。该系列形象的创作首先是对良渚文化元素视觉特征的提炼与解构，因而最大限度保留了良渚文化的典型特征，确保了良渚文化元素的识别性和专属性。在良渚元素重构的过程中则充分运用了现代艺术的表现手法，无论在色彩、形态、笔触、肌理等细节的处理上，还是在造型语言的表达和整体视觉风格的呈现上，都融合了现代技法与当代美学观念，从而使得古与今、传统与现代碰撞、融汇出了奇妙而灵动的光彩（见图 20-1 至图 20-4）。

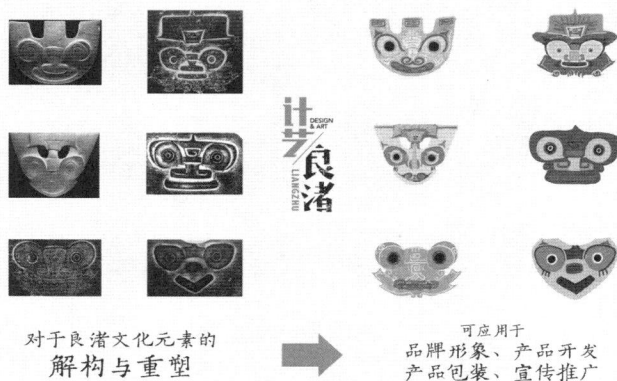

图 20-1　良渚文旅 IP 形象

（图片来源：杭州硬脑创意科技有限公司）

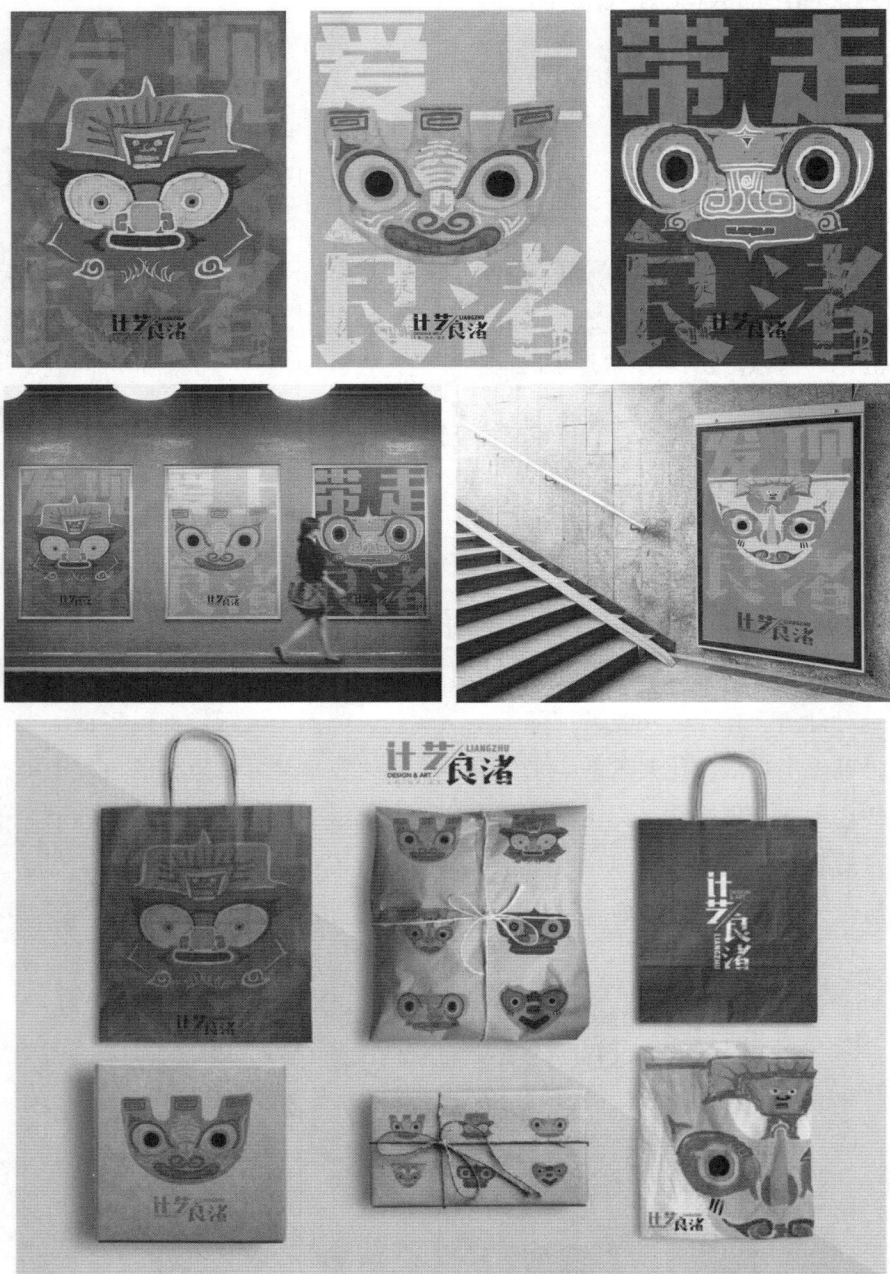

图 20-2　良渚文旅纪念品包装设计

（图片来源：杭州硬脑创意科技有限公司）

图 20-3　良渚文旅纪念品展示

（图片来源：杭州硬脑创意科技有限公司）

（1）

（2）

（3）

图 20-4　良渚文旅纪念品设计

（图片来源：杭州硬脑创意科技有限公司）

2. 良渚文化色彩元素与搭配

良渚文创产品，将撞色进行搭配设计，如饱和度较高的红蓝色再搭配上黄色，巧妙搭配增加了整个产品的亮点，让整个文创产品通过色彩搭配吸引购买者的注意力。借助良渚文化中"神人兽面纹"来进行一系列的创作，通过色彩的搭配，将神人兽面纹印在产品上、包装上，用不同材质的肌理质感和不同颜色来增加辨识度，使人们看到神人兽面纹便会想起良渚文化（见图 20-5）。

文创设计在赋予冰冷的产品以灵魂的同时，也为良渚旅游文化带来了更多的价值，拓展了遗产体验型旅游产品的空间价值。产品通过颜色搭配的呈现来推广良渚文化的魅力价值，或是萌趣横生，或是绚丽多彩，或是简约大气。

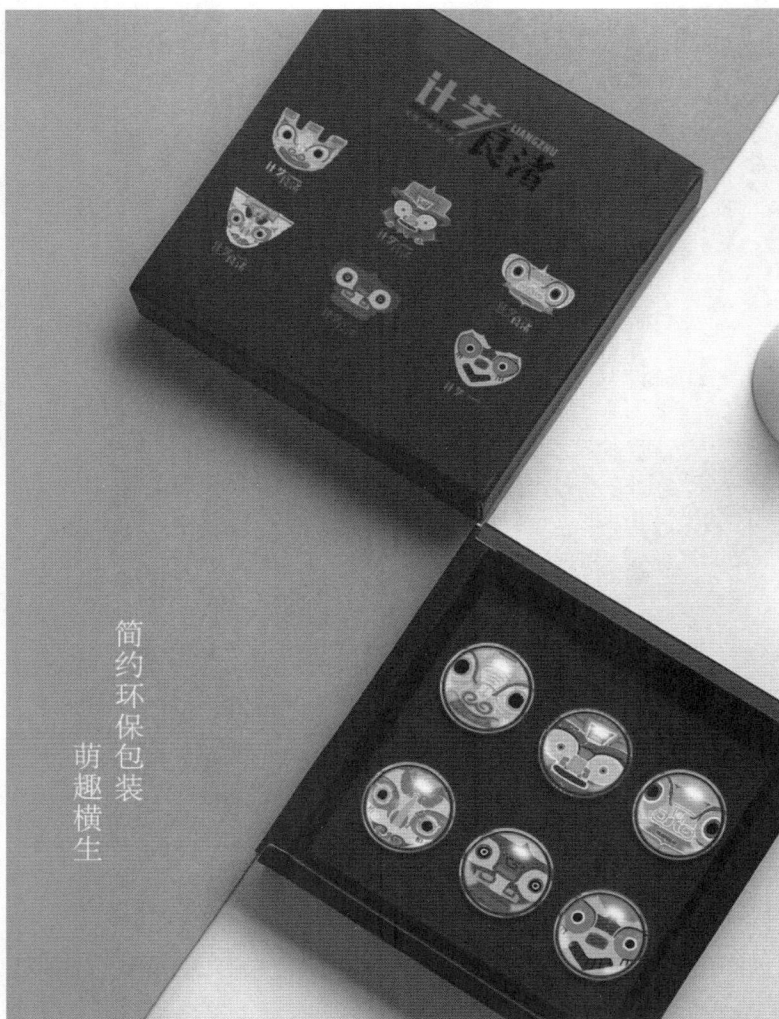

简约环保包装
萌趣横生

图 20-5　包装盒设计

（图片来源：杭州硬脑创意科技有限公司）

3. 良渚玉琮元素的应用

　　数码产品是现代工业的产物，一般的数码产品在造型方面讲究"简约""大气""质感"等用来体现数码产品的现代感，但是往往会给用户造成"冰冷的感觉"。借鉴良渚文化中"玉琮"的外形，让数码产品在拥有现代感的基础上，又具有了明显的良渚文化特性。正因为"玉琮"造型的合理运用和设计，改变了现代数码产品"冰冷""呆板"的造型形象。数码产品与良渚文化的有机融合，让产品充满趣味的同时又将良渚文化加以传承，提升了产品的价值与意义（见图 20-6）。

图 20-6　玉琮主题的数码音箱

（图片来源：杭州硬脑创意科技有限公司）

图 20-7：玉琮主题的桌面收纳盒

（图片来源：杭州硬脑创意科技有限公司）

图 20-8　小游戏设计

（图片来源：杭州硬脑创意科技有限公司）

四、良渚文化在数字文旅中的展示

借助数字技术，可以开发良渚数字文旅地图，打造集在线预订、购票、导览、购物与线下游览、餐饮、酒店民宿等服务于一体的数字化文旅平台，助力良渚的文旅产业发展，传递文化价值，拓展市场边界，提升商业格局（见图20-9）。

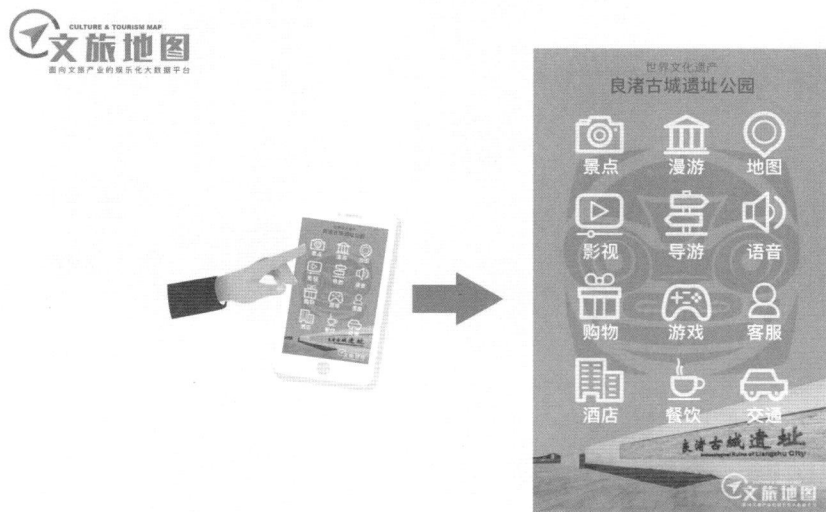

(1)

(2)

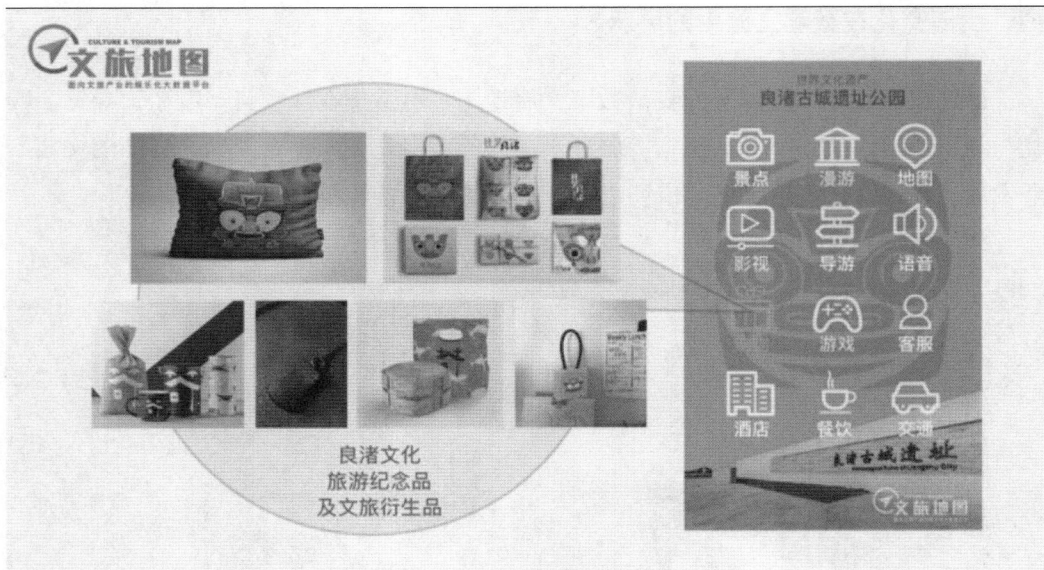

(3)

图 20-9　文旅地图

（图片来源：杭州硬脑创意科技有限公司）

　　文旅地图软件，借助数字技术设计文旅产品，摆脱了传统的工业设计和文旅开发的模式，借助"讲述故事、塑造形象、开发产品"的设计思维，一方面为文旅产品设计注入内容灵魂，另一方面也为内容产品衍生出更多商业可能，通过文旅IP思维与不同产业展开合作，以IP思维为文旅产业赋能，从而在自身发展的同时也带动传统产业转型升级（见图20-10）。

图 20-10　良渚文创产品宣传

第三节 ｜ 良渚文旅产业的发展

一、良渚文旅产业的思维模式

良渚文旅产业的成功开发，核心在于其在文旅设计中充分运用了IP思维。IP思维是文旅和现代文创产业重要的发展思维，是传统品牌思维的升级模式，是融合了内容思维、产品思维和传播思维的全新商业模式。

中国的消费市场经历了稀缺型市场和生产型市场两个阶段，目前已经开始进入由产品过剩导致的"劝说型"消费市场。电商平台也由传统的综合电商（如淘宝）、精选电商（如网易严选），发展出全新的内容电商（如抖音），因为从IP视角来看，所有内容平台本质上都是电商平台。这说明中国的消费市场正在被内容拉动，而背后则是消费升级和消费群体年轻化的双重推手。文旅与传统旅游产业最大的区别便在于文化内容的呈现与情感体验，而IP在故事内容、视觉呈现、情感体验和精神感受等方面的独特优势恰恰能够最大限度提升文旅产业的优势和价值。

在这样的背景下，从大概率上来看，只有那些会讲故事、能输出价值观、善于创造情感体验、拥有巨大传播能量并能够进行高效商业转化的文旅项目，才能在新一轮的商业竞争中胜出。消费升级和市场演化凸显了IP思维的优势。相较对传统商业思维，IP思维更加关注面对受众时表达什么和如何表达，更加注重文化价值的塑造和情感体验的优化，依托内容的精神价值提升产品的商业价值，并借助形象、故事、游戏等二次元手段不断强化上述价值并创造出更加丰富多元的商业可能性。这也导致了如今广告思维向IP思维升级、品牌体系向IP体系升级、产品设计向IP设计升级的总体趋势。

二、良渚特色小镇的特色

特色小镇发源于浙江，核心意义在于——推动供给侧结构性改革。特色小镇是新时代继承发扬传统文化的产物，也是适应经济发展的必然要求。特色小镇的主要特点体现在产业特色明显、人文气息浓厚、生态环境优美、管理自治水平高。

特色小镇是相对独立于市区，具有明确产业定位、文化内涵、旅游和一定社区功能的发展空间平台。"特"指的是在占地面积、造型设计、生态环境上区别于城市建设，主要目的是吸引游客前来观光，推动新城镇的发展，传承文化，展现特色风貌，带动当地经济的发展和文旅文化产业的发展，是传播当地文化的一种建设纽带。"色"指的是当地的生态环境和小镇的外观具有一定的吸引力，要有舒适的环境和宜人的风景等。最主要的目的是达到产业与文化的双重发展。

1. 良渚特色小镇与文创产品的融合

良渚特色小镇以名人著作来命名，无缝衔接区域古文化，大力彰显区域背后的文化底蕴。特色小镇建设的核心是以人为本，良渚文化村的建设正是以人为本的体现。整个小镇的建设依托良渚历史文化遗址，有着充满活力的创业氛围和文化气息。

文创产品是良渚的重点产业之一，以中国首个工业设计小镇梦栖小镇为中心，在这里已经聚集了一大批优秀的文创产业。以良渚玉鸟为原型设计的桌面日历，造型简练，不同颜色代表不同的季节，人们在使用中能感受到时光如飞鸟般流逝；通过提炼神人兽面纹元素，将神人形象抽象化、现代化而开发的抱枕，寓意"怀中有抱枕，心灵有寄托"等。这些文创产品都出自以良渚文化为灵感元素的设计，由此可见文创产业推动了特色小镇的发展，特色小镇也为文创产品提供了源源不断的灵感来源。两者的融合必定会强力助推文旅产业的发展。

良渚特色小镇大力发展特色产业，这是小镇长存发展的条件之一。良渚文化村是一个具有多产业支撑功能的复合多元化新城，受旅游产业的影响，良渚小镇中将文化与产品融合设计成文化创意产品，二者的相互促进发展与融合，为小镇创业带来了机会，对产业升级和建立新的小城镇模式具有重要的意义。

2. 良渚特色小镇对文旅市场的影响

良渚文化村内旅游景点丰富，有良渚生态森林公园、良渚不夜城、良渚风情街、良渚博物馆和美丽洲教堂，有"良渚圣地"公园，在距离良渚文化村几千米处还有良渚文化遗址。这些都为良渚特色小镇的文旅市场奠定了深厚的文化底蕴，同时也成为推动良渚文化村旅游产业发展的重要动力。

良渚特色小镇的发展，给良渚传统文化带来了新的生命力，让传统文化以一种"新"的方式展现出来。良渚特色小镇的发展给文旅产业带来新的机遇，让文旅开发在依托良渚浓厚的历史底蕴之上有了更好发展空间，同时良渚文创产品也将带动文旅产业的发展，从而达到与文化遗产的联动效应。

第四节 | 良渚节事活动的举办

一、节事活动的概述

节事活动是一种特殊的旅游形式，它主要是指以各种节日、盛事的庆祝和举办为内容的专项旅游。节事包括各类旅游节日、庆典、盛事、国际体育比赛活动等。通过节事活动可以扩大举办国的影响，提高举办城市的知名度，促进举办城市的市政建设，吸引成千上万的旅游者，给举办城市的旅游业、餐饮业、商业服务也带来无限商机。

节事活动彰显的特色文化和艺术魅力，是举办地精神文明的重要体现。人们通过参加节事活动了解相关知识，感受多样文化，融入欢乐氛围，无形中实现了节事活动特有的教化功能。

二、良渚节事活动的特点

1. 文化性

一般的节事活动安排重在突出展示地方博大精深的文化，力求将当地的文化与旅游促销一体化。以文化特别是民族文化、地域文化、节日文化等为主导的旅游节事活动，具有文化气息、文化色彩和文化氛围。随着旅游业的发展，文化旅游节开始逐步演化为以文化节事活动为载体，以旅游和经贸洽谈为内容的全方位的经济活动。

如"良渚村民的24个节日"活动就具有很强的文化性。"良渚村民的24个节日"，是由良渚自然学堂、古道书院和大屋顶文化三方联合发起的公益众筹活动，每一期都会根据二十四节气的自然和文化特点，由村民共同参与，并且设计独一无二的活动方案。如"大雪印刻吉祥年"对应的节气是"大雪"，那么这个节事活动就会为大家讲解节气的文化内涵，让参与的人能够从中学习到新的知识，留下难忘的记忆，具有很强的文化气息和文化氛围，更加突出了良渚节事的文化性特点。

2. 地方性

良渚节事活动带有很明显的地方色彩和气息，如良渚文化村的"江南音乐节"，就是在每年的中秋节来临之际举办的节事活动，将本地原生态民乐通过演绎的形式展示出来。在良渚，中秋节本就是载歌载舞的节日，因为受当地文化传统的影响，良渚中秋节除了吃月饼，还会举办音乐节来展示良渚传统文化的特点。

如将良渚文化中的神话传说通过音乐的方式演绎出来，其中还有中西音乐曲目的结合、皮影戏的演绎等，这些都具有很强的地方文化和地方色彩，目的就是为了让更多的游客了解到良渚文化，也因此成为当地较受欢迎的旅游节事活动。

3. 参与性

在举办节事活动时，会根据节事活动的主题来设计一些互动游戏，或者邀请各界人士，让他们参与其中，活动的主要目的就是让参与者能够更加准确地体验到节事活动带来的乐趣，以及节事要传达的文化目的性。如杭州良渚日成立良渚文化讲师团，走进机关、学校、社区和乡村，编撰出版《良渚文化》拓展教材，邀请作家、画家、诗歌朗诵家、音乐家参与良渚题材的文艺创作，建设良渚文化探索营地和研学基地，让万千中小学生参与传播良渚文化。这纷纷表明了良渚节事活动具有很强的参与性，需要不同年龄层次的参与者参与进来。

因此，通过节事活动可以提高参与者对文化遗产的认识。参与者在节事活动中不但可以了解到良渚文化遗产的文化习俗，获取新的知识，还可以欣赏到美景，品尝到当地的美食、美酒。通过这种方式将良渚的文化习俗深植于人们心中。

4. 多样性

节事活动从它的概念可知，它所包含的内容较为广泛，变现形式也较为多样。节事活动可以是历史事件、当地庆典，也可以是传统节日、当地特产，又或者是文化讲座、画展、杂技表演、戏曲表演等。

如良渚举办的"江南音乐节"是当地的一种庆典活动，同时那天还是中秋节，也是传统节日；良渚举办的文化讲座——"环良渚遗址文旅融合产业发展交流活动"主要探讨如何更好地发展良渚文旅；另外还有在良渚举办的画展——"蔬菜的另一种存在"，用蔬菜构建出新的画作，打破人们对蔬菜固有的认知；还有"晏遇良渚"概念艺术时装展，实现了一次古代朴素审美与现代审美观念的对话和碰撞；等等。

由此可知良渚节事活动是多种多样的，这些节事活动足以证明它的多样性，但是无论是何种表现形式及内容，良渚节事活动最终的目的就是为了让更多的参与者了解当地文化并且通过这种方式带动当地旅游经济的发展及文化的传播，让参与者体验到传统文化与当代文化碰撞产生的魅力。

5. 交融性

节事活动还具有交融性，很多节事活动都是相互交融的，大型的节事活动，如旅游节、奥运会、世博会等都包含了展示活动、举办宴会、会议、展览等，因此都具有一个共同的特点就是相互交融。也正因为这一特殊的交融性才让节事活动如此精彩有意义。

如良渚节事中的"'申遗周年庆、圣地感悟行'良渚文化薪火传人"主题活动，就具备很强的交融性。整个活动和大型节事活动一样包含展示、展览、会议讲座等内容。

6. 短期性

节事活动最本质的特征就是短期性较为明显，主要是受季节的限制，节事活动不是随便就可以举办的，要根据当地的气候、旅游淡旺季、交通情况、接待能力、主题确定、经费落实、策划组织需要的时间等条件，从实际情况出发来确定。毕竟节事活动要考虑到来自五湖四海的游客，若频繁举办需考虑基础设施的承受能力。所以短期性是节事活动最本质的特征。

如良渚举行的"聚贤莫角、共话未来"学术研讨会活动，活动开始前要经过长时间的准备，确定节事活动的主题，因为考虑的因素较多，所以一般情况下节事活动都会在一天内举行完成。

三、良渚节事活动的作用

举办节事活动的目的不仅仅在于吸引旅游者、消费者、赞助商、承包商等参与者，还在于成功举办后所能带来的多种牵动效应。它一方面推动了当地经济的发展，带来经济效益；另一方面也为当地文化的定位奠定了基础，有利于弘扬传统文化，展现现代文化，带来社会效益。

经济效益与社会效益相互影响，经济效益的发展带动社会效益的传播，两者相互促进，共同发展，并且推动地区的发展。

1. 促进当地旅游业的发展

良渚节事活动的举办能够产生巨大的经济效益，因为其主要针对的是休闲和商务两大旅游市场，节事活动的举办会吸引游客并且促进当地旅游业的发展。

2. 带动相关产业的发展

良渚节事活动的举办一般能带动相关产业的发展，每一次节事活动都是经过精心设计且是有主题的，为了突出节事活动的主题，相关的生产商、当地的产业都会受此次节事活动的影响，带动相关产业的发展，增加收益。

3. 弘扬传统文化

良渚节事活动对于弘扬传统文化，彰显本地民族文化，加强各文化之间的交流具有深远的影响。通过节事活动能够重新展示传统文化的魅力，将历史遗迹再现，让人们感受到祖先的智慧、勤劳、团结的优秀品质。通过节事活动感受到更深层次的文化底蕴，能够给参与者带来精神上的愉悦与放松。

4. 提高当地知名度

良渚节事活动有利于提高当地的知名度，带动相关产业的发展，节事活动代表举办地的形象与知名度，成功的节事活动能够令一些偏僻地区迅速"脱胎换骨"，改善基础设施，发掘大量的商机，让更多的人了解。

5. 加强各民族、地区之间的交流

良渚节事活动在带动当地经济发展的同时，还加强了各民族、不同地区，乃至国家之间的文化交流。让更多的人了解了当地文化，并且能够从中学习到一些知识。

四、良渚日的确立

自 2020 年起，将 7 月 6 日设立为"杭州良渚日"，并且在良渚古城遗址公园举办"杭州良渚日"暨首届杭州良渚文化周启动仪式主场活动，活动由中共杭州市委、杭州市人民政府主办，中共杭州市委宣传部、中共杭州市余杭区委、余杭区人民政府、杭州良渚遗址管理区管理委员会承办。并且进行了相关雕塑揭幕仪式和世界遗产（良渚古城遗址）金银币首发仪式等活动。

在良渚古城遗址公园设立了环良渚遗址党建联盟"党建小院"；举办了彩笔绘良渚的油画作品展；"邮票上的世界遗产"主题展览活动，向公众展示了我国 55 处世界遗产的风采；成立良渚讲堂，广泛邀请社会知名人士进行形式多样的文化传播；成立良渚文化志愿者总队等一系列活动。

通过良渚文化节事活动的形式，将良渚文化展示出来，让更多的人积极参与其中，了解良渚文化的魅力，对于弘扬良渚文化，彰显良渚文化的丰富内涵和个性，促进良渚文化的传承和发展起到了重要的作用，同时也给参与者带来了精神上的愉悦和满足。

五、良渚文化展览活动

1. 环良渚遗址文旅融合产业发展交流活动

2019 年，环良渚遗址文旅融合产业发展交流活动在良渚举行，国内文旅行业专家学者、文旅产业企业代表齐聚一堂，主要探讨关于良渚申遗成功后如何打造文旅产业，如何将良渚文化带向大众。

"共话良渚文旅融合"交流活动

2. "王国气象"——良渚遗址发现 80 周年特展

为纪念良渚遗址发现 80 周年，向公众展示良渚遗址的最新考古与研究成果，良渚博物院、浙江省文物考古研究所、中国江南水乡文化博物馆共同策划了"王国气象"展览（见图 20-11）。

图 20-11 "王国气象"展览

（图片来源：良渚博物院）

展览内容颇具看点，良渚古城、水坝系统、玉架山环壕聚落、官井头早期墓地等，都是近 10 年发现的最新成果。陈列方式也是颇费心思，依据考古资料所打造的模拟村落场景，打破了展线的单调，为展览营造了一个视觉中心；成组器物和以单元按原始位置布置器物，也是一大亮点。

3. 梦回五千年——探寻消逝的良渚古国展

2015 年，由良渚博物院和广东省博物馆交流合作举办的"梦回五千年——探寻消逝的良渚古国展"在广东省博物馆展出。双方交流合作计划中的一项互动内容，便是让观众通过展览可领略良渚文化古国风貌、文明之光和消逝之谜，更为深切地感受先民在玉石上寄予的信仰。

4. 第二届"书香良渚·田园牧歌"

基于良渚文化的深厚底蕴和人文滋养，良渚各村都颇具灵性，文旅融合各有特色。良渚新港村，以运动为主题，在环境打造上以种植梅花为主，人称"新港梅庄"；安溪村围绕"水墨安溪·古韵栖居"，充分挖掘村中古樟群、西险大塘、沈括墓等人文遗迹，打造"乡村旅游"的文化栖居地；杜城村则以"印象杜城，千年文明"为主题，深入挖掘杜城村的风俗、人情，同时借助商贸、度假、休闲的功能产业，把杜城村打造成良渚圣地旅游集散中心。

六、良渚节事活动举办的意义

良渚文化的历史意义在于，它给文旅产业、文创产品带来了新的曙光与生机。这些展览和会议的主要目的就是将良渚文化通过展览、文旅、讲座等各种方式进行推广，并且将良渚文化运用到文创产品上，不仅仅是为了推广这一文化，更重要的是弘扬中国的传统文化，通过文旅产业和良渚文化讲座、展览活动来增强人们对中华民族文化的归属感和认同感。

良渚文化承载了一定的历史厚重感，一直被誉为"文明的曙光"。文化创意产品从良渚文化的礼制、玉器、丝帛、文化信仰诸多方面进行融合，从而将良渚文化继承发扬光大，同时达到经济效益、文化传承、社会保障三重意义的实现，将良渚非物质文化遗产带向大众，带向世界！

本章小结

本章我们从良渚文化的展示利用事迹切入，重点介绍了良渚文化对文创产品、文旅产业的影响，节事活动的概念、特点、意义，以及特色小镇的发展等内容。为了更好地掌握良渚文化的展示利用这一章的内容，对文创产品的概念、意义，特色小镇的概念，节事活动的特点意义等进行了如下梳理。

1. 良渚文化发展的 3 个阶段

第一阶段（1936—1985 年）以良渚文物展示为主；第二阶段（1986—2005 年）以良渚文化展示为主，并将其写入地方乡土教材；第三阶段（2006 年至今），以遗址公园展示为主，并将其写入全国历史教材，2019 年作为世界文化遗产被列入"世界遗产名录"。

2. 文创产品的概念

文创产品顾名思义为文化创意产品，它与传统工艺品的不同之处在于在传统的基础上融入新的创作，赋予文化创意产品精神和物质双重的功能。文化创意产品从属于文化创意产业的范畴，参照联合国教科文组织的定义，文化创意产业是由文化产品、文化服务与智能产权共同构成的。文化创意产品是将文化资源以创意的形式展现出来的现代社会的产品，也是将精神层面的概念进行物化之后形成的产品。这种产品是带有一定的历史文化元素的，在原有历史文化的背景之下进行的创作才称为文化创意产品。

3. 特色小镇的概念

特色小镇是依赖于某一特色产业或者特殊的文化环境，如地域特色、文化特色、生态特色等，打造的集文化特色和旅游特征为一体的综合项目。

4. 杭州良渚日成立的时间

2020 年起，将 7 月 6 日设立为"杭州良渚日"。

5. 节事活动的特点

文化性、地方性、参与性、多样性、交融性、短期性。

参考文献

李强.特色小镇是浙江创新发展的战略选择[J].今日浙江，2015(24)：16-19.

苏文才.会展概论[M].北京：高等教育出版社,2009.

杨慧子.非物质文化遗产与文化创意产品设计[J].中国艺术研究院，2017(2)：19-20.

杨勐.大学生创客小微创业的浙江实践：以浙江"特色小镇"为例[J].中国青年研究，2016（4）：14-21.

思考与练习

一、判断题（正确打"√"，不正确的打"×"）

1.1937 年施昕更发现良渚遗址。 （　　）

2.2020 年国家邮政局发行了《亚洲文明（一）》良渚玉琮特种邮票。 （　　）

3.2018 年良渚古城遗址作为实证中华五千年文明史的圣地，成为我国申报 2019 年世界文化遗产的项目。 （　　）

4.良渚特色小镇大力发展特色产业，这是小镇长存发展的条件之一。 （　　）

5.节事包括各类旅游节日、庆典、盛事、国际体育比赛活动等。 （　　）

6.文化创意产品体现了"文化"和"创意"两个方面，通过两者的结合才能创作呈现出新的产品。 （　　）

7.2019 年 7 月 10 日，"良渚与古代中国——玉器显示的五千年文明展"开幕式在故宫博物院武英殿举行。 （　　）

二、填空

1.自 2020 年起，将_____月_____日设立为"杭州良渚日"。

2.节事活动具有文化性、_____、_____、_____、_____、_____的特点。

3.1936 年_____发现良渚遗址。

4.1959 年_____命名"良渚文化"。

5._____年良渚文化以展示为主，写入地方乡土教材。

6.特色小镇的主要特点体现在_____、_____、_____、_____。

7._____是节事活动最本质的特征。

8.2020 年国家邮政局发行了_____良渚玉琮特种邮票。

三、名词解释

1.文化创意产品

2.特色小镇

3.节事活动

四、论述题

1.请简单论述一下良渚文创产品发展的意义。

2.请简单论述良渚节事活动的特点及良渚节事活动的意义。

第二十章思考与练习答案